Recherche im Internet

Recherche im Internet

Von Ingo Steinhaus

humboldt

Information & Wissen

humboldt-Paperback 996

Der Autor:
Ingo Steinhaus schreibt seit vielen Jahren als freier Journalist und erfolgreicher Sachbuchautor für verschiedene Verlage über EDV und das Internet.

Umwelthinweis: gedruckt auf chlorfrei gebleichtem Papier

Hinweis für die Leser:
Alle Angaben in diesem Buch wurden von Autor und Verlag sorgfältig überprüft. Dennoch kann eine Gewähr nicht übernommen werden.

Umschlaggestaltung: Wolf Brannasky, München
Umschlagfoto: Bavaria Bildagentur (Fotograf: Nicholas Rigg)
Abbildungen im Innenteil: Ingo Steinhaus, Eckhard M. Jäger

akademie.de <die internet-akademie> ist ein Telelearning-Projekt im Internet, das vom Bundesministerium für Arbeit und Sozialordnung und der Europäischen Union über den Europäischen Sozialfonds gefördert wird. Projektträger von akademie.de ist die HRP GmbH.

Druck: Ebner, Ulm
Printed in Germany
ISBN 3-581-66996-X
1 * 98

Inhalt

Vorwort

Das Internet hat viele Vorzüge – Übersichtlichkeit zählt jedoch nicht dazu. Wer das größte Computernetz der Welt für die Informationssuche nutzen möchte, dem bieten sich eine unglaubliche Menge an Daten und Dokumenten. Das Ziel dieses Buches ist es, Ihnen eine fundierte und praxisorientierte Einführung in die verschiedenen Methoden und Möglichkeiten der Informationssuche im Internet zu geben. Es richtet sich sowohl an Anfänger als auch an Nutzer mit einiger Erfahrung, die schnell und gezielt an wertvolle Informationen gelangen wollen.

Wir gehen ausführlich auf die Probleme ein, die sich bei einer Suche im Internet stellen, beschreiben, wie Themenkataloge, Suchmaschinen, Meta-Suchsysteme und Besprechungsdienste funktionieren und wie man sie effektiv benutzt. Soweit es für die Informationsbeschaffung interessant ist, erläutern wir auch, wie Dokumente im Internet bei den verschiedenen Suchsystemen angemeldet werden. Praktische Ratschläge und Anleitungen sollen Ihnen helfen, langfristig eine Strategie für professionelle Recherchen zu entwickeln. Sie können die einzelnen Kapitel auch querlesen. Wenn Sie dabei auf unbekannte Begriffe stoßen, hilft Ihnen unser Glossar am Ende des Buches weiter. Bei Bedarf können Sie es später auch nutzen, um Ihr neues Wissen aufzufrischen.

Wir haben uns bemüht, unser Buch praxisnah zu konzipieren. Zahlreiche Abbildungen zeigen Ihnen Schritt für Schritt, wie man die verschiedenen Suchsysteme bedient. Im Netz der Netze erwarten Sie gegenwärtig rund 320 Millionen Dokumente mit den unterschiedlichsten Inhalten. Damit Sie in dieser Datenflut nicht den Überblick verlieren, weisen wir auf verschiedene Suchsysteme und gute Informationsangebote hin. Die entsprechenden Adressen im Internet haben wir *kursiv* gesetzt, damit Sie sie leichter finden können.

Das erste Kapitel »Das Internet – eine kurze Einführung« gibt Ihnen einen Überblick über die vielfältigen Dienste und Anwendungsgebiete des Internet. Weiterführende Informationen zu diesem Thema finden Sie in unserem Buch »Basiswissen Internet« (humboldt-Paperback 995). Auch das online verfügbare Schulungsangebot von akademie.de <die internet-akademie> unter *http://www.akademie.de* ist eine gute Quelle für Informationen über das Internet.

Gegenwärtig nehmen bereits mehr als 5 000 Mitarbeiter aus rund 4 000 deutschen Unternehmen an den kostenlosen Online-Kursen und Workshops von akademie.de <die internet-akademie> teil. Damit ist akademie.de eines der größten Telelearning-Projekte Europas. Das Ziel ist, den Mitarbeitern kleiner und mittlerer Unternehmen das Wissen zu vermitteln, wie man das Internet für die geschäftliche Kommunikation nutzt. Das Projekt akademie.de <die internet-akademie> wird vom Bundesministerium für Arbeit und Sozialordnung aus Mitteln des Europäischen Sozialfonds gefördert. Für diese Unterstützung möchten wir uns an dieser Stelle nochmals besonders bedanken.

Unser Dank gilt auch Gudrun Altfeld, Dirk de Pol, Andrea Hoffmann, Jens Meyer und den vielen anderen Mitarbeitern, die das Buch mit ihrem Wissen unterstützt oder mitgeholfen haben, es zu ermöglichen. Unser größter Dank gilt allerdings den Teilnehmern von akademie.de. Ihre zahlreiche und rege Beteiligung ebenso wie ihre konstruktive Kritik haben entscheidend zum Erfolg des Projektes beigetragen.

akademie.de <die internet-akademie>

Das Internet – eine kurze Einführung

Das Internet ist das weltweit größte Rechnernetz. Es hat keine einheitliche, überschaubare Struktur – wie etwa das lokale Netzwerk einer Firma –, da es weder geplant noch zentral katalogisiert wird. Es ist vielmehr ein unübersichtliches Konglomerat aus einzelnen Rechnern, kleinen und großen Rechnernetzen. Auf diesen vielen Rechnern finden Sie mehrere Millionen Angebote, die entweder von kommerziellen Betreibern, staatlichen Einrichtungen oder engagierten Internet-Nutzern bereitgestellt werden.

Kurze Geschichte des Internet

Die Geschichte des Internet beginnt in den späten sechziger Jahren in den USA. Die dem amerikanischen Verteidigungsministerium unterstellte ARPA (»Advanced Research Projects Agency«) subventionierte Entwicklungen im Bereich der Computervernetzung. Man interessierte sich für ein Kommunikationsmedium, das auch unter ungünstigen Bedingungen die zuverlässige Übertragung von Daten ermöglichte. Gedacht war an ein »atombombensicheres« Netz, das selbst bei einem Ausfall großer Teile noch funktionsfähig bleiben sollte. Im September 1969 versammelten sich Studenten, Professoren, Ingenieure und Computertechniker, um die Vernetzung dreier Computer zu koordinieren. Es gelang. Das Netz wurde nie wieder abgeschaltet. Aufbauend auf diesem Mininetz begann die ARPA, die Rechner verschiedener militärischer und akademischer Einrichtungen der Vereinigten Staaten miteinander zu vernetzen. Das Netz trug den Namen ARPAnet. Es wuchs langsam, aber stetig. Schnell zeigte sich, daß nicht nur das Verteidigungsministerium einen Bedarf an Vernetzung seiner Rechner hatte: Weitere Organisationen, Regierungsbehörden und eine Reihe von Firmen wollten an der Vernetzung teilhaben. Um dem gestiegenen Bedarf gerecht zu werden, wurde die vorhandene Netzstruktur, bestehend aus etwas mehr als 50 Rechnern, ab 1973 auf ein neues, speziell für das ARPAnet entwickeltes Datenübertragungsprotokoll umgestellt: TCP/IP – das »Transmission Control Protocol / Internet Protocol«. Ohne TCP/IP wären Rechnerverbindungen im Internet nicht möglich.

Anfang 1981 bestand das ARPAnet aus 213 miteinander verbundenen Rechnern. Der militärische Teil wurde in ein eigenes Unternetz namens Milnet ausgegliedert. Das ARPAnet wurde seit etwa 1983 immer öfter als »Internet« bezeichnet. Internet ist die Abkürzung für »interconnected networks«, miteinander verbundene Netze. Während der achtziger Jahre bildete sich die Struktur aus Netzen und Unternetzen heraus, die heute unter dem Namen Internet bekannt ist.

Anfang der achtziger Jahre bauten auch immer mehr Unternehmen private Rechnernetze auf, von denen ein Teil bereits mit Internet-Protokollen arbeitete. Was fehlte, war eine Möglichkeit, diese vielen kleineren Netze untereinander zu verbinden. Parallel dazu baute die National Science Foundation (NSF) ab 1986 in den USA ein Hochleistungsnetzwerk auf, das fünf Universitäten miteinander verband, in denen leistungsfähige »Supercomputer« installiert waren. Dieses NSFnet sollte anderen Universitäten die Mitnutzung der teuren Hochleistungsrechner erlauben. Dazu wurden Übergänge zu anderen Netzen geschaffen, so daß die Zahl der angeschlossenen Rechner wuchs. 1987 übertrugen die Universitäten einem Firmenkonsortium aus IBM, MCI und Merit den Betrieb des NSFnet. Um die wachsende Nachfrage zu befriedigen, wurde die Leitungskapazität stetig ausgebaut. 1989 waren etwa 80 000 Rechner an das Internet angeschlossen, die in der Mehrzahl zu Universitäten, staatlichen Einrichtungen und Forschungsinstituten gehörten.

Seit Beginn der neunziger Jahre wächst das Internet explosionsartig. Anfang 1991 waren etwa 376 000 Rechner angeschlossen, Anfang 1995 bereits 5,8 Millionen. Mitte 1995 wurde die Hauptleitung des NSFnet ausgeschaltet, und die Leitungen kommerzieller Netzbetreiber übernahmen ihre Funktion. Zwischen Mitte 1995 und Mitte 1998 hat das Internet gigantische Ausmaße erreicht: Weit über 30 Millionen Rechner mit eigener Internet-Adresse sind nun angeschlossen.

Internet-Dienste von Archie bis WWW

Das populäre und immer stärker wachsende World Wide Web ist nur einer von vielen Diensten im Internet. Im folgenden erhalten Sie einen kurzen Überblick über die wichtigsten anderen Dienste im Internet.

E-Mail

Von den fünf klassischen Diensten im Internet ist die elektronische Post, E-Mail, der bekannteste, älteste und zugleich auch zukunftsträchtigste. Via E-Mail können Sie jedem anderen Internet-Nutzer Briefe schreiben oder Dateien zusenden.

Vor allem Firmen nutzen zunehmend diesen kostengünstigen Service – mit steigender Tendenz. Ein Vorteil von E-Mail ist die Geschwindigkeit: In der Regel kann der Empfänger eines elektronischen Briefes ihn bereits nach wenigen Minuten, mitunter sogar Sekunden lesen – wenn er gerade am Rechner arbeitet und sein elektronisches Postfach regelmäßig kontrolliert.

Dabei ist es gleichgültig, ob der Empfänger in den USA, in Australien oder auf einer Forschungsstation in der Antarktis lebt. Für weltweite Kommunikation gibt es kein preisgünstigeres und schnelleres Medium. Nur mit Faxgerät oder Telefon geht es ähnlich schnell – bei höheren Kosten.

Neben Nachrichten können Sie Ihren Mail-Partnern auch Dateien in fast beliebiger Größe und Zahl zuschicken. Für Sie fallen nur die Gebühren an, die während der Übertragung der Dateien übers Netz von Ihrem Provider kassiert werden und natürlich die Gebühren der Telekom bis zum Einwahlpunkt. E-Mail ist also eine elegante Alternative zu Telefon, Fax und Post – allerdings muß der Empfänger einen E-Mail-Anschluß haben.

Usenet News

Der Name Usenet steht für Users Network. Das Usenet ist ein weltweites Informations- und Diskussionsforum. Das Usenet läßt sich mit einer interaktiven Bildschirmzeitung vergleichen, bei der jeder der Teilnehmer Leser und Autor sein kann. Es besteht aus mehr als 35 000 sogenannten Newsgroups – öffentlichen Diskussionsforen, die je einem bestimmten Thema gewidmet sind.

Das Usenet ist kein Netzwerk im engeren Sinne, sondern ein Oberbegriff für alle Rechner, an die die News(groups) verteilt werden. Die meisten dieser Rechner sind zugleich auch ans Internet angeschlossen, doch es gibt auch eine Reihe von Rechnern aus anderen Netzen, die zum Usenet gehören.

Gegründet wurde es 1979 von vier Studenten an der Duke University in den USA. Das ursprüngliche Ziel war der Austausch von Hinweisen und Ratschlägen rund um das Betriebssystem Unix nach dem Prinzip »Anwender helfen Anwendern«. Der Austausch von Informationen dehnte sich bald auf weitere Gebiete aus. Inzwischen wird unter den Rechnern des Usenet eine unüberschaubare Menge von Nachrichten ausgetauscht. Um diese Nachrichtenflut zu strukturieren, wurde eine streng hierarchische Namensgebung für Newsgroups eingeführt.

Jeder Name besteht aus einer Reihe von Teilnamen, die jeweils durch Punkte getrennt sind. Ganz links steht die höchste Kategorie, nach rechts hin geht es abwärts bis hin zur eigentlichen Newsgroup. Ein Beispiel: Die Gruppe *comp.os.ms-windows.programmer.tools* steht an der untersten Stelle einer fein verästelten Hierarchie. Die Newsgroup der obersten Hierarchieebene *comp* widmet sich Computerthemen, in der Untergruppe *os* geht es um Betriebssysteme. Gruppen zu Windows finden sich in der Untergruppe *ms-windows*. Dort existiert eine weitere Untergruppe mit dem Titel *programmer*. Die eigentliche Gruppe heißt *tools*. In den einzelnen Gruppen finden Sie Nachrichten, die ähnlich wie eine E-Mail aufgebaut sind. Eine Usenet-Nachricht wird oft auch »Artikel« genannt.

Im Normalfall sind alle Gruppen im Usenet frei zugänglich. Sie können dort mit Hilfe eines News-Programms einen Artikel einfügen. Es gibt jedoch eine Reihe von sogenannten *moderierten Gruppen*, bei denen ein Artikel erst an die E-Mail-Adresse des Moderators gesendet werden muß. Ein Beispiel für eine moderierte Gruppe ist *de.admin.news.announce*. Der Moderator sorgt dafür, daß nur Diskussionsaufrufe zur Gründung von neuen Gruppen dort erscheinen.

Telnet

Telnet ist sowohl der Name eines Protokolls als auch eines Programms, das dieses Protokoll nutzt. Sie können damit die Ressourcen anderer Rechner online nutzen. Für Telnet benötigen Sie in der Regel einen Benutzereintrag auf dem Zielrechner. Viele Rechner bieten jedoch Datenbanken an, die Sie auch ohne besondere Erlaubnis über Telnet nutzen können.

FTP

FTP steht für »File Transfer Protocol« und ist der Name sowohl eines Protokolls als auch eines Programms zum Übertragen von Dateien innerhalb des Internet. Dabei müssen Sie FTP starten, sich mit dem Zielrechner verbinden und sich dort einloggen. Das geht aber nur, wenn Sie dort als Benutzer registriert sind oder der Zielrechner ein »anonymous«-Login zuläßt.

Überall auf der Welt gibt es FTP-Server mit frei zugänglichen Bereichen, von denen Sie Informationen aller Art sowie Freeware- und Shareware-Programme für verschiedene Betriebssysteme laden können. Freeware-Programme sind kostenlos und frei verfügbar, aber trotzdem urheberrechtlich geschützt. Jeder darf sie kopieren und weitergeben, sie dürfen aber üblicherweise nicht verändert werden. Shareware wird gegen eine geringe Nutzungsgebühr vertrieben. Mit Hilfe eines FTP-Programms ist das Laden dieser Programme und Informationen so einfach wie das lokale Kopieren einer Datei.

Archie

Einen Überblick über die verschiedenen FTP-Archive verschafft Ihnen ein Internet-Dienst namens »Archie«. Überall auf der Welt gibt es Archie-Server, die in bestimmten Zeitabständen die Dokumenten- und Datenbestände der ihnen bekannten FTP-Server katalogisieren. Mit Hilfe eines besonderen Programms können Sie darauf zugreifen und nach bestimmten Dateien forschen. Archie ist eine gute Möglichkeit, eine genau bezeichnete Datei im Internet zu finden.

Internet Relay Chat

Internet Relay Chat oder kurz IRC ist ein Echtzeit-Konferenzsystem. Überall auf der Welt gibt es IRC-Server, die, ähnlich wie das Usenet, in Themenkonferenzen aufgeteilt sind. Sie können sich mit Hilfe eines IRC-Client oder von Telnet auf einem solchen Server anmelden, Konferenzen über verschiedene Themen besuchen und sich mit anderen Benutzern per Tastatur unterhalten.

Gopher

Gopher ist der Name für ein weltweites Informationssystem mit einer hierarchischen Struktur. Wegen des großen Wachstums des World Wide Web ist Gopher allerdings zum Aussterben verurteilt: Nur noch wenige Institutionen bieten überhaupt Informationen in Gopher an.

World Wide Web (WWW)

Das Internet verdankt dem World Wide Web, auch WWW oder W3 genannt, seine große Bekanntheit. Vor der Entwicklung des WWW bot das Internet fast ausschließlich textbasierte Informationen und war weit davon entfernt, anwenderfreundlich zu sein. Es wurde fast ausschließlich von wissenschaftlichen Kreisen genutzt. All das änderte sich mit dem World Wide Web. Mit seinen bunten Bildern und Animationen spricht es die Sinne an und ist einfach zu bedienen. Viele Unternehmen nutzen daher das WWW für Marketing und Vertrieb. Viele Privatpersonen »surfen« im Web, um sich zu bilden, zu unterhalten oder einzukaufen. Nur die wenigsten wissen, daß das WWW erst Anfang der neunziger Jahre zum Internet-Dienst geworden ist.

Das »Hypertext Transfer Protocol« (HTTP) ist das dem World Wide Web zugrunde liegende Protokoll für die Übertragung von Informationen. Das WWW ist ein interaktives Informationssystem, das den weltweiten Austausch digitaler Dokumente ermöglicht. Es besteht aus sogenannten Hypertext-Systemen. Im WWW wird ein Hypertext-System »Web-Site« genannt. Eine Web-Site umfaßt in der Regel mehrere zusammenhängende Web-Dokumente. Die Homepage (Startseite) ist dabei der zentrale Einstiegspunkt einer Web-Site, allerdings ist diese stets über alle ihre Dokumente zugänglich. Diese verweisen mit Hilfe von Hyperlinks, auch Links genannt (dt.: Querverweise), gegenseitig aufeinander. Da Web-Dokumente aber mit sogenannten »externen Links« häufig auch auf Dokumente verweisen, die zu anderen Web-Sites gehören, bildet das WWW insgesamt ein gigantisches und in seinen Verzweigungen für uns nicht nachvollziehbares Hypertext-System. Alle Web-Dokumente befinden sich auf speziellen Internet-Rechnern, von denen sie mit Hilfe eines Web-Server-Programms bereitgestellt werden. Um die Dokumente des WWW anzuschauen, ist ein Browser-Programm nötig.

Grundlagen der Recherche im Internet

Probleme der Informationssuche

Wer Informationen im Internet anbietet oder sucht, sieht sich mit einigen Problemen konfrontiert, die durch die starke Dezentralisierung des Netzes entstehen.

1. Es ist relativ einfach, ein attraktives und informatives Web-Angebot herzustellen und verfügbar zu machen. Doch damit beginnen erst die Schwierigkeiten: Anbieter und Nachfrager finden häufig nicht zueinander. Vor allem die Web-Angebote kleinerer Anbieter mit niedrigem Werbeetat leiden oft unter mangelnder Nachfrage.
2. Umgekehrt entstehen auch bei der Informationssuche Schwierigkeiten: Informationen aller Art stehen im WWW völlig beziehungslos nebeneinander, ein Klick kann weit von dem Thema wegführen, mit dem man sich eben noch beschäftigt hat. Es gibt weder eine das gesamte Angebot übergreifende Systematik noch ein wirklich funktionierendes Verzeichnis aller aktuellen Seiten.

Eine chaotische Bibliothek

Das Internet wird sehr oft mit einer großen elektronischen Bibliothek verglichen. Doch dieser Vergleich hinkt. Eine Bibliothek weist zwei Merkmale auf:

- *Erstens* sind die dort vorhandenen Informationen (Bücher und Fachzeitschriften) von Experten ausgewählt worden. Es werden nicht irgendwelche Bücher einsortiert, sondern beispielsweise nur Bücher zu bestimmten Themen oder nur Lehrbücher.
- *Zweitens* sind die ausgewählten Bücher nach einer bestimmten Systematik geordnet. Sie bewirkt, daß Bücher zum selben Thema nebeneinander stehen. Dadurch fällt es leicht, zu einem Thema die wichtigsten Bücher zu finden und sich schnell einen Überblick zu verschaffen.

Im Internet ist das anders. Es gibt zwar Suchsysteme, die nach Eingabe eines Begriffs Web-Dokumente anzeigen, in denen er vorkommt. Doch keines dieser Suchsysteme erfaßt wirklich alle Web-Seiten. Schlimmer noch: Oft finden Sie Dinge, die Sie gar nicht gesucht haben. Da das Internet ohne Bibliothekare auskommen muß, die Informationsangebote strukturieren, sortieren und nach Schlagworten klassifizieren, brauchen Sie viel Geduld bei der Suche.

Man könnte das Internet mit einer riesigen Bibliothek ohne Systematik und mit einem unvollständigen Katalog vergleichen.

Jeder ist sein eigener Redakteur

In den klassischen Medien wie Büchern, Zeitungen oder Fachzeitschriften sorgen Redakteure und Lektoren dafür, daß nur verläßliche Informationen zur Veröffentlichung freigegeben werden. Im World Wide Web dagegen sieht es völlig anders aus: Dort kann jeder Computerbesitzer veröffentlichen, was er will. Doch für Leser ist es zuweilen schwer zu beurteilen, ob es sich bei einem Angebot um Unsinn oder eine glaubwürdige Information handelt.

Bei den herkömmlichen Medien gibt es wenigstens einige Anhaltspunkte zur Beurteilung der Seriosität einer Information. Einem Aufsatz in einer Fachzeitschrift ist im Zweifelsfall eher zu glauben als einer Nachricht der Boulevard-Presse. Im WWW fehlt häufig jeglicher Anhaltspunkt zur Einschätzung der Glaubwürdigkeit der angebotenen Informationen. So kann es beispielsweise durchaus passieren, daß Sie auf eine umfangreiche autobiographische Krankengeschichte stoßen, die sich erst auf der letzten Seite als kaum verhohlene Werbung für eine neues Medikament entpuppt. Wenn Ihnen die Informationen, die eine Web-Site bietet, interessant, aber doch ein wenig fragwürdig erscheinen, sollten Sie im Internet nach Web-Sites suchen, die diese Informationen bestätigen.

Suchen mit System

Wer im Internet und World Wide Web nicht nur durch Texte und Bilder aus aller Welt surfen möchte, sondern gezielt Informationen sucht, wird auf vielfältige Quellen und Archive zu allen Wissensbereichen stoßen. Informationen über das Internet, Computer und Software bilden dabei natürlich einen wichtigen Schwerpunkt. Wird beispielsweise ein bekannter Online-Dienst angeklagt oder werden Sicherheitslücken bekannt, finden sich sofort zahlreiche Artikel darüber im Internet.

Aber auch viele wissenschaftliche Texte sind im Netz, denn lange Zeit wurde das Internet hauptsächlich von Wissenschaftlern aus aller Welt genutzt. Mit den privaten Nutzern haben in den letzten Jahren alle nur denkbaren Themen und Informationen Einzug ins Internet gehalten. Kein Wunder, daß auch die kommerziellen Angebote nicht lange auf sich warten ließen. Seit 1997 sind mehr als die Hälfte aller Web-Angebote kommerzieller Natur. E-Mail- und Firmen-Adressen lassen sich daher genauso wie auch umfangreiche Informationen zu fast allen möglichen Produkten im Netz finden. Und auch für die Suche nach einem neuen Arbeitsplatz oder neuen Mitarbeitern ist das Internet der richtige Ort.

Allerdings erscheint all das einfacher, als es dann häufig praktisch ist. Selbst erfahrene Internet-Nutzer stoßen gelegentlich auf Schwierigkeiten, wenn sie bestimmte Informationen suchen: Einmal sind es generell die zu hohen Trefferzahlen, die das Auffinden der gewünschten Information erschweren, zum anderen ist es die Anzeige von Seiten, die rein gar nichts mit dem gesuchten Thema zu tun haben, oder die von sogenannten »toten Links« – also von Web-Seiten, die noch in einer Link-Sammlung oder einem Suchsystem aufgeführt werden, obwohl sie tatsächlich nicht mehr existieren. Dennoch: Wer es versteht, mit den verschiedenen Suchsystemen umzugehen und Stichwörter geschickt zu kombinieren, kann die unzähligen Dokumente des Internet und des WWW wie eine gigantische Datenbank durchsuchen.

Typen von Suchsystemen

Grundsätzlich lassen sich vier Arten von Suchsystemen unterscheiden:

Menübasierte Suchsysteme (Themenkataloge)

Menübasierte Suchsysteme strukturieren Informationen hierarchisch nach Begriffen und Unterbegriffen. Eine bestimmte Information wird durch Wahl eines »Pfades« durch die Begriffshierarchie gefunden. Ein Beispiel: *Kunst* > *Musik* > *Soul* > *Motown* > *Stevie Wonder* > *Biographie*. Beispiele für menübasierte Suchsysteme sind *http://www.yahoo.de* und *http://web.de.*

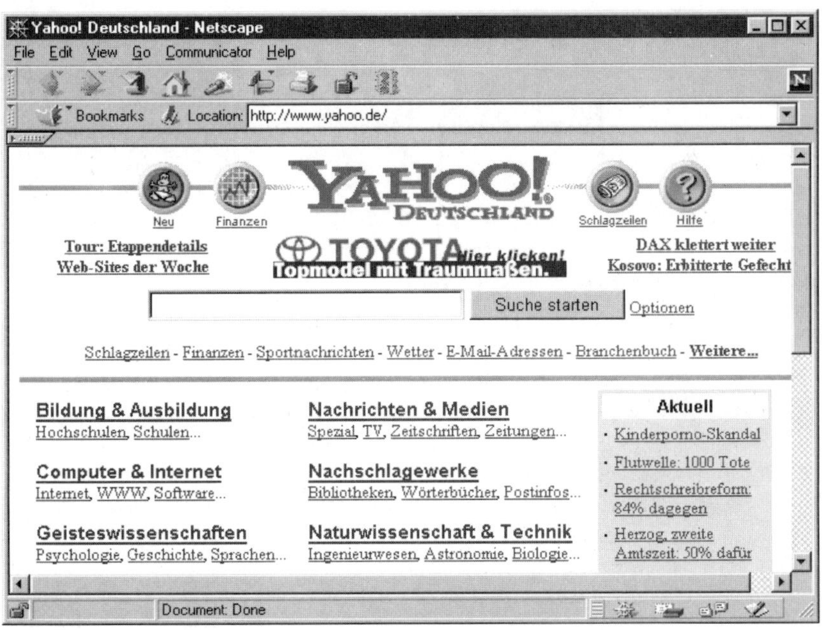

Yahoo!: Ein menübasiertes Suchsystem mit hierarchischer Struktur

Abfragebasierte Suchsysteme (Suchmaschinen)

Abfragebasierte Suchsysteme ordnen Informationen durch die Sortierung von Schlüsselbegriffen in eine Verweisdatenbank (d. h. einen Index) – sie erstellen sozusagen ein Schlagwortregister der erfaßten Web-Seiten. Wird ein Suchbegriff eingegeben, zeigt die Suchmaschine alle Web-Seiten an, in denen sie diesen Suchbegriff gefunden hat. Beispiele für derartige Suchmaschinen sind *http://altavista.digital.com* und *http://www.infoseek.com.* Auch viele menübasierte Suchsysteme können nach bestimmten Begriffen in ihrem Datenbestand suchen, stellen also eine Kreuzung aus Katalog und Suchmaschine dar. Auch in *Yahoo!* z. B. können Sie nach Begriffen suchen lassen.

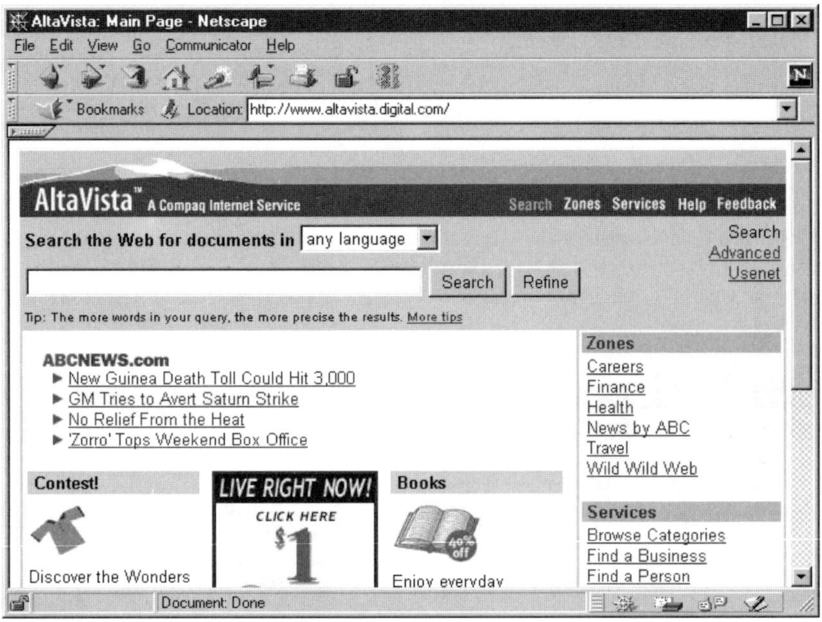

AltaVista: Ein abfragebasiertes Suchsystem

Meta-Suchsysteme

Meta-Suchsysteme werden wie abfragebasierte Suchsysteme bedient. Sie besitzen jedoch keinen eigenen Datenbestand, sondern verbinden sich mit anderen Suchsystemen und zeigen dem Anwender eine Liste der von den benutzten Suchsystemen gelieferten Ergebnissen. Es handelt sich also um eine Suchmaschine, die in anderen Suchmaschinen sucht. Ein deutsches Meta-Suchsystem ist unter der URL *http://meta.rrzn.uni-hannover.de* zu finden.

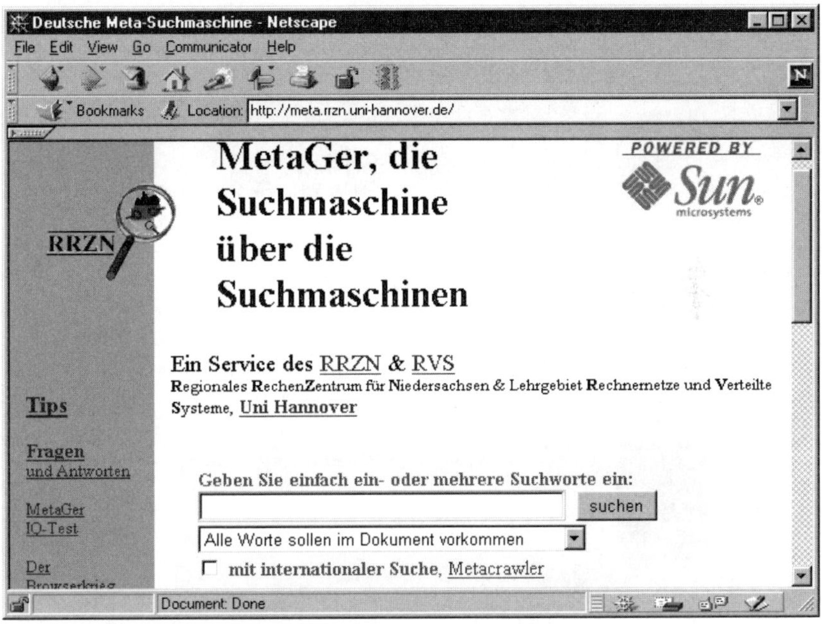

MetaGer: Eine Meta-Suchmaschine für das deutschsprachige Web

Besprechungsdienste

Besprechungsdienste bieten Kommentare zu ausgewählten Web-Adressen an – Empfehlungen, Tips, Neuigkeiten, Warnungen. Sie verfügen ebenfalls über Themenkataloge, die allerdings naturgemäß nur eine begrenzte Anzahl von Links enthalten. Beispiele für Besprechungsdienste sind *http://www.webtip.de* und *http://www.mckinley.com.*

WebTip: Ein Besprechungsdienst für Web-Angebote in deutscher Sprache

Vergleich der Suchsystemtypen

Die verschiedenen Suchsysteme haben jeweils ihre eigenen Vor- und Nachteile. Der Vorteil eines menübasierten Suchsystems wie *Yahoo!* ist die Begrenzung auf nur einige wichtige Angebote. Dies wird unter anderem durch eine Redaktion aus hauptberuflichen Internet-Rechercheuren erreicht, die Angebote anschauen, auswählen, klassifizieren und einen entsprechenden Verweis in den Datenbestand einfügen.

Sie können Ihre Web-Seiten bei *Yahoo!* aber auch selbst zur Aufnahme in den Katalog anmelden. Weitere Einträge werden durch automatische Suchprogramme zusammengestellt. Die Links werden von der Redaktion überprüft und in den hierarchischen Themenkatalog einsortiert.

Die redaktionelle Selektion der Angebote ist aber zugleich ein Nachteil: Irrtümer und die Vorlieben eines Redakteurs können verhindern, daß ein bestimmtes Web-Angebot auf den Seiten von *Yahoo!* auftaucht. Die Begrenzung auf Wichtiges bedingt die Ausgrenzung von vermeintlich Unwichtigem. Doch was wichtig oder unwichtig ist, beurteilt jeder anders.

Die abfragebasierten Suchsysteme umgehen dieses Problem, indem sie mit Hilfe von speziellen Suchprogrammen (»Robots«) möglichst alle erreichbaren WWW-Dokumente erfassen. Dabei wird ein Index aus den häufiger auftauchenden Wörtern innerhalb einer Web-Seite erzeugt. Herangezogen werden vor allem der Titel, die ersten Textzeilen sowie eine Reihe von nur für Robots gedachten Zusammenfassungen und Schlüsselwörtern im Dokument.

Die Betreiber der größeren Suchmaschinen geben an, rund 110 Millionen Dokumente aus dem World Wide Web erfaßt zu haben. Doch leider hat diese Informationsfülle auch einen entscheidenden Nachteil: Der Aufwand des Nutzers, zwischen brauchbaren und unbrauchbaren Informationen zu unterscheiden, ist entsprechend groß.

Einige Meta-Suchsysteme nutzen bis zu einem Dutzend anderer Suchsysteme. Das ist ein eindeutiger Vorteil, denn kein einzelnes Suchsystem deckt mit seinen Datenbeständen das World Wide Web vollständig ab. Das Wissenschaftsmagazin *Science* berichtete im April 1998, daß kein Suchsystem mehr als etwa ein Drittel des World Wide Web indiziert habe. Einzelne Suchsysteme decken sogar weniger als zehn Prozent ab. Details darüber finden Sie unter *http://www.neci.nj.nec.com/homepages/giles.*

Mit einer Meta-Suche sind die Chancen, keine wichtigen Informationen zu übersehen, am größten. Jedes Suchsystem benutzt unterschiedliche Techniken zur Suche nach Web-Seiten und zur Indizierung der gefundenen Dokumente. Deshalb enthält jedes Suchsystem eine Anzahl von Seiten, die von anderen Suchsystemen nicht berücksichtigt werden.

Das Problem dabei ist jedoch, daß Sie alle Suchergebnisse selbst nach interessanten und relevanten Angeboten durchkämmen müssen. Wer das Risiko akzeptiert, einzelne relevante Angebote nicht zu finden, sollte Besprechungsdienste nutzen. Hier ist die Zahl der Links zu einem Thema sehr gering. Sie können aber davon ausgehen, daß die Links sorgfältig ausgewählt wurden und zu Qualitätsangeboten führen. Außerdem können Sie anhand der Kommentare entscheiden, ob sich ein Klick auf den Link lohnt.

Das Prinzip einer Internet-Suche

Eine Suche im Internet läuft prinzipiell immer nach demselben Schema ab: Sie geben die Web-Adresse (URL) eines Suchsystems in Ihren Browser ein. Sobald dessen Startseite erscheint, tragen Sie dort einen oder mehrere Suchbegriffe ein – das sogenannte »Suchkriterium« – oder Sie klicken auf einen der Kategoriebegriffe, die auf der Startseite angezeigt werden.

Die menübasierten Themenkataloge sind relativ einfach zu bedienen. Etwas komplizierter dagegen ist der Umgang mit den abfragebasierten Suchmaschinen. Nach Eingabe des Suchkriteriums und einem Klick auf »Suchen« bzw. »Search« erscheint ein Verzeichnis der Links zu Web-Seiten, die die Suchbegriffe enthalten.

Für einige Zwecke reicht es, einfach zum Thema der Suche passende Begriffe einzugeben. Ein Beispiel: Wenn Sie Konzerttermine der Deutsch-Rapper *Die Fantastischen 4* suchen, ist die Zeile *konzert termin fantastische vier* ausreichend, um Konzertankündigungen zu finden. Doch bei vielen Themen erscheint nach Eingabe des Suchkriteriums entweder die Meldung »Nicht gefunden« oder aber eine Auflistung von Tausenden von Links – im ersten Fall war das Suchkriterium wahrscheinlich zu speziell, im zweiten zu allgemein.

Ein großer Teil dieses Buches widmet sich der Frage, auf welche Weise ein Suchkriterium formuliert werden muß, um die Suchsysteme optimal auszunutzen. Doch zuvor stellen wir Funktionsweisen und Konzepte der Suchsysteme vor.

So funktionieren Suchmaschinen

Die Informationen menübasierter Suchsysteme (»Themenkataloge«) beruhen vorwiegend auf der Arbeit eines Redaktionsteams, das Links zu Themen sammelt, überprüft, oft mit einem kurzen Kommentar versieht und anschließend in die Begriffshierarchie einsortiert. Bei abfragebasierten Suchsystemen (»Suchmaschinen«) dagegen handelt es sich um automatisch arbeitende Software. Sie durchsucht das Web selbständig, um eine Datenbasis anzulegen. Sie verwaltet auch die eingehenden Abfragen weitgehend automatisch. Menschliche Eingriffe sind nur für die Konfiguration der Software sowie für das Aufbauen und Konfigurieren der Rechner notwendig.

Die Software

Es gibt inzwischen fast ebenso viele Suchsystemprogramme, wie es Suchsysteme gibt. Sie beruhen jedoch stets auf den folgenden Prinzipien:

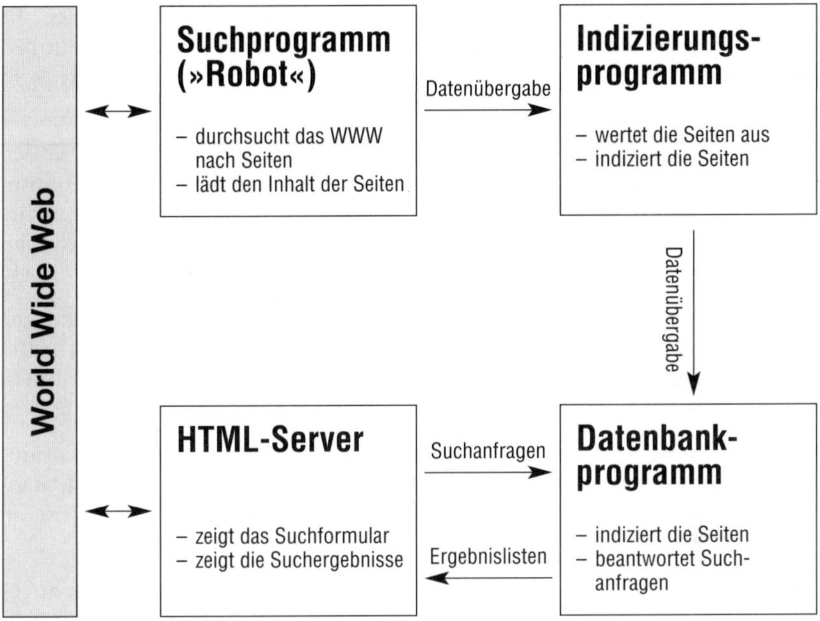

Funktionsprinzip einer Suchmaschine

Suchmaschinen bestehen aus mindestens vier getrennt voneinander arbeitenden Bestandteilen, nämlich dem Suchprogramm, dem Indizierungsprogramm, dem Datenbankprogramm und dem HTML-Server für die Benutzeroberfläche.

Grundlegendes Merkmal jeder Suchmaschine ist außerdem die zeitversetzte Arbeitsweise: Anfragen werden aus einem eigens angelegten Datenbestand beantwortet, statt für jede Suchabfrage das WWW zu durchsuchen.

1. Das *Suchprogramm* (oft »Robot«, »Spider« oder »Crawler« genannt) ist ein vollautomatischer Datensammler. Es folgt allen Links in den HTML-Dokumenten und überprüft die so gefundenen Dokumente nach weiteren Links. Dabei beginnt es mit den bereits bekannten Seiten und den beim Suchsystembetreiber gemeldeten URLs. Die gefundenen HTML-Dokumente werden nun geladen und an die nächste Station des Suchsystems übergeben.

2. Das *Indizierungsprogramm* (»Indexer«) erzeugt aus den vom Suchprogramm gelieferten Rohdaten einen Index (*AltaVista* speichert die HTML-Dokumente vollständig.) Ein Index entsteht durch eine Häufigkeitsauszählung der Wörter in einem Dokument: Statt des gesamten Textes werden nur die häufig darin vorkommenden Wörter gespeichert.
   Dabei werden diese Wörter gewichtet: Ihre Häufigkeit sowie Informationen über ihre Position im Dokument werden gespeichert. Außerdem spei-

chern die Indexer zusätzliche Informationen wie den Titel der Seite, die ersten Textzeilen sowie Angaben, die speziell für die Indizierungsroutinen von Suchmaschinen gemacht werden. Sobald der Index generiert ist, wird er dem Datenbankprogramm zur Verfügung gestellt.

Suchprogramm und Indizierungsprogramm arbeiten zeitversetzt zu den nächsten beiden Bestandteilen des Suchsystems, dem Datenbankprogramm und dem Web-Server. Das bedeutet, daß die Suche und Indizierung von Web-Dokumenten weitergeht, auch wenn das Suchsystem Anfragen verarbeiten muß.

3. Das *Datenbankprogramm* ist der Kern des Suchsystems. Es verwaltet die Daten, ordnet sie in neu erzeugte Indizes ein, erledigt die Abfragen der Benutzer und bereitet die gefundenen Daten zu einem HTML-Dokument auf.

4. Auf dem *Web-Server* liegt ein Eingabeformular. Mit Hilfe dieses Formulars nimmt er die Anfragen entgegen, wandelt sie in eine für das Datenbankprogramm geeignete Form um und schickt die Suchergebnisse an den Browser des Benutzers.

Soweit das Prinzip. Die tatsächliche Funktionsweise der verschiedenen Suchmaschinen ist zum Teil wesentlich komplizierter. Vor allem bei den Such-Robots und Indexern gibt es verschiedene Verfahren. Z. B. könnte ein Robot eine Breitensuche oder eine Tiefensuche ausführen.

Bei einer *Breitensuche* überprüft der Robot nur die Links der ersten Ebene eines Web-Dokuments, sofern es sich nicht um Links auf einen anderen Server handelt. Dieses Verfahren hat den Vorteil, relativ schnell abzulaufen; es hat jedoch den Nachteil, daß wichtige Informationen in der Tiefe eines vielfach verschachtelten Web-Angebots übersehen werden können.

Diesen Nachteil hat die *Tiefensuche* nicht. Dabei werden möglichst alle Links bis zu einer bestimmten »Verschachtelungstiefe« verfolgt. Dieses Verfahren erzeugt allerdings riesige Datenmengen, die der Indexer zu bewältigen hat. Außerdem können Suchabfragen redundante Ergebnisse erzeugen: In den Ergebnislisten tauchen dann alle Seiten eines Web-Angebots auf, auch wenn sie sich demselben Thema widmen.

Um dieses Problem zu mildern, zeigen einige Suchsysteme von jedem Web-Server zunächst jeweils nur eine einzige Fundstelle an. Die übrigen Fundstellen kann sich der Nutzer dann durch einen weiteren Mausklick ebenfalls anzeigen lassen.

Die Hardware

Der Betrieb eines Suchsystems erfordert eine sehr große Rechenleistung und damit Computer, deren Ausstattung weit über dem liegt, was in Privathaushalten üblich ist. Ein Beispiel: Der Index der Suchmaschine *AltaVista* wird auf einem Rechner betrieben, der acht Gigabyte Hauptspeicher besitzt. Zum Vergleich: Heute handelsübliche Computer verfügen über 64 MB Hauptspeicher.

Auch die weiteren Zahlen von *AltaVista* sind beeindruckend: Der Indexer bewältigt pro Stunde ein Gigabyte Text. Sechs Millionen Seiten täglich verarbeiten Suchprogramm und Indexer. Die 16 Maschinen, die das Datenbankprogramm benutzt, sind mit acht Gigabyte Arbeitsspeicher, zwölf parallelen Alpha-Prozessoren und 300 Gigabyte Festplattenkapazität ausgestattet. Die HTML-Benutzerschnittstelle läuft auf drei Alpha-Rechnern mit einem Gigabyte Arbeitsspeicher und sechs Gigabyte Festplattenspeicher. Suchprogramm und Indexer laufen auf zwei weiteren, ähnlich ausgestatteten Rechnern.

Der gesamte Index von *AltaVista* erreichte Mitte 1998 eine Größe von 100 Gigabyte. Durch geschickte Programmierung befindet sich ein Teil des Indexes immer im Hauptspeicher eines Rechners – nach Angaben der *AltaVista*-Betreiber betreffen fast alle Suchanfragen lediglich zehn Prozent der im Index gespeicherten Wortfolgen. Dadurch können trotz der Größe des Indexes die meisten Abfragen in höchstens einer Sekunde beantwortet werden.

Erst eine Kombination aus hochgezüchteter Hardware und geschickt programmierter Software ermöglicht eine Suchmaschine, die Tausende von Anfragen gleichzeitig bewältigen kann und bei der trotzdem pro Benutzer nur wenige Sekunden für die Darstellung auf dem heimischen Rechner benötigt werden.

Gefunden werden

Um eine Recherche im Internet optimal zu gestalten, ist es nützlich zu wissen, auf welche Weise die Betreiber von Web-Seiten ihr Angebot im Internet bekanntmachen. Wer weiß, wie eine Seite bei Suchmaschinen und Katalogen angemeldet wird, weiß auch, mit welchen Verfahren er sie dort finden kann. Für die effiziente Suche ist es auch wichtig zu wissen, welche Alternativen es zur Recherche in Suchmaschinen und Katalogen gibt.

Jeder Informationsanbieter muß seine Informationen im Web eigens bekanntmachen. Erst wenn ein Suchsystem (Themenkatalog oder Suchmaschine) die URL in seinem Datenbestand führt, kann mit einem größeren Zuspruch gerechnet werden. Neben der Anmeldung der eigenen Seiten bei Suchmaschinen und Katalogen gibt es aber noch einige andere Methoden, Web-Seiten bekanntzumachen.

Als Service für private und kommerzielle Web-Anbieter folgt auf den nächsten Seiten ein kurzer Einblick in verschiedene Strategien, möglichst viele Mausklicks auf die eigene Web-Seite zu ziehen.

Bekanntmachen eines Web-Angebots

Ein einfacher, aber oft sehr aufwendiger Weg zu einem gut besuchten Web-Angebot ist *externe Werbung* in den klassischen Medien (TV, Presse) und auf anderen Web-Seiten. Wer die Kosten dafür scheut, kann auf andere Methoden zurückgreifen:

Bannertausch

Es gibt eine Reihe von kostenlosen Diensten, die Werbebanner für Web-Seiten wie in einer Tauschbörse vermitteln. Die Teilnehmer eines Bannertausches verlinken von ihren Web-Seiten aus wechselseitig aufeinander. Sie nehmen also einen speziellen Link von anderen Teilnehmern des Bannertausches in ihrer Homepage auf. Im Gegenzug erscheint ihr Banner ebenfalls auf anderen Seiten.

Deutsche Dienste für den Bannertausch sind zum Beispiel Link4Link *(http://www.link4link.com/)*, Page2Page *(http://www.page2page.de)* oder Link-It *(http://link-it.de)*.

Web-Ringe

Ein Web-Ring ist ein kostenloser Zusammenschluß von nicht-kommerziellen Web-Angeboten zu einem bestimmten Thema. Auf jeder Startseite, die zum Ring gehört, wird eine Navigationsleiste eingeblendet, die die Besucher zur vorherigen bzw. nächsten Seite im Ring bringt oder zu einer Liste mit einem Verzeichnis aller am Web-Ring teilnehmenden Web-Angebote. Dadurch ist zumindest ein erhöhtes Interesse bei all denen garantiert, die auf eine Web-Seite des Rings stoßen.

Der bekannteste Anbieter von kostenlosen Web-Ringen ist unter der URL *http://www.webring.org* zu erreichen.

Eintragsdienste

Einige deutsche und internationale Dienstleister bieten an, eine Web-Seite kostenlos bei Suchmaschinen und Themenkatalogen anzumelden. Nach der Anmeldung besuchen die Robots der Suchmaschinen Ihr Web-Angebot und fügen es in den Index ein. Durch diesen Service ersparen Sie sich die Mühe, alle relevanten Suchsysteme selbst mit Ihren Daten zu füttern. Sie finden einen Überblick über die Eintragsdienste unter der URL *http://www.kostenlos.de/internet/home.htm*.

Übrigens: Auf den Seiten des Kostenlos-Servers finden Sie zusätzlich eine sehr gute Zusammenstellung aller Web-Dienstleistungen, die kostenlos ausgeführt werden. Die Möglichkeiten reichen von Speicherplatz im Web über Zugriffszähler und Gästebücher bis zu Chat-Modulen. Mit diesen Angeboten können auch Privatanwender attraktive Web-Angebote gestalten, ohne die Internet-Kosten in die Höhe zu treiben.

Eine Reihe von Firmen bieten die hier vorgestellten kostenlosen Dienste auch gegen Bezahlung an – zu teilweise beträchtlichen Preisen. Bevor Sie einem solchen Anbieter auf den Leim gehen, sollten Sie lieber den Kostenlos-Server oder Suchsysteme nach Angeboten durchsuchen, die *auch für Firmen* kostenfrei oder gegen geringe Gebühren zu nutzen sind. Sie sollten allerdings keinesfalls als Firma ein Angebot für reine Privatanwender nutzen. Dies wird von den Betreibern nicht gerne gesehen und kann Ärger (Protest-Mails, Beschwerden an den Provider) nach sich ziehen.

Hilfen für Robots

Durch das Anmelden eines Web-Angebots bei Suchsystemen machen Sie allerdings die Robots lediglich auf die Seite aufmerksam. Damit das Suchsystem die Daten richtig verarbeiten kann, sollten Sie ein paar Grundregeln beim Aufbau des Web-Angebots beachten (HTML-Kenntnisse werden vorausgesetzt):

1. Geben Sie jeder einzelnen Seite einen aussagekräftigen Titel mit Hilfe des »Title«-Tag. Alle Suchmaschinen zeigen bei einer Abfrage als erstes den Titel an. Die Angabe »Untitled« bewirkt oft, daß Besucher nicht auf den Link klicken.
2. Schreiben Sie an den Anfang möglichst jeder Seite einen informativen Text, der den Inhalt oder den Zweck der Seite beschreibt. Die meisten Suchsysteme speichern diesen Text und zeigen ihn bei Abfragen an. Außerdem erhalten die ersten Zeilen bei der Indizierung eine höhere Gewichtung als die nahe dem Ende der Seite. Mit dieser Methode erscheinen Ihre Web-Seiten bei einer Suche nicht unter »ferner liefen«, und die Anwender können anhand der ersten Zeilen entscheiden, ob sich ein Klick auf den Link lohnt.
3. Geben Sie auf den Web-Seiten Text ein. Eine Seite, die nur aus Bildern, anklickbaren Grafiken (»Image-Maps«) und Framesets besteht, wird von den meisten Indexern nicht richtig erfaßt. Auf jeden Fall sollten Sie bei Abbildungen das »Alt«-Tag benutzen, um Text zu den Bildern anzugeben. Viele Suchmaschinen speichern diesen Text ebenfalls.
4. Bei Framesets sollten Sie auf jeden Fall einen »Noframes«-Abschnitt vorsehen, der einen informativen Text enthält. Viele Suchmaschinen werten Frames nur ungenügend aus oder ignorieren sie ganz. Mit einem Noframes-Abschnitt verhindern Sie, daß Ihr Web-Angebot fehlerhaft indiziert wird.

5. Benutzen Sie auf jeder Hauptseite Ihres Web-Angebots die Meta-Tags, um den Robots Informationen zu geben und die Auswertung durch den Indexer zu steuern (siehe nächster Abschnitt).

Meta-Tags

Meta-Tags enthalten Zusatzinformationen für Browser und Robots. Sie werden nach dem Head-Tag im Dokumentenkopf aufgeführt und erscheinen nicht im Browser-Fenster. Meta-Tags enthalten standardisierte Informationen über die Sprache, den Autor und den Inhalt des HTML-Dokuments sowie weitere Angaben. Die Tag-Begriffe selbst können wie HTML-Tags beliebig in Groß- oder Kleinschreibung gehalten werden. Für die Inhalte der Tags empfiehlt sich die korrekte Schreibweise der Begriffe, um für jede Robot-Recherche gewappnet zu sein – egal, ob dieser die Schreibung ignoriert oder berücksichtigt. In unseren Beispielen schreiben wir die Tag-Begriffe klein.

Meta-Tags mit dem Vorsatz »meta http-equiv=« enthalten Angaben, die auch in einem HTTP-Header auftauchen, also von einem Browser gelesen werden können. Der Vorsatz »meta name=« bezeichnet dagegen alle anderen Angaben, die hauptsächlich für Robots, aber auch zur eigenen Datei-Organisation der Verfasser gedacht sind. Gute erklärende Übersichten zu den einzelnen Meta-Tags finden Sie im Netz unter den Adressen:
http://www.netzwelt.com/selfhtml/tcbc.htm,
http://www.suchfibel.de/6gefundn/6frame7.htm.

Nicht alle Robots werten sämtliche hier vorgestellten Tag-Typen aus. Sie sollten jedoch möglichst alle Tags einsetzen, um zukünftige Entwicklungen bei der Robot-Technik nicht nachträglich nachvollziehen zu müssen. Zur Zeit läuft im Internet das Projekt *Dublin Core*, bei dem eine weltweite Einführung des kompletten Systems der Meta-Tags zur Strukturierung des Netzes diskutiert wird *(http://purl.oclc.org/metadata/dublin_core/)*.

Content Type (Kategorie des Inhalts)

```
<meta http-equiv="content-type" content="text/html;
charset=iso-8859-1">
```

Dieses Meta-Tag definiert die Art der Datei und den Zeichensatz, der auf der Seite verwendet wird. In diesem Falle ist der Text im HTML-Format mit dem westeuropäischen Zeichensatz gestaltet. Moderne Browser stellen, wenn sie auf ein solches Tag stoßen, automatisch die Umlaute und Sonderzeichen richtig dar. Dieses Tag sollte daher am Anfang stehen.

Language (Sprache)

```
<meta http-equiv="language" content="de">
```

Dieses Meta-Tag definiert die Sprache des Dokuments, in diesem Fall Deutsch.

Analog lassen sich auch andere Sprachen (en/Englisch, es/Spanisch, fr/Französisch etc.) auswählen.

Description (Beschreibung)

```
<meta name="description" content="Beschreibung mit 2 bis 3 Sätzen
und maximal 250 Zeichen. Das ist etwa die Menge Text, die die Such-
maschinen anzeigen.">
```

Die Beschreibung des Seiteninhalts wird oft als Suchergebnis ausgegeben. Umlaute im Beschreibungstext sind zulässig, wenn vorher das Meta-Tag *Content Type* eingefügt wurde.

Keywords (Schlüsselwörter)

```
<meta name="keywords" content="Stichwort1, Stichwort2, ein kurzer
Text">
```

Keywords sind die Schlüsselwörter im Dokument. Hier sollten Sie alle zentralen Begriffe des Web-Angebots eintragen. Trennen Sie die Begriffe durch Kommata. Sie können auch Begriffe eintragen, die aus mehreren Wörtern (Eigennamen etc.) bestehen.

Das Ergebnis der Indizierung kann nicht durch Wiederholung desselben Schlüsselwortes verbessert werden. Wiederholungen werden von den Robots ignoriert.

Robots

```
<meta name="robots" content="index">
<meta name="robots" content="follow">
<meta name="robots" content="noindex">
<meta name="robots" content="nofollow">
```

Mit diesem Tag können dem Such-Robot genaue Hinweise gegeben werden, wie er das Dokument zu behandeln hat.

- Sie schließen eine Seite explizit in den Index ein, wenn Sie das Schlüsselwort *index* benutzen.
- Sie verhindern, daß eine Seite in den Index gelangt, wenn Sie das Schlüsselwort *noindex* benutzen.
- Mit dem Schlüsselwort *follow* erlauben Sie dem Robot, den Links auf dieser Seite zu folgen.

- Mit dem Schlüsselwort *nofollow* verhindern Sie, daß der Robot den Links auf dieser Seite folgt.

Mit dem Tag

<meta name="robots" content="index, follow">

wird der Robot aufgefordert, sich dem gesamten Web-Angebot zu widmen. Falls Sie eine Startseite mit Frames benutzen, sollten Sie das Tag

<meta name="robots" content="noindex, follow">

benutzen. Leider wird dieses Tag nur von wenigen Robots ausgewertet. Es sollte ergänzend eingesetzt werden.

Eine Methode zum Ausschluß von Such-Robots ist die Datei *robots.txt.* Doch auch diese wird leider nicht von allen Robots beachtet, obwohl es dafür eigene Regeln gibt (siehe unten).

Cacheing

<meta http-equiv="pragma" content="no-cache">

Mit Hilfe dieses Tags verhindern Sie das Zwischenspeichern von oft aktualisierten Seiten auf Proxy-Servern. Er ist besonders bei dynamisch generierten Seiten wie Diskussionslisten oder Chats sinnvoll, weil der Benutzer sonst veraltete Versionen Ihrer Seite aus dem Cache lädt.

Autor

<meta name="author" content="Fritz W. Müller">

Dieses Tag bezeichnet den Urheber der betreffenden Web-Seite.

Copyright (Urheberrecht)

<meta name="copyright" content="Dingenskirchen Verlagsgesellschaft 1998">

Dieses Tag bezeichnet den Inhaber der Urheberrechte an der betreffenden Web-Seite.

Publisher (Herausgeber)

<meta name="publisher" content="Dingenskirchen Verlag">

Dieses Tag bezeichnet den Herausgeber der betreffenden Web-Seite.

Page-topic (Thema/Sachkategorie)

<meta name="page-topic" content="Wissenschaft, Soziologie">

Dieses Tag beschreibt das Thema der betreffenden Web-Seite.

Page-type (Seitentyp)

<meta name="page-type" content="Einführung, Überblick, Link-Sammlung">

Dieses Tag beschreibt den Typus, zu dem die betreffende Web-Seite gehört, also z. B. zu dem einer Einführungsseite, eines Überblicks oder einer Link-Sammlung.

Audience (Zielgruppe)

<meta name="audience" content="Studenten, Wissenschaftler">

Dieses Tag bezeichnet die Zielgruppe, an die sich die betreffende Web-Seite richtet.

Robots.txt

Weil nicht jeder Web-Site-Anbieter möchte, daß ein Robot alle Seiten seiner Site und ihre Links auf andere Sites automatisch erfaßt, haben sich die Programmierer von Such-Robots auf einen Standard geeinigt, wie Robots an der Erfassung einer Site gehindert werden können: Im Stammverzeichnis eines Servers muß sich eine Textdatei mit dem Namen *robots.txt* und einem vorgegeben Aufbau befinden, den die Robots finden und dessen enthaltene Anweisungen sie befolgen können.

Mit folgenden Anweisungen in *robots.txt* schließen Sie alle Robots von bestimmten Verzeichnissen aus:

```
User-agent: *
Disallow: /prv
Disallow: /cgi-bin
Disallow: /log
Disallow: /images
```

Sie können auch Robots ganz von einem Server ausschließen:

```
User-agent: *
Disallow:
```

Leider halten sich längst nicht alle Robots an diesen Standard, der nur eine Empfehlung ist. Genaue Informationen zu *robots.txt* finden Sie unter der Adresse *http://info.webcrawler.com/mak/projects/robots/robots.html.*

Datenbanken und Online-Datenbanken

Suchsysteme durchsuchen als Reaktion auf die Eingabe Ihrer Suchkriterien eine Datenbank, die sie selbst angelegt haben und die wiederum ein Bestandteil des Suchsystems ist. Suchsysteme sind allerdings nicht die einzige Art von Datenbanken, die Sie im Internet durchsehen können – unter anderem gibt es noch Bibliothekskataloge, Produktverzeichnisse und Bibliographien.

Ein Einblick in die Grundlagen von Datenbanken ist wichtig für den Umgang mit allen Arten von durchsuchbaren Datenbeständen. Aus diesem Grund folgen nun ein paar einfache Erklärungen zum Thema Datenbanken.

Was sind Datenbanken?

Eine Datenbank ist im Prinzip nichts weiter als eine Art elektronisches Lexikon, in dem Informationen zu bestimmten Themen stehen. Das Wichtigste dabei ist, daß Sie komfortabel nach diesen Informationen suchen können.

Die einfachste Form einer Datenbank ist eine Anschriftendatenbank: Sie verzeichnet Postadressen in alphabetischer Reihenfolge und wirft bei Eingabe eines Namens die Anschrift und die Telefonnummer aus. Die beliebten Telefon-CD-ROMs sind ein gutes Beispiel dafür.

Technisch ist eine Datenbank eine einzelne Datei oder eine Gruppe von Dateien, in denen Informationen in festgelegter Form gespeichert werden. Entscheidend für die Datenbank ist das Vorhandensein einer Suchmaske zur Abfrage der gespeicherten Daten unter bestimmten Kriterien. Eine Datenbank ist im Prinzip wie eine Tabelle aufgebaut: Den Spalten entsprechen die Datenfelder, den Zeilen die Datensätze.

Datenfelder und Datensätze

Ein *Datenfeld* ist die kleinste Informationseinheit einer Datenbank. Jedes Datenfeld besitzt eine festgelegte Länge. Informationen, die länger sind als ein Datenfeld, können nicht eingetragen werden.

Ein *Datensatz* ist eine Gruppe von inhaltlich zusammengehörigen Datenfeldern. Ein Beispiel: In einer Adreßdatenbank sind die Informationseinheiten Name, Straße und Ort in jeweils ein dafür reserviertes Datenfeld eingetragen. Eine komplette Postadresse ist ein Datensatz in dieser Datenbank. Die folgende Abbildung zeigt einen Ausschnitt aus einer sehr einfachen Adreßdatenbank.

Datenfeld **Datensatz**

Name	Straße	PLZ	Wohnort
Fritz Müller	Beispielstr. 1	12345	Beispielstadt

Grundlegender Aufbau einer Datenbank

Um eine Datenbank sinnvoll nutzen zu können, müssen bei der Eingabe der Daten inhaltliche Regeln beachtet werden, die durch die Bezeichnung der Datenfelder vorgegeben sind. In Datenbanken lassen sich nutzbringend nur Daten speichern, die eine einheitliche Struktur aufweisen und sich bereits durch ihren Aufbau für eine Wiedergabe in Listen- oder Tabellenform eignen.

Relationale Datenbanken

Mit dem bisher vorgestellten Modell einer einfachen Datenbank, die aus einer Tabelle besteht, stoßen Sie recht schnell an Grenzen. Wenn Sie z. B. die einfache Adreßdatenbank als Kundenliste benutzen und zu Namen und Adresse des Kunden auch seine Bestellungen speichern möchten, stehen Sie vor folgendem Problem: Es reicht nicht, ein zusätzliches Feld für die Bestellung einzurichten, sondern es muß jede eingetragene Bestellung auch mit dem gesamten restlichen Datensatz des Kunden verbunden werden. Dazu muß dieser in einer solchen einfachen Tabelle eigens wiederholt werden – in der Konsequenz ist der Kunde x-mal in der Datenbank gespeichert. Das ist natürlich sehr umständlich und führt zu einer unüberschaubar wachsenden Menge der gespeicherten Daten.

Name	Straße	PLZ	Wohnort	Bestellg.
Fritz Müller	Beispielstr. 1	12345	Beispielstadt	2 XYZ
Fritz Müller	Beispielstr. 1	12345	Beispielstadt	3 ABC

Diese Datenbank arbeitet nicht effizient

Dieses Verfahren führt also nicht zu einer optimal nutzbaren Datenbank. Heutzutage wird für die Speicherung zusammenhängender, strukturierter Daten das Modell der *relationalen Datenbanken* benutzt. Eine relationale Datenbank besteht aus einer Reihe von kleinen Datentabellen, deren einzelne Inhalte in bestimmten Relationen zueinander stehen.

Bei einer Kundendatenbank mit Bestellinformationen besteht zwischen einem Kunden und einer Bestellung eine Relation der Art: »Kunde A ist mit x Bestellungen gespeichert.« Eine solche relationale Datenbank besteht aus zwei Datentabellen: einer Kundentabelle und einer Tabelle mit den Bestellungen.

Der wichtigste Punkt bei dieser Art von Datenbank ist die Verknüpfung zwischen den beiden Tabellen. Sie wird durch ein gemeinsames Datenfeld erreicht, das eindeutig bei jeder Bestellung angibt, welcher Kunde die Bestellung aufgegeben hat. Üblicherweise wird dies über ein Feld mit einer Kundennummer erledigt.

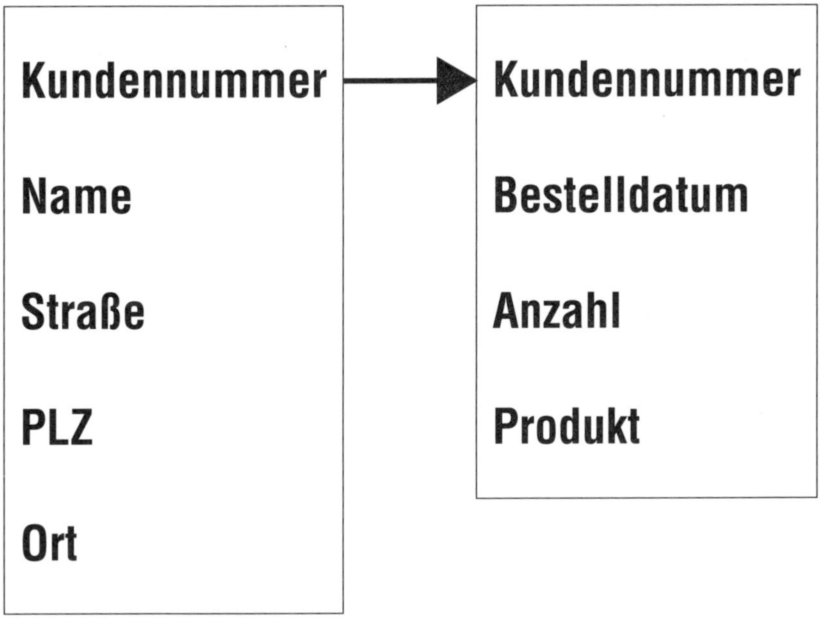

Eine (einfache) relationale Datenbank

Bei dieser Beispieldatenbank wird jeder Kunde nur einmal eingegeben und erhält eine eindeutige Kundennummer zugewiesen, die sich nicht ändert. Mit Hilfe dieser Kundennummer kann nun jede Bestellung einem Kunden zugeordnet werden.

Mit Hilfe relationaler Datenbanken sind auch sehr komplizierte Beziehungen zwischen Daten handhabbar. Bei näherer Betrachtung der Beispieldatenbank werden Sie feststellen, daß die Bestelltabelle ebenfalls nicht optimal aufgebaut ist. So kann eine Bestellung beispielsweise aus mehreren einzelnen Posten bestehen.

Im relationalen Modell ist die Lösung für dieses Problem recht einfach: In einer weiteren Tabelle werden die Bestellposten den Bestellungen zugeordnet. Auch dies geschieht wieder über ein gemeinsames Feld – in diesem Fall eine eindeutige Bestellnummer.

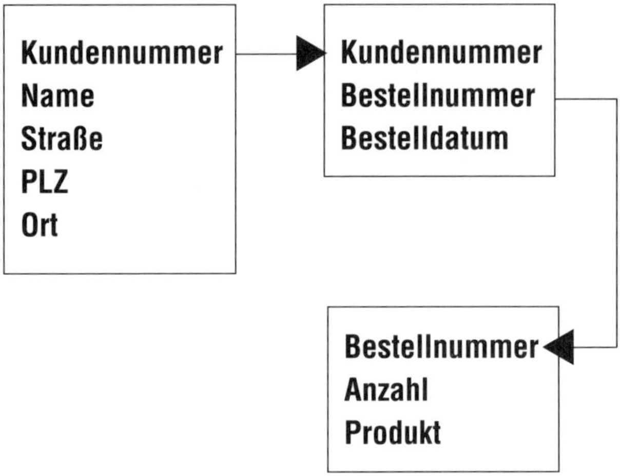

Eine relationale Datenbank mit drei Tabellen

Die Datenbanken von Unternehmen bestehen aus solchen relationalen Datenbanken, die in Wirklichkeit wesentlich komplexer aufgebaut sind als in unserem Beispiel.

So müßte dieses noch um eine Tabelle mit Produkten und Produktnummern ergänzt werden, damit die Namen der Produkte nicht jeweils bei den Bestellungen neu eingegeben werden müssen. Mit der Produkttabelle könnte eine Lagertabelle verknüpft werden, aus der verkaufte Produkte ausgetragen und neu angelieferte oder hergestellte Produkte eingetragen werden. Diese Lagertabelle wiederum wäre mit einer Lieferantendatenbank verknüpft, die zur Verwaltung von Lagerbestellungen bei den Lieferanten dient u.s.w.

Volltext-Datenbanken

Das soeben vorgestellte Modell einer relationalen Datenbank ist sehr flexibel und elegant. Doch es reicht nicht in allen Fällen aus. Nicht immer können die zu speichernden Daten in Datentabellen, Datenfelder und die Relationen zwischen ihnen aufgelöst werden. Oft ist eine relationale Datenbank zu starr, um heterogene Daten sinnvoll zu erschließen.

Ein Beispiel: Sie wollen alle Textdokumente, die in einer Firma geschrieben werden, zentral in einer Datenbank erfassen, um jederzeit darauf zugreifen zu können. Dazu gehören Projektberichte, Marketingkonzepte, Verträge mit Lieferanten oder Kunden und viele andere Dokumentarten.

Für eine relationale Datenbank benötigen Sie ein Modell der Zusammenhänge zwischen diesen Dokumenten. Sie könnten z. B. ein Klassifizierungssystem für jedes Dokument benutzen und es in verschiedenen Datenfeldern nach Abteilung, Autor, Dokumentart und Inhaltsstichwörtern einordnen. Doch wie verfahren Sie mit Dokumenten, die abteilungsübergreifend geschrieben werden? Und was ist mit Dokumenten, die beispielsweise eine Werbeagentur zu einem bestimmten Konzept angefertigt hat?

Der Versuch, heterogene Daten dieser Art in das starre Schema einer relationalen Datenbank einzuordnen, führt zu einem erheblichen Mehraufwand bei der Konzeption der Datenbank und bei der Erfassung der Dokumente. Und trotz aller Vorarbeit kann es passieren, daß nach einiger Zeit das einmal entwickelte Datenmodell nicht mehr ausreicht.

Eine Lösung dieser Probleme bietet eine Volltext-Datenbank. In ihr werden die Daten ohne jede Aufteilung in Datenfelder gespeichert. In Volltext-Datenbanken ist jeder Datensatz ein nicht weiter unterteilter »Container« für beliebig viele Daten. Mit Hilfe eines Volltext-Suchsystems (»Fulltext-Retrieval«) kann diese Datenbank anhand beliebiger Kriterien durchsucht werden.

Der Vorteil liegt auf der Hand: Daten lassen sich in einer Volltext-Datenbank auch dann speichern, wenn sie nicht in ein Schema passen. Doch eine Volltext-Datenbank hat auch Nachteile. So ist es z. B. etwas schwieriger, die Daten wieder abzurufen. Einfache Abfragen der Art »alle Autoren, deren Nachname mit A beginnt« sind hier nicht möglich. Statt dessen können Sie nur nach dem Vorkommen einzelner Namen irgendwo in den gespeicherten Daten suchen – das kann der Name eines Autors sein, muß es aber nicht.

Aus diesem Grund nutzen moderne Datenbanksysteme ein Mischsystem zwischen Volltext- und relationaler Datenbank: Zu jedem Datensatz können damit zusätzlich auch Datenfelder definiert werden, die die Suche erleichtern. In unserem Beispiel wäre die Verwendung der Felder »Autor«, »Abteilung«, »Titel« und »Dokumenttyp« sinnvoll.

Mit einer solchen Misch-Datenbank können Sie sowohl nach festen Datenfeldern (»alle Dokumente des Autoren Müller«) als auch frei in den Texten (»alle Dokumente, in denen der Name Müller vorkommt«) suchen.

Auch die Suchmaschinen speichern die Daten nicht in einer relationalen Datenbank. Doch es handelt sich bei den Datenbeständen – mit der Ausnahme von *AltaVista* – auch nicht um echte Volltext-Datenbanken. Statt dessen wird ein sogenannter Index angelegt. Ein solcher Index ist im Prinzip ein Verzeichnis der »wichtigen« Wörter in den indizierten Dokumenten. Ein einfacher Index für wenige Dokumente wäre eine tabellarisch aufgebaute Wörterliste mit einer Angabe der Häufigkeit der jeweiligen Wörter in jedem Dokument.

	Apfel	Birne	Pudding	Bier
http://www.foo.com/bar.html	1	1	3	12
http://www.murmel.de/blah.html	0	6	4	0
http://www.dingens.de/grr.html	15	0	0	0
http://www.wo.com/wer.html	4	6	3	7

Das Prinzip eines Indexes für Web-Dokumente

Durch diese Art der Speicherung kann so gut wie jedes Web-Dokument auf einen Bruchteil seiner Größe reduziert und trotzdem erfolgreich durchsucht werden. Wegen der gigantischen Datenmengen im World Wide Web hat sich die Benutzung eines Indexes bei Suchmaschinen als vorteilhaft erwiesen – das Web-Dokument wird nur ausgewertet und nicht gesondert gespeichert. Diese Indextechnik wird aber auch in vielen Volltext-Datenbanken genutzt, bei denen das Originaldokument auf jeden Fall gespeichert werden muß – der Index ist um vieles schneller durchsucht als der Volltext.

Datenbanken und Datenbanksysteme

Sowohl relationale als auch Volltext-Datenbanken bestehen eigentlich aus nichts anderem als einer oder mehreren Dateien auf der Festplatte eines Rechners.

Für den Zugriff auf die Datenbank ist ein Datenbanksystem erforderlich – eine Software, die die Daten verwaltet und für die Anwender bereithält. Solche Datenbanksysteme gibt es in großer Zahl: Auf dem PC sind Access, Paradox und dBase recht weit verbreitet; auf anderen Computersystemen heißen sie z. B. Oracle oder DB/2.

Datenbanksysteme bestehen in der Regel aus mindestens drei Bestandteilen (»Modulen«):

1. einem Modul zur Eingabe, Überarbeitung und Verwaltung der Daten;
2. einem Modul zur Aufbereitung der Daten in Listen und Berichten;
3. einem Modul zur Suche nach Daten.

Für den Zugriff auf Datenbanken durch Dritte, die nichts mit der Dateneingabe zu tun haben, ist vor allem das Suchmodul wichtig. Eine Suche in einer Datenbank wird »Abfrage« genannt. Neben den in Datenbanksystemen integrierten Abfragemodulen gibt es auch Abfragemodule, die mit einer großen Zahl verschiedener Datenbankformate umgehen können.

Ein für den PC typisches Beispiel eines Abfragemoduls ist die Windows-Ergänzung ODBC (»Open DataBase Connectivity«), die Abfragen an eine Reihe von PC-Datenbanken ermöglicht. ODBC ist im Prinzip eine Bibliothek zur Datenbankabfrage, die von anderen Programmen genutzt werden kann. Ein Beispiel für eine ODBC-Anwendung ist der in das Textprogramm Microsoft Word eingebaute Zugriff auf Datenbanken beim Schreiben eines Serienbriefes.

Die Technik der Abfragemodule ist inzwischen so weit fortgeschritten, daß sich abgefragte Datenbank und Abfragemodule nicht einmal mehr auf ein und demselben Rechner befinden müssen. Über ein lokales Netzwerk ist von jedem (vernetzten) Arbeitsplatz aus der Zugriff auf eine zentrale Datenbank möglich.

Online-Datenbanken

Eine Datenbank kann ohne weiteres für den Zugriff per Internet, ISDN oder Telefonleitung geöffnet werden. Ein Datensatz, auf den niemand zugreifen kann, ist sinnlos.

Es gibt inzwischen für nahezu jedes Wissensgebiet spezialisierte Datenbanken: Verzeichnisse von Finanz- und Wirtschaftsinformationen, Sammlungen juristischer Texte oder Verweise auf wissenschaftliche Literatur beispielsweise. Solche Datenbanken werden zum Teil schon seit der Steinzeit des Computers in den frühen sechziger Jahren geführt. Der besondere Komfort der Recherche am Rechner legte den frühen Computernutzern diese Art der Anwendung sehr schnell nahe.

Im Bereich der Wissenschaft konkurrieren Literaturdatenbanken mit dickleibigen papiernen Literaturverzeichnissen (Bibliographien), die aber im Laufe der Zeit bei ständigen Aktualisierungen zu unhandlichen mehrbändigen Monstren anschwellen können. Da eine Datenbank nicht gedruckt werden muß, ist sie wesentlich leichter und kostengünstiger auf dem aktuellen Stand zu halten als eine Bibliographie.

Außerdem ist die Suche komfortabel: Bei traditionsreichen Literatursammlungen wie den *Social Science Abstracts* (seit den frühen vierziger Jahren auf dem Markt) sind für eine umfassende Recherche über einen Zeitraum von beispielsweise 1960 bis heute etliche Glossarbände zu durchforsten. Der Zeitaufwand dürfte je nach Thema bei einigen Tagen bis einigen Wochen Arbeit zwischen staubigen Folianten liegen.

Bei der Datenbankversion der *Social Science Abstracts* dagegen liegt der Rechercheaufwand im Bereich von maximal einem Arbeitstag: Sie formulieren eine möglichst genaue Abfrage (»zeige mir alle empirischen Arbeiten, die über das Verhalten von 12-14jährigen Jugendlichen in Gruppen Gleichaltriger in den USA seit 1960 erschienen sind«) und bekommen nach einer gewissen Wartezeit eine schier endlose Liste mit Fundstellen.

Diese Möglichkeiten können auch Sie nutzen. So gut wie alle überhaupt verfügbaren Datenbanken sind über das Internet abrufbar – allerdings zumeist gegen eine Benutzungsgebühr.

Beispiele:
http://www.genios.de/
http://www.hoppenstedt.de/

Schnelle Suche im Internet

Eine ausführliche und systematische Informationssuche bei einzelnen Themenkatalogen oder Suchmaschinen erfordert Zeit und Geduld – auch für die Überprüfung der Fundstellen. Eine »Blitzsuche« ist allerdings oft ausreichend, um zumindest einen ersten Einblick in das Informationsangebot im World Wide Web zu bekommen. Aus diesem Grund finden Sie in diesem Kapitel eine kurze Einführung in die wichtigsten Suchsysteme. Es geht hier vor allem um ihre Arbeitsweise und ihre grundlegende Bedienung.

Themenkataloge

Die Zahl der Themenkataloge steigt ebenso wie die der Suchmaschinen stetig an. Außerdem besitzt so gut wie jede Suchmaschine neben dem eigentlichen Suchindex noch ein thematisch sortiertes Verzeichnis ausgewählter Links.

World Wide Web Virtual Library

Die *World Wide Web Virtual Library* (VL) ist der älteste Katalog des World Wide Web und wurde von Tim Berners-Lee, dem Vater des Web, ins Leben gerufen. Die VL ist kein kommerzieller Katalog, sondern wird von vielen Freiwilligen vor allem aus Universitäten und Forschungseinrichtungen gepflegt.

Obwohl die Gesamtzahl der Links von anderen Anbietern übertroffen wird, gilt die *Virtual Library* als einer der besten Web-Kataloge – ein großer Teil der Links wird von Experten auf dem jeweiligen Wissensgebiet zusammengestellt und regelmäßig aktualisiert. Die besondere Stärke der *World Wide Web Virtual Library* liegt bei den Geistes- und Naturwissenschaften – die wichtigsten Angebote der Universitäten weltweit sind dort verzeichnet.

Sie erreichen den Katalog unter *http://vlib.stanford.edu*. Spiegelkopien (»Mirrors«) der VL sind unter *http://cuiwww.unige.ch/vl/Home.html*, *http://cuisung.unige.ch/vl/Home.html* und *http://www.mth.uea.ac.uk/VL/Overview.html* erreichbar. Auf diesen finden Sie exakt dieselben Angebote wie auf der Haupt-Web-Site. Spiegelkopien werden übrigens angelegt, um den Datenverkehr auf einer äußerst häufig genutzten Web-Site möglichst gering zu halten, indem er auf mehrere Adressen verteilt wird. Entweder können Sie selbst die von Ihnen gewünschte (in der Nähe Ihres Server gelegene) Adresse auswählen, oder Ihre Anfrage bei der Hauptadresse wird automatisch an die Spiegelkopien weitergeleitet.

Auf der Startseite der VL sehen Sie die Oberbegriffe der Rubriken. Informationen zu Geisteswissenschaften und Kultur beispielsweise finden Sie unter »Humanities«; Politik, Religion und Sozialwissenschaften sind unter »Society« einsortiert.

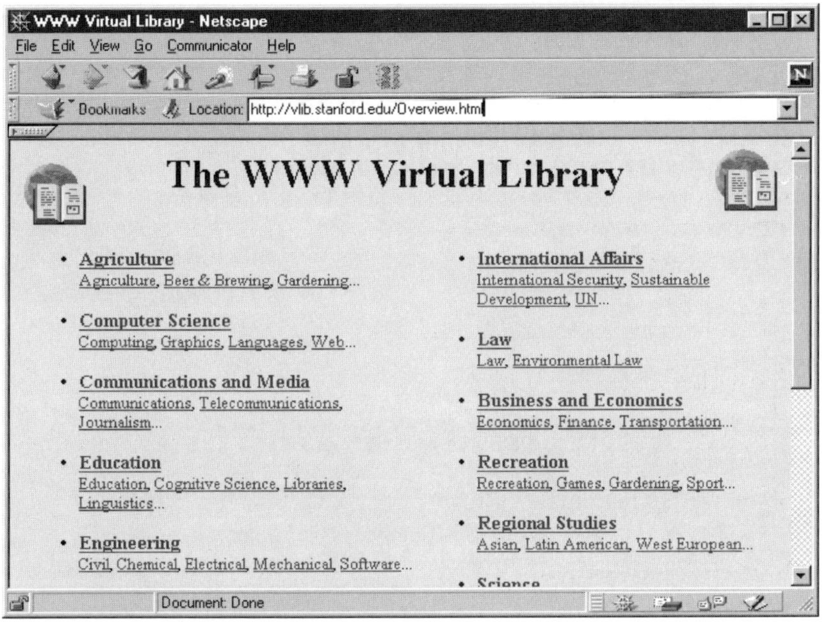

Die Startseite der Virtual Library

Nach einem Klick auf eines der Stichwörter sehen Sie weitere Themen. Dabei führt ein fett angezeigter Link zu einer Seite mit weiteren Stichwörtern.

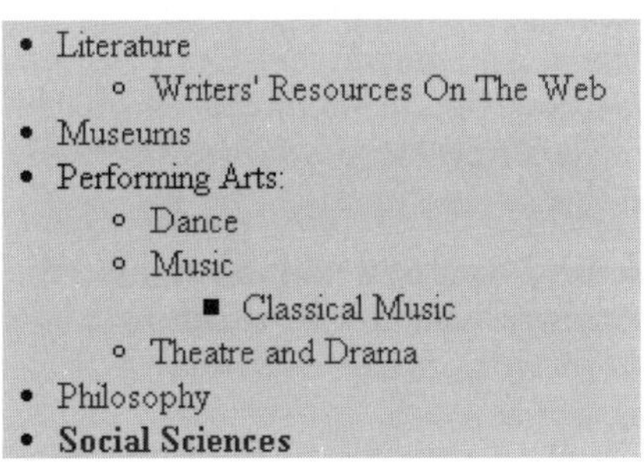

Weitere Unterbegriffe der VL

Durch Klicken und »Browsen« im Schlagwortkatalog erreichen Sie nach kurzer Zeit eine thematische Hauptseite, die erst die auf die externen Web-Seiten verweisenden Links zu den Themengebieten enthält. Diese Hauptseiten können sich auf irgendeinem Rechner im World Wide Web befinden – zumeist werden sie von Experten des Fachgebietes sorgfältig aktualisiert und um interessante Angebote ergänzt.

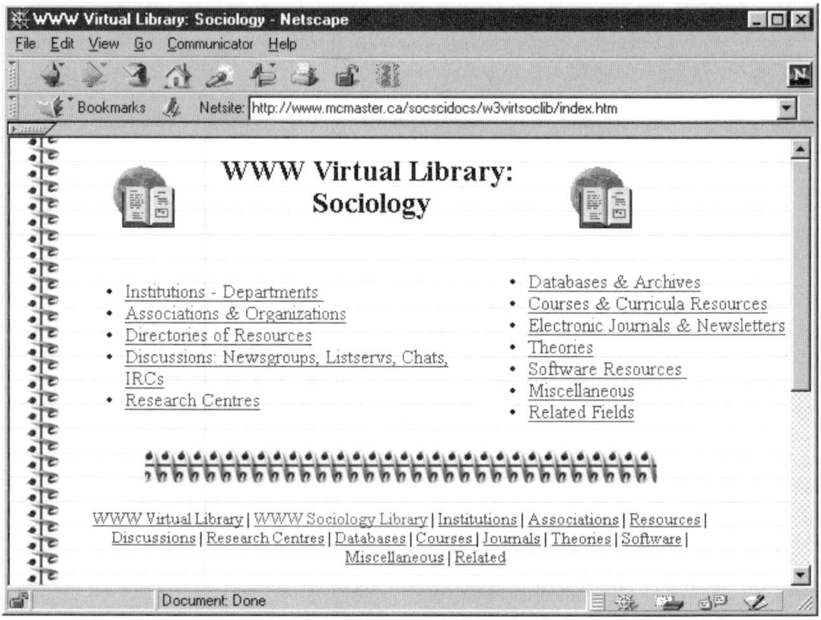

Als Beispiel das Soziologieangebot der Virtual Library

Yahoo! und Yahoo! Deutschland

»Yet Another Hierarchical Ordered Oracle« heißt eine der möglichen Vollversionen dieses amerikanischen Begeisterungsschreis. Dahinter verbirgt sich ein sehr gutes menübasiertes Suchsystem mit hierarchischer Ordnung. Die URL von *Yahoo!* lautet *http://www.yahoo.com*. Speziell dem deutschsprachigen Teil des World Wide Web widmet sich der deutsche *Yahoo!* mit der URL *http://www.yahoo.de*.

Beide Dienste sind ähnlich wie die VL aufgebaut und können komfortabel durchsucht werden. Ergänzend zur Kategorienhierarchie besitzen sowohl der internationale als auch der deutsche *Yahoo!* eine Stichwortsuche.

Yahoo!-Kategorien

Beide Kataloge benutzen die gleichen Kategorien und sortieren nach den gleichen Themen – der eine in englischer, der andere in deutscher Sprache. Einige Unterschiede ergeben sich durch die etwas andere Gestaltung, aber der Aufbau ist parallel.

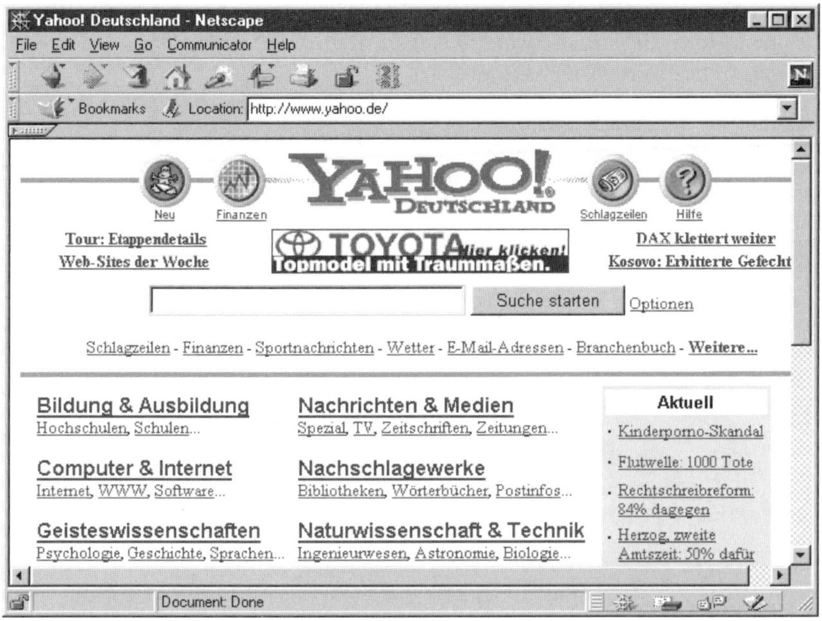

Die Homepage des deutschen Yahoo!

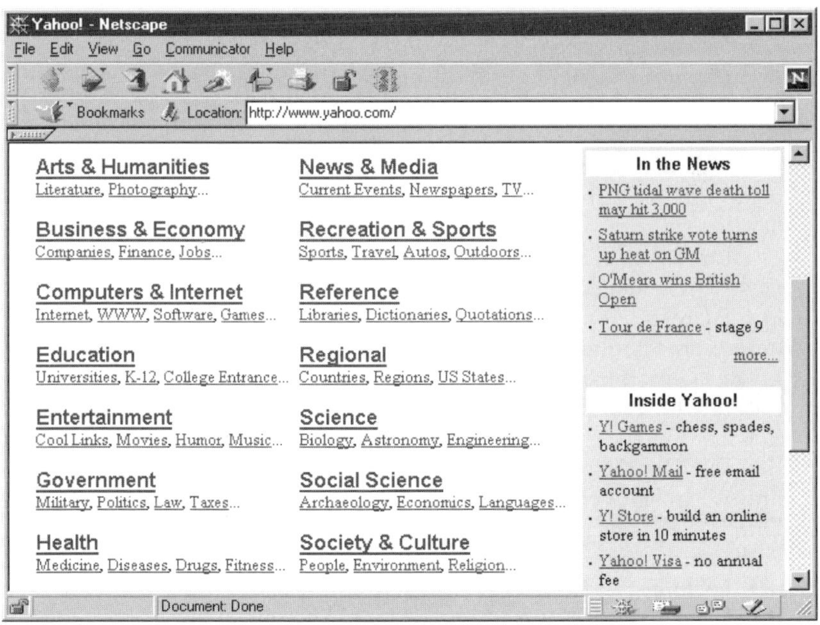

Die Kategorien des internationalen Yahoo!

Wenn Sie auf der Startseite von *Yahoo!* auf eines der Stichwörter klicken, erreichen Sie eine Seite, die weitere Kategorien sowie allgemeine, zur Kategorie gehörende Web-Angebote auflistet.

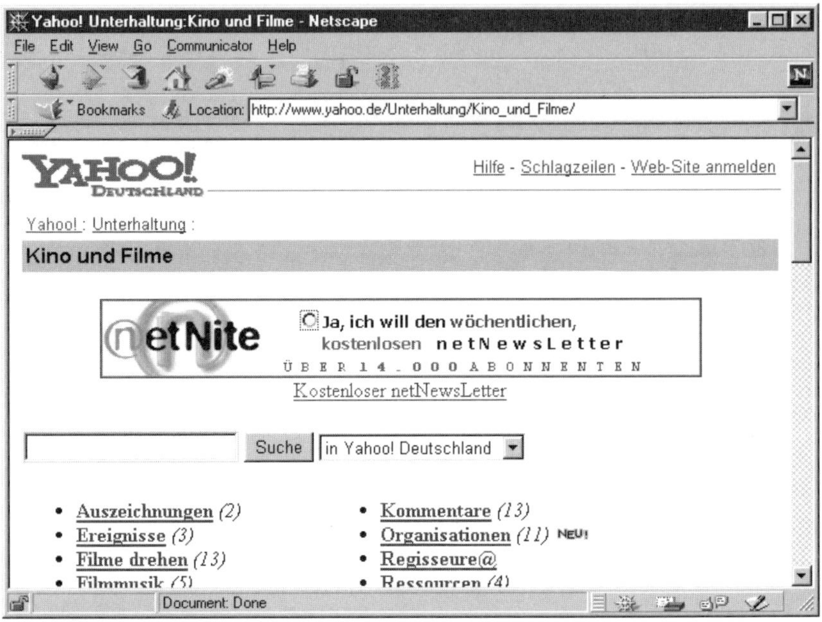

Eine Themenseite in Yahoo!

Yahoo! zeigt neben den Schlagwörtern eine Reihe von Navigationshilfen an.

- In der ersten Zeile der abgebildeten Web-Seite sehen Sie den »Begriffspfad«, den Sie bisher in der Kategorienhierarchie zurückgelegt haben. Jedes dieser übergeordneten Verzeichnisstichwörter ist wiederum als Link gestaltet, so daß Sie per Mausklick rasch ein paar Stufen in der Hierarchie nach oben gehen können.
- Die Stichwörter der Kategorien, die der aktuell angezeigten Kategorie untergeordnet sind, sind mit Zahlen gekennzeichnet, die die Anzahl der Links angibt, die Sie in dieser Kategorie finden können.
- Einzelne Kategoriebegriffe tragen einen »Klammeraffen« (@). Es handelt sich hier um Kategorien, die zu einem anderen Begriffspfad gehören. Ein Beispiel: Die Kategorie »Kinos« ist regulär unter dem Vollpfad »Handel und Wirtschaft:Firmen:Unterhaltung:Kinos und Filme:Kinos« zu finden. Durch die Anzeige von abgekürzten Pfaden können Sie auch Begriffe leicht entdecken, die unter mehreren Kategorien eingeordnet sind, und dazu nicht erst mehrere Hierarchien durchsuchen.
- Auf vielen deutschen *Yahoo!*-Seiten finden Sie außerdem einen Verweis auf dieselbe Kategorie im internationalen Verzeichnis.

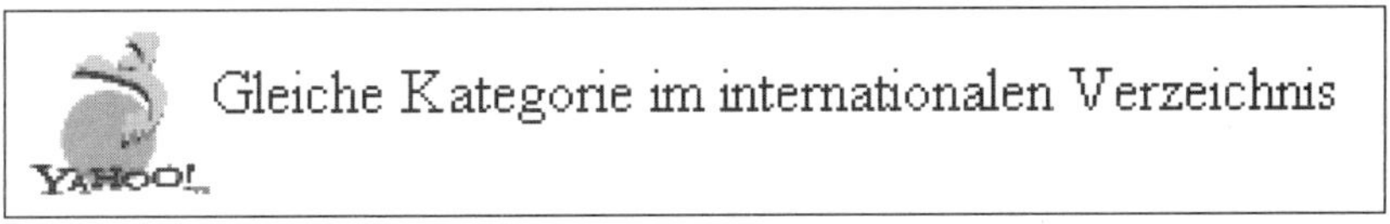

Verweis auf Yahoo! International

Yahoo!-Suche

Um schneller zu einem interessanten Web-Angebot vorzudringen, können Sie den Datenbestand von *Yahoo!* auch mit einer Volltext-Suchfunktion durchstöbern.

Direkt auf der Startseite finden Sie ein Eingabefeld für die Suche im gesamten *Yahoo!*-Bestand. Klicken Sie mit der Maus auf das Eingabefeld, um den Cursor dorthin zu versetzen, und geben Sie einen Suchbegriff ein. Ein Klick auf die Schaltfläche »Suche starten« leitet die Suche im *Yahoo!*-Datenbestand ein.

Suchen auf der Yahoo!-Startseite

Auf den einzelnen Themenseiten in *Yahoo!* finden Sie ebenfalls jeweils ein Eingabefeld für eine Suche. Im Unterschied zur Startseite, von der aus Sie den gesamten Datenbestand von *Yahoo!* durchsuchen, können Sie auf den einzelnen Themenseiten die Suche auf die jeweils aktuelle Kategorie begrenzen: Klicken Sie einfach auf die Option »In <Name der Kategorie>«.

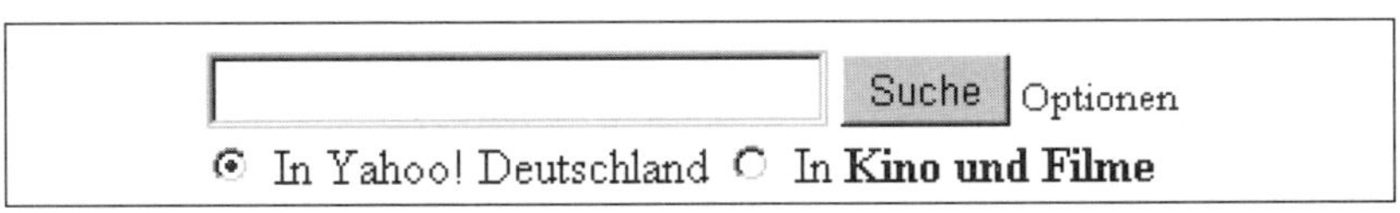

Suchen in einer Yahoo!-Kategorie

Nach kurzer Wartezeit erscheint eine neue Seite im Browser-Fenster. Dort finden Sie die ersten 20 der von *Yahoo!* gefundenen Kategorien, die den Suchbegriff enthalten. Sie können nun die von Ihnen gewünschten Kategorien anzeigen lassen oder in der Liste nach unten scrollen. Sollte die Suchfunktion mehr als 20 Einträge gefunden haben, finden Sie unten auf der Seite einen grau unterlegten Link, der nach einem Klick die nächsten 20 Treffer anzeigt.

Anzeige der nächsten Fundstellen

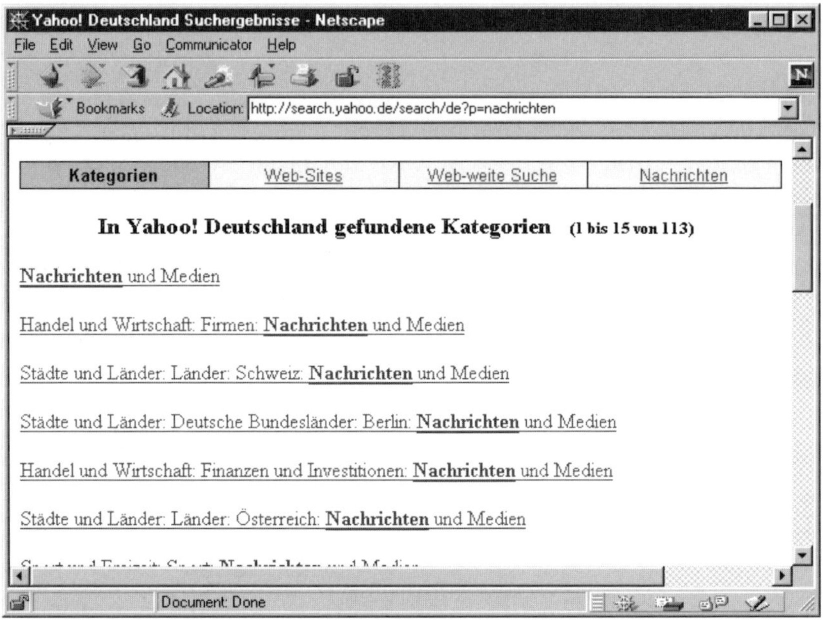

Suchergebnisse bei Eingabe von »Nachrichten«

Einteilung der Suchergebnisse

Die Suchergebnisse von *Yahoo!* bestehen aus vier Abteilungen:

1. *Kategorien.* Hier finden Sie alle Kategorien von *Yahoo!*, die den Suchbegriff enthalten.
2. *Web-Sites.* Hier stehen alle Web-Seiten aus dem *Yahoo!*-Datenbestand, die den Suchbegriff im Titel oder in der Kurzbeschreibung enthalten.
3. *Web-weite Suche.* Hier finden Sie ein Suchergebnis von *AltaVista*. Zur Zeit kooperiert *Yahoo!* noch mit dieser Suchmaschine, um seinen Benutzern weitere Fundstellen anzugeben. In Zukunft soll hier jedoch ein anderes Suchsystem auftauchen.
4. *Nachrichten.* Die letzte Abteilung enthält alle aktuellen Nachrichtentexte in *Yahoo!*, die den Suchbegriff enthalten. Die Meldungen kommen von der Nachrichtenagentur *Associated Press* (AP) und werden für *Yahoo!*-Nutzer kostenlos zur Verfügung gestellt.

Manchmal zeigt *Yahoo!* allerdings auch Nachrichten an, die nicht mehr vorhanden sind, da AP die Archivierung seiner Agenturtexte nicht erlaubt. Die Suchfunktion scheint manchmal zu spät aktualisiert zu werden.

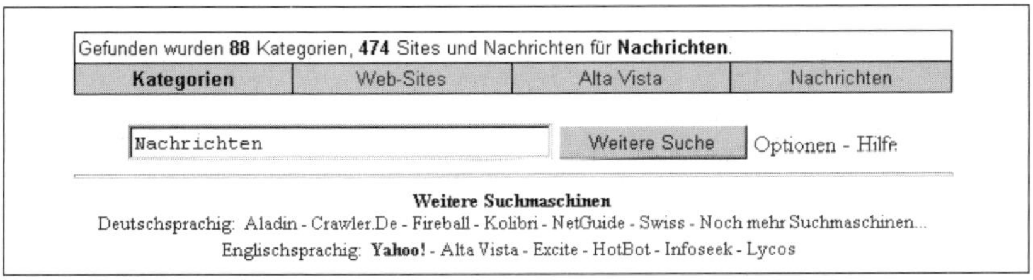

Navigation in den Suchergebnissen

Am Ende jeder Ergebnisliste finden Sie Navigationshilfen sowie Angaben über die Zahl der gefundenen Web-Angebote. Falls Sie mit den Suchergebnissen nicht zufrieden sind, können Sie hier auch einen anderen Suchbegriff eingeben sowie in weiteren Suchsystemen forschen: Wenn Sie beispielsweise auf *»Kolibri«* klicken, verbindet Sie *Yahoo!* zu diesem Suchsystem und übergibt der dortigen Suchfunktion direkt den Suchbegriff.

WEB.DE

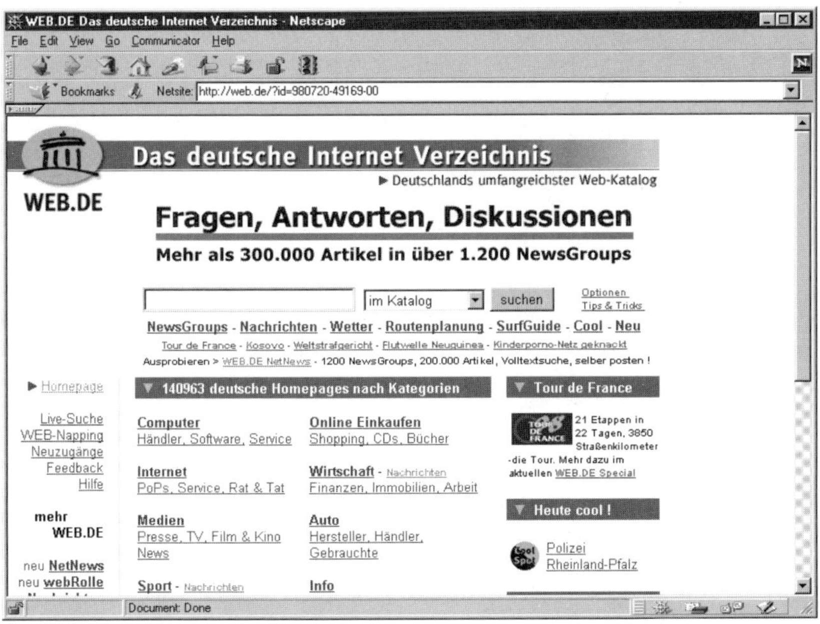

Die Startseite von WEB.DE

WEB.DE ist ähnlich organisiert wie *Yahoo!*. Nach Eingabe der URL *http://web.de* erscheint eine Startseite mit Kategorien, die sich zu Seiten mit weiteren Kategorien und Web-Angeboten verzweigen.

Auf den einzelnen Seiten ist ebenfalls der Begriffspfad zu finden, so daß Sie schnell mehrere Kategorie-Ebenen vor- oder zurückgehen können. Auch die Suchfunktion folgt den durch *Yahoo!* gesetzten Standards. Von der Startseite aus können Sie den gesamten Datenbestand durchsuchen. Auf jeder Themenseite ist außerdem die Suche innerhalb der Kategorie möglich. Wählen Sie für diesen Zweck in der kleinen Aufklappliste neben dem Eingabefeld den Eintrag »in dieser Rubrik«. Anschließend geben Sie den Suchbegriff ein und klicken auf »Suchen«.

WEB.DE ist ähnlich wie Yahoo! aufgebaut

Nach kurzer Zeit erscheint eine Liste mit den ersten zehn Suchergebnissen. Auch hier stehen wieder die den Suchbegriff enthaltenden Kategorien am Anfang. Daran schließen sich *WEB.DE*-Einträge an. Die weiteren Suchergebnisse können Sie sich anzeigen lassen, indem Sie am Ende jeder Ergebnisseite auf »Weiter« klicken.

DINO

DINO ist die Abkürzung für »Deutsches Internet Organisationssystem« und ist unter *http://www.dino-online.de* erreichbar. Es ist ein Suchsystem mit eigenem Themenkatalog, einer angeschlossenen Suchmaschine (*Lotse*), einem eigenen Besprechungsdienst und Kurznachrichten von der Nachrichtenagentur *Reuters*.

DINO präsentiert auf seiner Startseite diverse Links zu den verschiedenen Oberflächen. Erst nach einem Klick auf »Der große Web-Katalog« erscheint die Seite mit den Kategorien. Der Link »World's Best« führt zum Besprechungsdienst und »Die *DINO*-Suchmaschinen« zur Suchfunktion.

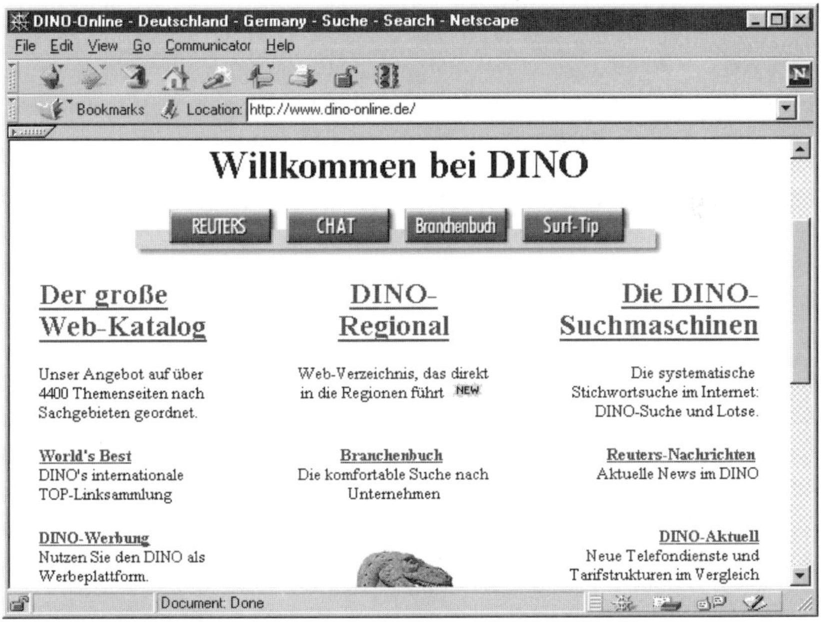

Die Startseite von DINO

DINO zeichnet sich durch ein recht ausgefeiltes Kategoriensystem aus. Die einzelnen Web-Angebote sind in Gruppen eingeteilt und mehr oder weniger ausführlich kommentiert.

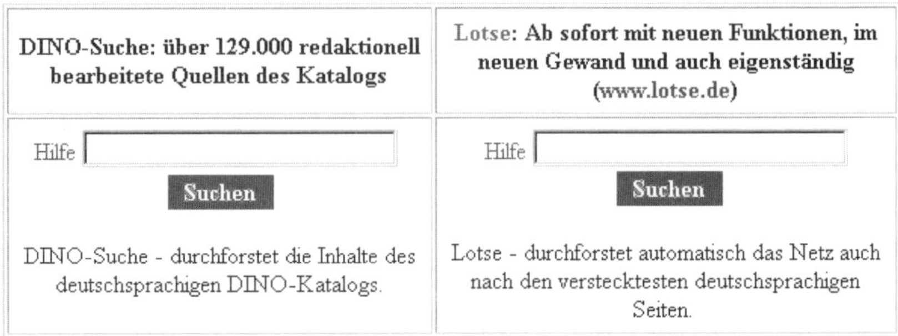

Suchen mit DINO

Die Suchfunktion von *DINO* kann genutzt werden, um die kommentierten Links des Kategorienschemas und den Datenbestand des Suchsystems *Lotse* zu durchsuchen. Zusätzlich findet sich auf jeder Seite ein Eingabefeld, mit dem die aktuelle Kategorie durchsucht werden kann.

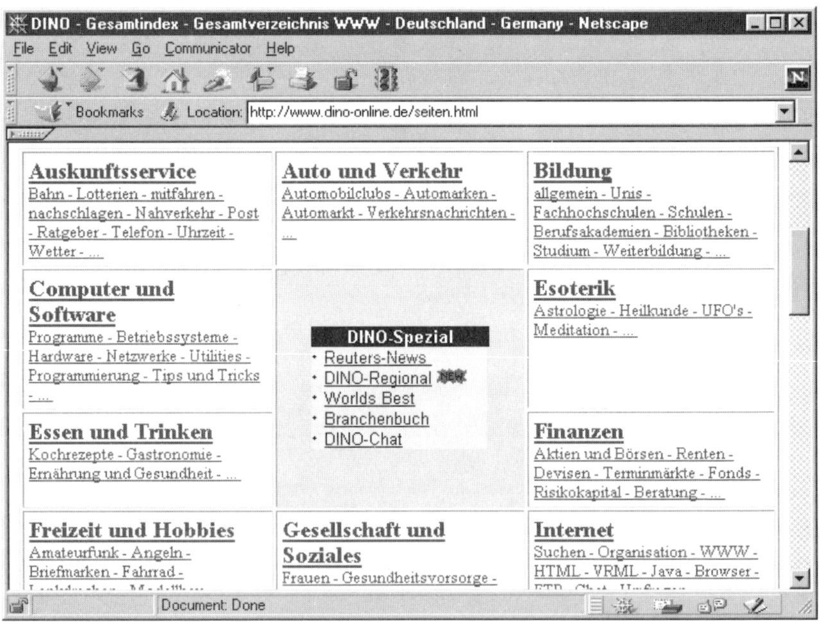

Die Kategorien von DINO

Suchmaschinen

Die Themenkataloge sind ein guter Einstieg in ein Thema. Da jedoch die Zahl der erfaßten Links unter Umständen sehr gering ist, werden Sie hin und wieder überhaupt nicht fündig. In diesem Fall hilft nur ein Ausflug zu einer der großen Suchmaschinen. Dazu einige kurze Hinweise vorweg:

- Sie erhalten eine kurze Einführung in die Standardsuche direkt auf der Startseite der jeweiligen Suchmaschine. Erweiterte Suchmöglichkeiten werden nur vorgestellt, wenn sie auf der Startseite in Form von Schaltern oder Listen genutzt werden können.
- Die großen internationalen Suchmaschinen besitzen auch deutschsprachige Oberflächen. Auf sie wird hier aber nicht weiter eingegangen, da sie oft nicht alle Möglichkeiten des englischsprachigen Originals bieten.
- Wichtig für die Eingabe: Geben Sie alle Suchbegriffe in Kleinbuchstaben an, da die Suchsysteme dann unabhängig von der Groß-/Kleinschreibung suchen.

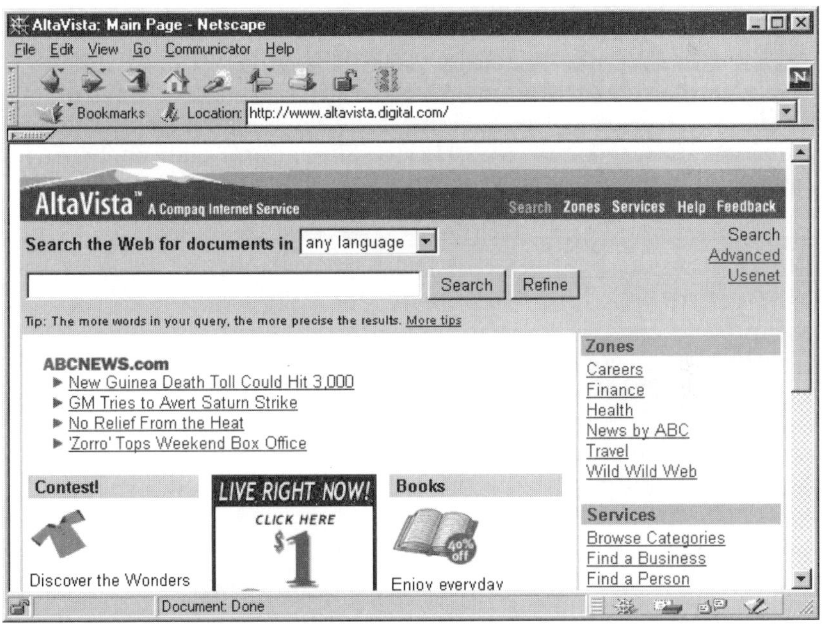

Die Startseite von AltaVista

AltaVista

AltaVista (*http://altavista.digital.com/*) ist eines der größten Suchsysteme im World Wide Web. Die Datenbank von *AltaVista* enthält indizierte Verweise auf ungefähr 125 Millionen WWW-Seiten und wird von automatischen Such-Robots auf dem neuesten Stand gehalten. Aber das manuelle Anmelden einer interessanten URL ist ebenfalls möglich.

Auf der *AltaVista*-Startseite können Sie direkt einen oder mehrere Suchbegriffe eingeben. Bei Bedarf sollten Sie in der kleinen Aufklappliste eine Sprache einstellen. Wenn Sie diese Option wählen, werden nur Web-Seiten in der ausgewählten Sprache angezeigt. Die meisten Ergebnisse erhalten Sie mit der Standardeinstellung »Any Language«, bei der keine Vorauswahl von Dokumenten in einer bestimmten Sprache getroffen wird.

Nach einem Klick auf »Search« und einer kurzen Wartezeit blendet *AltaVista* die ersten Suchergebnisse unterhalb der Suchmaske ein. Am Anfang der Liste sehen Sie die Gesamtzahl der gefundenen Seiten. Ein Beispiel: Eine Abfrage mit den Suchbegriffen »delphi vcl component« ergab 121 460 Treffer. Davon zeigt *AltaVista* zunächst nur zehn Treffer an, zusammen mit einer Art Exzerpt der Web-Seite, die dahintersteckt – meist die ersten Textzeilen dieser Seite. Am unteren Rand der Ergebnisseite von *AltaVista* finden Sie die Seitenzahlen der weiteren Ergebnisseiten Ihrer Suchanfrage. Zu diesen gelangen Sie per Mausklick auf die entsprechende Zahl oder auf die Navigationspfeile, die Sie jeweils auf die Seite davor oder danach bringen.

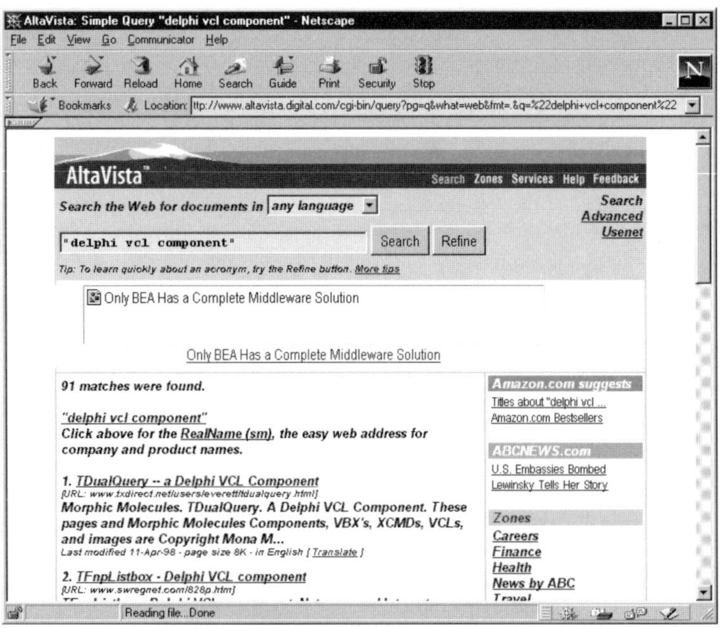

Die Treffer der Suche nach »delphi vcl component«

In vielen Fällen ist die Trefferzahl zu hoch, um damit etwas Sinnvolles anzufangen. Sie haben nun zwei Möglichkeiten:

1. Formulieren Sie die Suchanfrage neu, indem Sie zusätzliche Suchbegriffe eingeben. Bei *AltaVista* werden Web-Seiten, die alle oder die meisten der eingegebenen Begriffe enthalten, an den Anfang der Trefferliste gestellt.
2. Klicken Sie auf den Schalter »Refine«, um die Treffermenge anhand einer Analyse des Indexes für die gefundenen Seiten einzugrenzen.

AltaVista analysiert nach einem Klick auf »Refine« die gefundenen Web-Seiten nach Begriffen, die häufiger gemeinsam auf diesen Seiten vorkommen, und zeigt die Begriffe gruppiert an. Sie können nun für jede Begriffsfolge in einer kleinen Aufklappliste einstellen, ob diese Begriffe im Suchergebnis vorhanden sein müssen (Eintrag »Required«) oder keinesfalls enthalten sein dürfen (Eintrag »Exclude«).

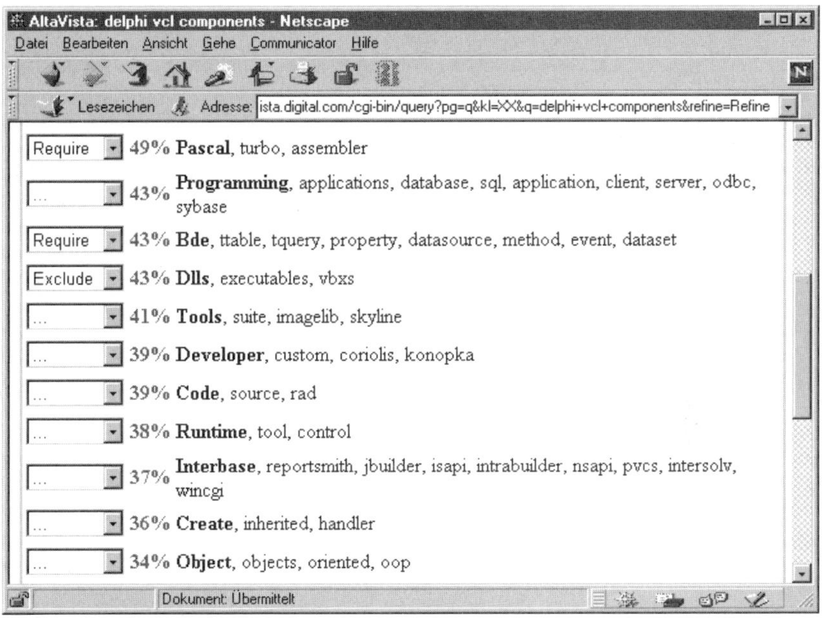

Anpassen der Suche anhand einer Analyse der Worthäufigkeiten

Anschließend startet ein Klick auf »Search« die Suche neu. Mit Hilfe der Angaben in der Abbildung konnte die anfängliche Treffermenge von 121 460 bei der Suche nach den Begriffen »delphi vcl component« auf 242 reduziert werden. An diesem Punkt der Suche können Sie nun entweder ein weiteres Mal auf »Refine« klicken, um die Trefferzahl weiter einzuschränken, oder sich durch die Liste durcharbeiten.

Infoseek

Infoseek ist die zweite der vier großen Suchmaschinen im Internet. Nach eigenen Angaben sind im Datenbestand von *Infoseek* rund 60 Millionen Web-Angebote erfaßt. Sie erreichen *Infoseek* unter der URL *http://www.infoseek.com.*

Auf der Startseite von *Infoseek* können Sie wie bei *AltaVista* einen oder mehrere Suchbegriffe eingeben und die Suche durch einen Klick auf »Seek« starten. *Infoseek* benutzt ein Verfahren namens ESP (»Extra Search Precision«), was ungefähr »besonders präzise Suche« bedeutet. Dabei werden die Treffer nach Web-Sites (Server-Namen) gruppiert und zugleich nach Häufigkeit der gefundenen Begriffe sortiert.

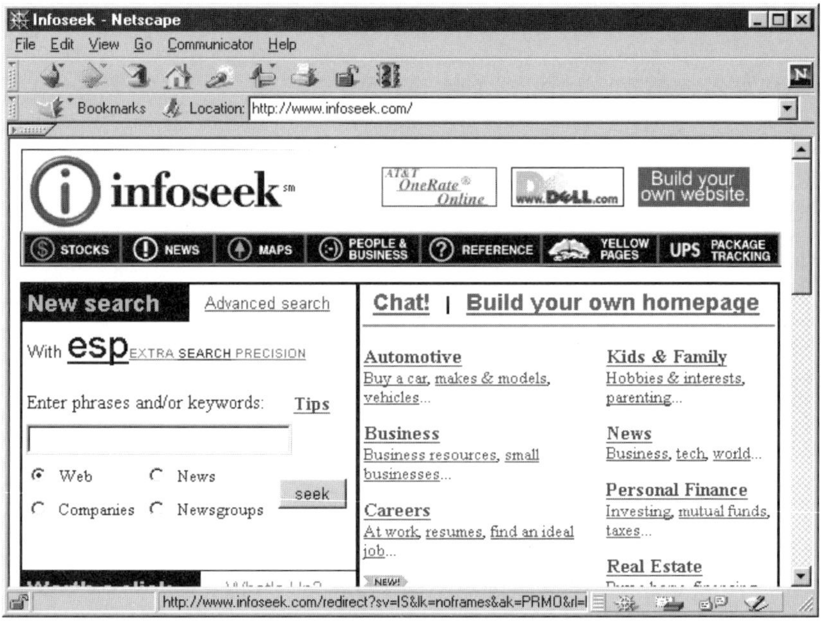

Die Startseite von Infoseek

Ein Beispiel: *Infoseek* findet über 2,1 Millionen Seiten zu den Stichwörtern »delphi vcl component«. Allerdings sind am Anfang wichtige Links mit Web-Angeboten zum Programmiersystem Delphi und zu Delphi-Komponenten aufgeführt.

Infoseek zeigt zunächst nur das erste Angebot, das es auf einem bestimmten Server gefunden hat. Sehr oft befinden sich jedoch auf einem Web-Server sehr viele Web-Seiten von verschiedenen Anbietern, so daß sich unter dieser Domain noch viele weitere URLs befinden. Ein gutes Beispiel dafür ist der Web-Server mit der Adresse *ourworld.compuserve.com.* Er ist ein Gastrechner

(»Hosting Service«) für die Millionen Kunden des Online-Dienstes und Internet-Providers *CompuServe*, die dort ihre Homepages anlegen können. Aus diesem Grund wird *Infoseek* zu den meisten Suchanfragen eine URL anzeigen, die zu diesem Server führt. Darunter finden Sie dann einen Link mit dem Text »Grouped results from …«:

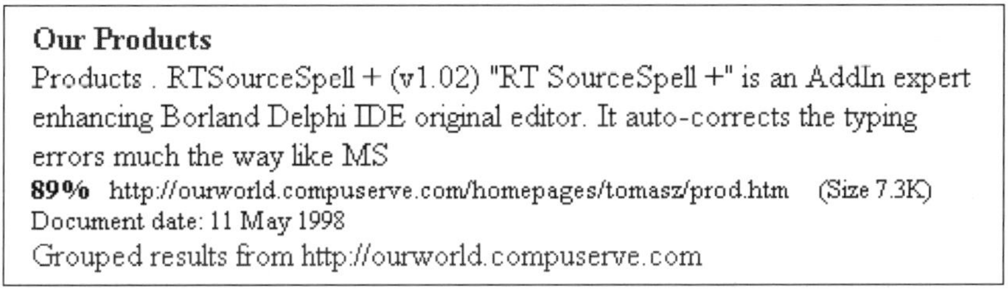

Die erste von weiteren URLs

Wenn Sie auf diesen Link klicken, erhalten Sie eine neue Ergebnisliste, die nur Web-Angebote von *ourworld.compuserve.com* enthält. Doch diese komfortable Möglichkeit, Ausschnitte aus dem Suchergebnis anzuzeigen, ist nicht die einzige Suchoption.

Am unteren Rand jeder Suchliste finden Sie einige Navigationshilfen:

1. Der Link »Hide summaries« versteckt die kurzen Texte zum Inhalt der Web-Seiten, so daß Sie nur noch die URLs sehen.
2. »Ungroup these results« hebt die oben geschilderte Gruppierung auf. Die Suchergebnisse werden nun vollständig angezeigt.
3. »next 10« zeigt die nächste Seite der Suchergebnisse.

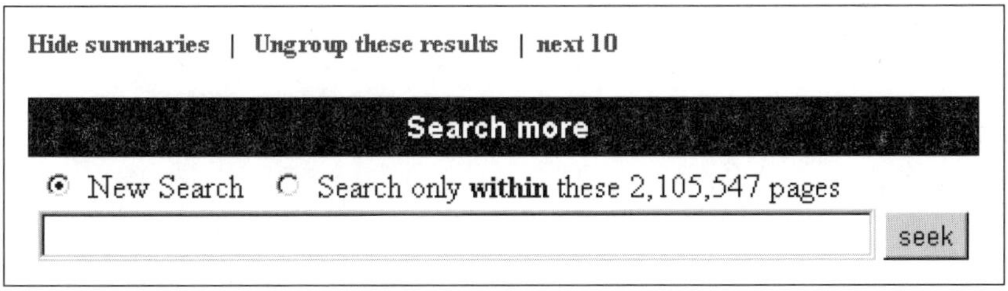

Weitere Suchoptionen

Falls Sie die Suche weiter verfeinern wollen, können Sie ergänzende Suchbegriffe unterhalb von »Search more« eingeben und die Option »Search only within these … pages« aktivieren. In diesem Fall durchsucht *Infoseek* die ursprünglichen Suchergebnisse nach den neuen Suchbegriffen. Ein Beispiel: Bei einer Suche nach Delphi-Komponenten könnten Sie den Suchbegriff »graphics« eingeben, um die Suche auf Grafikkomponenten zu beschränken.

HotBot

HotBot ist ein Service der Firma *Wired Ventures,* die als Herausgeberin der Internet-Zeitschrift *Wired* bekannt geworden ist. *HotBot* gilt als das beste Suchsystem mit dem größten Datenbestand. Bei den meisten Suchsystemtests in PC-Zeitschriften bekommt *HotBot* die besten Noten.

Schnelle Suche mit HotBot

Zumindest die einfache Suche in der *HotBot*-Startseite zeichnet sich durch einen großen Komfort aus. Wie bei anderen Suchsystemen auch, können Sie einfach einen oder mehrere Begriffe eingeben. Doch während *Infoseek* und *AltaVista* alle Web-Seiten anzeigen, die mindestens einen dieser Begriffe enthalten, zeigt *HotBot* in der Voreinstellung lediglich Web-Seiten an, die sämtliche eingegebenen Suchbegriffe enthalten. So gibt *HotBot* bei der Suche nach »delphi vcl component« 2 420 Treffer an. Diese Ergebnismenge ist zwar für ein sinnvolles Suchen immer noch zu groß, aber immerhin läßt sich die Suche nun einfacher eingrenzen. Bei Eingabe von »delphi vcl component graphics« reduziert sich die Ergebnisliste auf 700 Treffer.

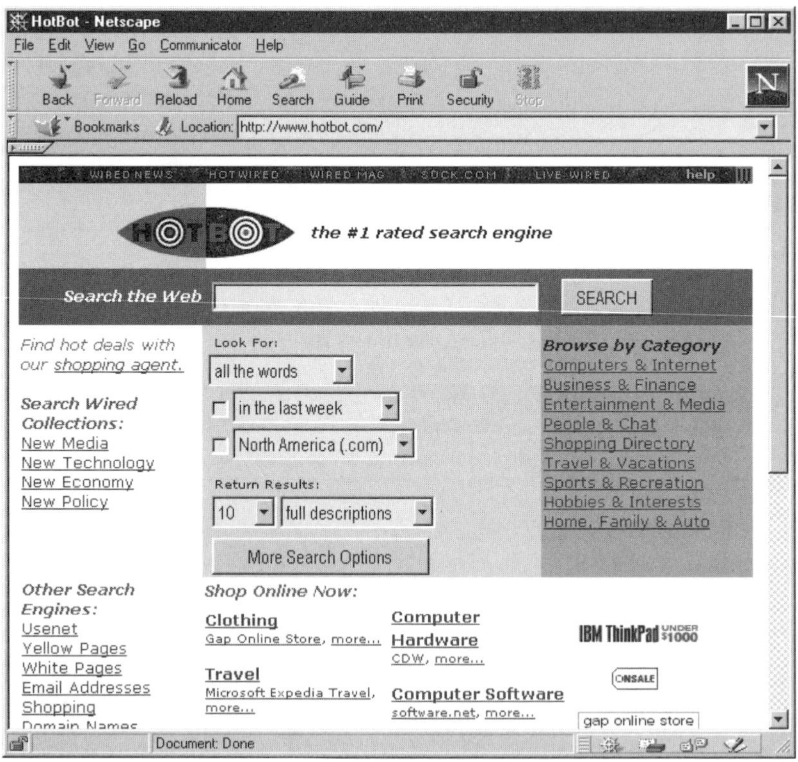

Die Startseite von HotBot

Eine weitere nützliche Funktion befindet sich auf der *HotBot*-Startseite in der kleinen Aufklappliste »Return Results«. Dort ist die Zahl zehn als Vorgabe eingetragen, doch Sie können hier andere Werte auswählen – beispielsweise 100. Entsprechend bekommen Sie nicht alle Web-Sites angezeigt, in denen *HotBot* Ihren Suchbegriff ausgemacht hat, sondern nur die ersten zehn bzw. 100.

Mit Hilfe einer Liste von 100 Treffern pro Seite läßt sich wesentlich komfortabler arbeiten als mit einer von zehn, da Sie insgesamt Wartezeit sparen: Zwar warten Sie auf die Anzeige von gleichzeitig 100 Treffern länger als auf die von zehn Treffern, dafür aber auch nur einmal statt zehnmal. Die Suchsysteme werden ständig von so vielen Leuten benutzt, daß diese Pausen zwischen zwei Listen nicht zu vermeiden und meist ziemlich lästig sind.

Web Results **2420 matches.** Breakdown: component 992672, vcl 11501, delphi 183284

1 - 100 ▶

1. Ax Systems - TPack
This is the Home Page for tPack, developed by Michael Ax. tPack is a collection of re-usable VCL components first published for Borland's Delphi in the spring of 1995.
99% 4487 bytes, 1998/04/18 http://www.axsystems.com/

Der Anfang einer Ergebnisliste in HotBot

Die Links werden bewertet und in absteigender Wertungsreihenfolge angezeigt. Die Wertung erkennen Sie an den Prozentzahlen. In die Wertung fließt unter anderem eine Zählung der Worthäufigkeiten ein. Dabei erhalten alle Seiten, in denen die Suchbegriffe besonders häufig und außerdem in den ersten Zeilen vorkommen, eine hohe Wertung.

Weiter unten stehen dann Web-Seiten, in denen die Suchbegriffe nicht sehr häufig vorkommen. In vielen Fällen reicht es deshalb vollkommen aus, die ersten 200 Links zu überprüfen und den Rest zu ignorieren.

Komfortsuche mit HotBot

HotBot bietet ergänzende Suchoptionen, die Sie in der Startseite auswählen können. Die Abbildung gibt einen Überblick über die verschiedenen Möglichkeiten.

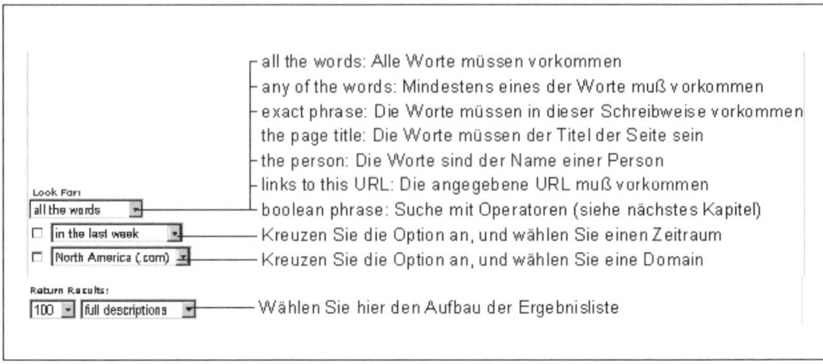

Die Suchoptionen von HotBot

Besonders wichtig für eine erfolgreiche Suche sind die Optionen in der Aufklappliste unter »look for«. Die ersten drei Optionen gestalten die Suche sehr flexibel:

1. *all the words*: Diese Option ist die Vorgabe. Dabei werden nur Seiten angezeigt, die alle Suchbegriffe enthalten. Nutzen Sie diese Suchoption, wenn Sie die Suche stark einschränken und nicht so viele Links angezeigt bekommen wollen.

2. *any of the words*: Hier werden alle Seiten angezeigt, in denen mindestens einer der Suchbegriffe vorkommt. Damit können Sie die Suche erweitern. Wählen Sie diese Option, wenn die erste Option zu wenige oder keine Treffer erzielt.

3. *exact phrase*: Hier werden nur Seiten gezeigt, die die Suchbegriffe in genau der angegebenen Schreibweise und Reihenfolge enthalten. Großschreibung wird dabei ignoriert. Sie können diese Option nutzen, um beispielsweise nach Firmennamen, Personen, Buch- oder CD-Titeln zu suchen. Sie schränkt die Suche stark ein, ist aber oft hilfreich, um spezielle Angebote zu finden. Ein Beispiel: Die Suche nach »Borland Delphi 4.0« findet mit dieser Option nur Seiten, die den Namen der Programmierumgebung enthalten.

Excite

Excite (*http://www.excite.com/*) ist ein relativ neues Suchsystem, das jedoch durch eine besonders geschickt programmierte Suchroutine auffällt: Durch die sogenannte »Konzeptsuche« bietet *Excite* zu den Suchbegriffen mehr oder weniger passende Begriffe an, mit deren Hilfe Sie die Suche eingrenzen können.

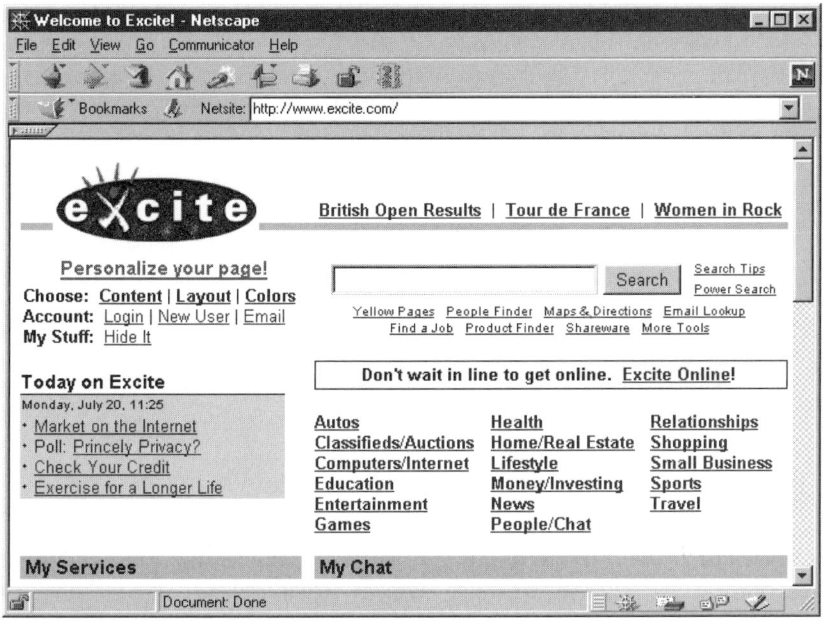

Die Startseite von Excite

Wie bei den Suchmaschinen üblich, können Sie direkt auf der Startseite einen oder mehrere Suchbegriffe eingeben und auf »Search« klicken, um die Suche zu beginnen. Nach kurzer Zeit erscheint die Ergebnisliste im Browser. Die Ergebnisliste von *Excite* ist ein wenig komplexer aufgebaut als die von anderen Suchmaschinen. Sie besteht aus vier Teilen:

1. Am Anfang finden Sie Ergebnisse der »Konzeptsuche«: eine Reihe von mit den Suchbegriffen sachverwandten Begriffen zum Ankreuzen. Ein Klick auf »Search Again« führt die so verfeinerte Suche erneut durch.

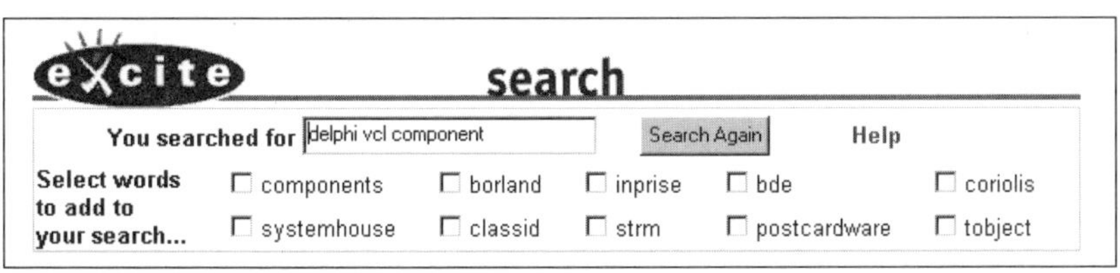

Der Anfang der Ergebnisliste dient dem Verfeinern der Suche

Am Rande bemerkt: Die Begriffe der »Konzeptsuche« werden durch eine Auswertung des Indexes für die Seiten der Ergebnisliste erzeugt. In den meisten Fällen handelt es sich tatsächlich um verwandte Themen, so daß ein Ankreuzen durchaus bessere Suchergebnisse und eine deutlich überschaubarere Liste erbringt.

2. An die Optionen zur Verfeinerung der Suche schließt sich der Abschnitt mit den ersten Ergebnissen an – also den Web-Seiten, die *Excite* gefunden hat. Sie werden nach Relevanz für die Suchbegriffe sortiert, so daß am Anfang der Liste Web-Angebote stehen, in denen alle Begriffe vorkommen, und zwar möglichst im Titel oder in den ersten Zeilen.

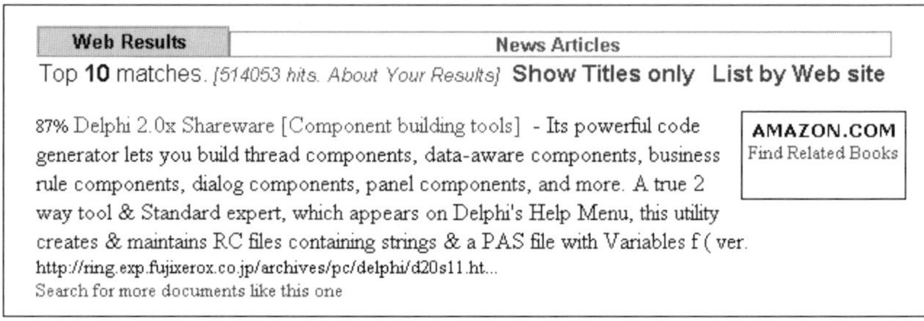

Der Abschnitt mit den ersten Ergebnissen der Liste

Auch in diesem Abschnitt gibt es einige Navigationshilfen: Klicken Sie auf »Show Titles only«, um nur die Titel der Seiten und die URL anzeigen zu lassen. Klicken Sie auf »List by Web site«, wenn *Excite* die Liste alphabetisch nach den URLs sortieren soll.
Außerdem steht unter jedem Absatz mit einem Suchergebnis ein Link mit der Bezeichnung »Search for more documents like this«. Ein Klick darauf führt eine erneute Suche aus, bei der die wichtigsten Begriffe des Indexes für diese Web-Seite als Suchkriterium definiert werden.

3. Die Liste mit den Web-Seiten endet mit der Schaltfläche »Next Results«. Ein Klick darauf zeigt die nächsten gefundenen Web-Seiten an. Daran schließt sich ein Abschnitt mit »News« an. *Excite* wertet eine Reihe von Internet-Nachrichtendiensten anhand der Suchbegriffe aus. Auch hier gibt es wieder eine Schaltfläche »Next Results«.

Das Ende der Ergebnisliste

4. Der letzte Abschnitt der Ergebnisliste entspricht wieder genau dem ersten – Sie finden hier die Optionen zur Verfeinerung der Suche.

Lycos

Lycos ist ein internationales Suchsystem mit einer deutschsprachigen Oberfläche. *Lycos* ist unter der URL *http://www.lycos.de* zu erreichen.

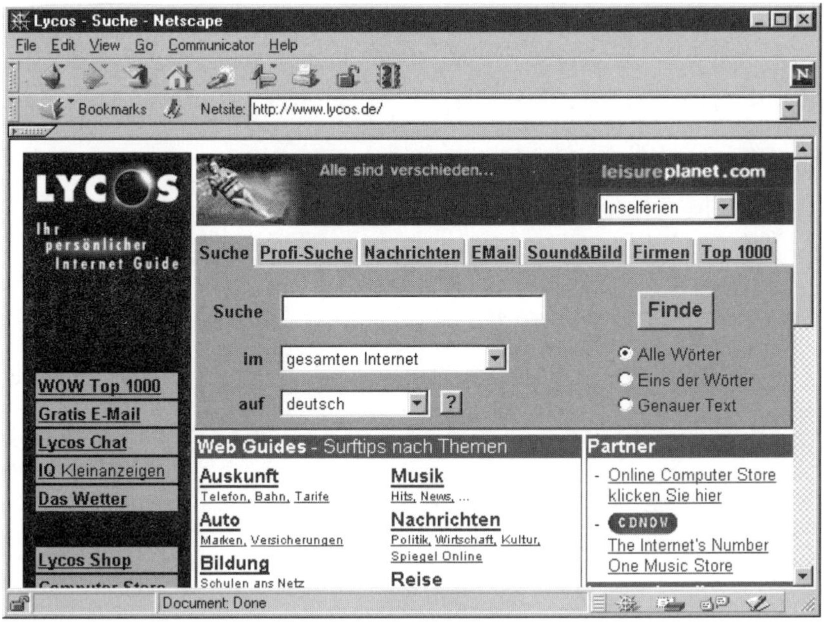

Die Startseite von Lycos

Geben Sie in das Eingabefeld auf der Startseite einen oder mehrere Suchbegriffe ein, und klicken Sie auf »Finde«. Wenn Sie die Suche auf deutschsprachige Web-Seiten eingrenzen wollen, müssen Sie vorher aus der Aufklappliste, die neben »im« steht, den Eintrag »deutschsprachigen Raum« einstellen. Unter der Schaltfläche »Finde« sehen Sie außerdem drei weitere Optionen, mit denen Sie die Suche eingrenzen können:

1. »Alle Wörter« ergibt als Suchergebnis die Web-Seiten, in denen sämtliche Suchbegriffe vorkommen (wie bei *HotBot;* s. S. 58).
2. »Eins der Wörter« ergibt Web-Seiten, in denen mindestens einer der Suchbegriffe vorkommt.
3. »Genauer Text« ergibt alle Seiten, in denen die Suchbegriffe in der angegebenen Reihenfolge und Schreibweise vorkommen. Großschreibung wird dabei ignoriert.

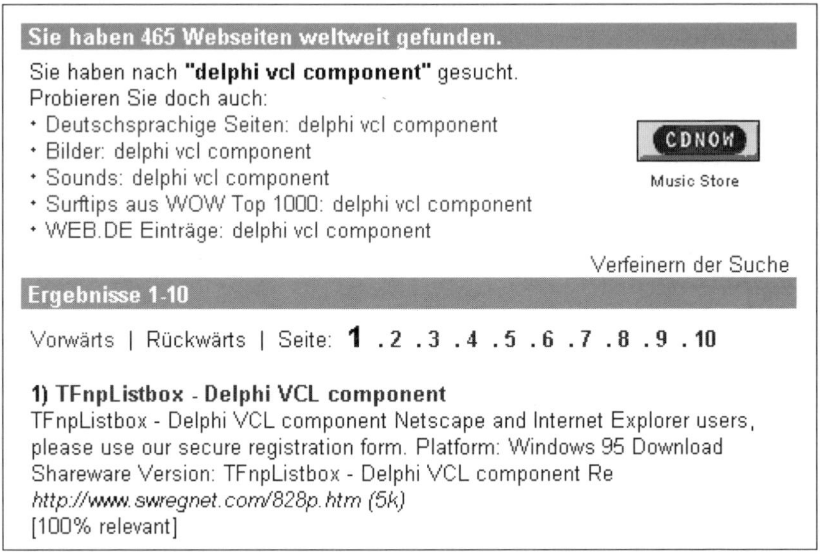

Der Anfang einer Ergebnisliste von Lycos

Nach kurzer Wartezeit erscheint eine Liste mit den ersten zehn Treffern. Im oberen Teil dieser Liste finden Sie einige Links, die die Suche auf andere Suchdienste erweitern. Unter anderem können Sie hier zu einer Suche im Themenkatalog *WEB.DE* und im *Lycos*-Besprechungsdienst *WOW* überwechseln. Nach einem Klick auf diese Links wird die Suche in diesen Diensten direkt mit den in *Lycos* eingegebenen Stichwörtern ausgeführt.

Fireball

Fireball ist eine Weiterentwicklung von *Flipper*, der ersten deutschsprachigen Internet-Suchmaschine. Die 1996 am Fachbereich Informatik der *Technischen Universität Berlin* entstandene und später in *Kitty* umbenannte Suchmaschine entwickelte sich schnell zu einem beliebten Suchsystem. In einem gemeinsamen Projekt des Verlags *Gruner+Jahr* und einer Projektgruppe der *TU Berlin* wurde das System weiterentwickelt und im Juni 1997 unter dem neuen Namen *Fireball* im Netz plaziert.

Fireball ist eine deutsche Suchmaschine, die die Datenbasis von *AltaVista* nutzt. Die *Fireball*-Datenbank enthält über 4,5 Millionen deutschsprachige Web-Seiten. Durch ein spezielles Verfahren wird dafür gesorgt, daß keine fremdsprachigen Seiten in den deutschen Index aufgenommen werden. Wenn Sie also im deutschen Teil des WWW suchen, erhalten Sie als Suchergebnis ausschließlich deutschsprachige Web-Seiten.

Sie erreichen *Fireball* unter der URL *http://www.fireball.de.* Geben Sie auf der Startseite einen oder mehrere Suchbegriffe ein, und klicken Sie auf »Suchen«. In der Vorgabe sind deutschsprachige Web-Seiten eingestellt. Wenn Sie in der Aufklappliste eine andere Sprache auswählen, wird eine normale *Alta-Vista*-Suche durchgeführt. Mit der Liste bei »Ausgabe« verändern Sie das Ausgabeformat. Die Einträge »detail« und »standard« zeigen die ersten Zeilen jeder Web-Seite an, der Eintrag »kompakt« nur die URL.

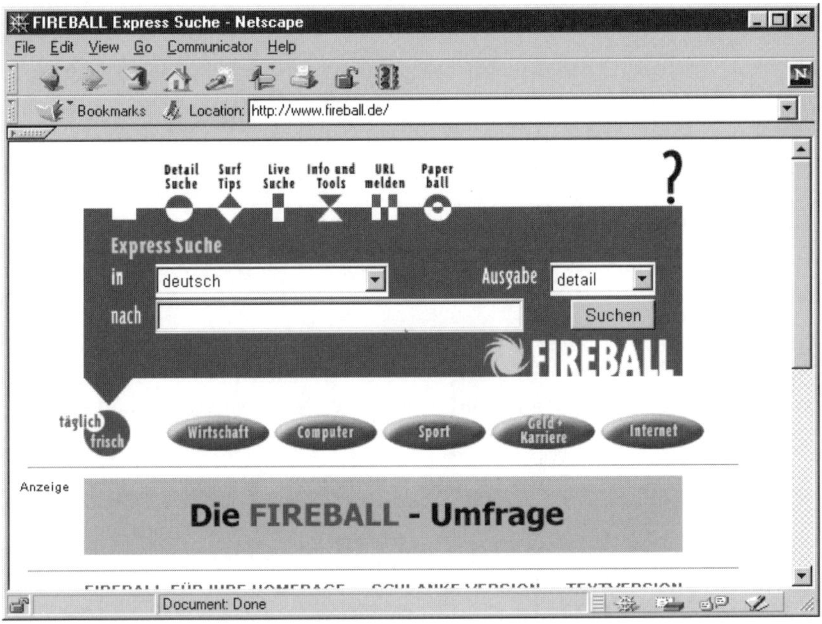

Die Startseite von Fireball

Die Ergebnislisten von *Fireball* sind ähnlich wie die von *AltaVista* aufgebaut. Auf jeder Seite finden Sie zehn Web-Seiten. Am Ende jeder Seite sehen Sie eine Leiste mit den Nummern der weiteren Seiten mit Suchergebnissen, die Sie einzeln anklicken können. Die jeweils nächste Seite erreichen Sie durch einen Klick auf das rote Dreieck vor den Seitenzahlen.

- Computerwoche Softwarekatalog Delphi 2.0 Std.
  COMPUTERWOCHE Softwarekatalog - Standardsoftware und Branchensoftware - im Internet und auf CD-Rom: Delphi 2.0 Std. - Entwicklungssyst.Pasc.f.Win/W95/WNT Applik. D
  http://www.cwsoftware.de/produkte/15877.htm - *Größe 19 K - 1.2.1998*

- Vergleich von Delphi und Visual C++ - Kapitel 2C
  2.3.6 Klassen und Objekte 2.3.6.1 Struktur und Realisierung Ebenso wie viele andere Sprachelemente ähneln sich auch Klassen und Objekte in C++ und Object Pascal. Sie bilden die Basis für die sehr umfangreichen Klassenbibliotheken Microsoft Fou
  http://ourworld.compuserve.com/homepages/praxisservice/kapit2c.htm - *Größe 106 K - 21.5.1998*

Seite: (←) [1 2 3 4 5 6 7 8 9 10 11 12 13 14 15 16 17 18 19 20 **]**

Eine Ergebnisliste von Fireball

Kolibri

Mit dem Slogan »*Kolibri* – the Krautsearch« stellt sich die Suchmaschine *Kolibri* unter *http://www.kolibri.de* vor. Der Suchdienst besteht seit 1996 und verfügt über einen Index von rund 3 Millionen Web-Seiten aus dem deutschsprachigen Raum.

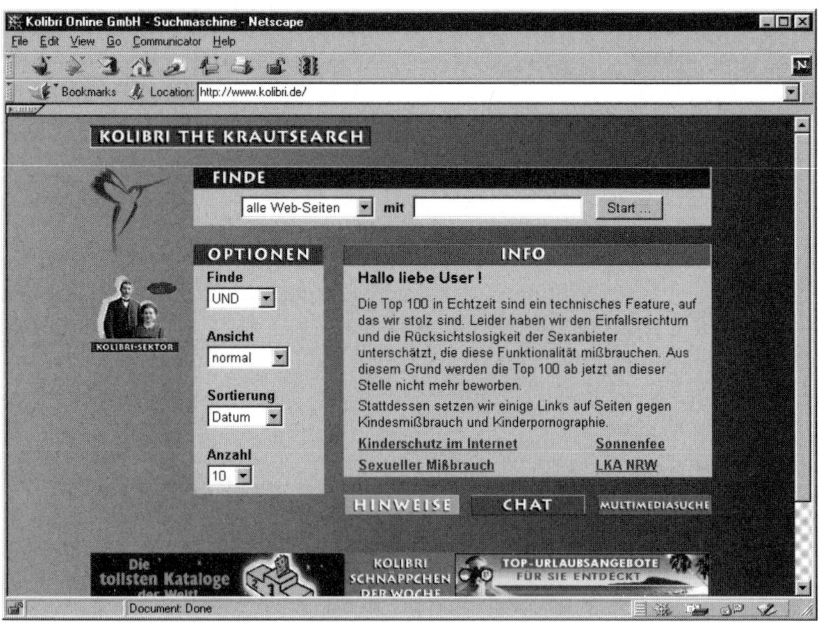

Die Startseite von Kolibri

In einigen Ausklapplisten auf der Startseite bietet *Kolibri* Optionen zur Verfeinerung der Suche an. Die Liste bei »Finde« enthält die beiden Einträge »UND« bzw. »ODER«. Mit »UND« sucht *Kolibri* nach Seiten, die alle Suchbegriffe enthalten, mit »ODER« nach Seiten, die mindestens einen der Suchbegriffe enthalten.

In der Liste »Ansicht« können Sie zwischen den Einträgen »normal« und »kompakt« wählen. Die Kompaktansicht zeigt nur die gefundene URL und blendet die Textzeilen zum Inhalt der jeweiligen Seite aus.

Eine weitere Ansichtsoption ändern Sie mit der Liste »Anzahl«. Hier können Sie andere Zahlenwerte angeben, wenn Sie mehr als die zehn Treffer pro Seite anzeigen lassen wollen, die Sie in der Standardeinstellung zu sehen bekommen. Wie bei *HotBot* ermöglicht dies ein etwas komfortableres Lesen der Suchergebnisse (vgl. S. 59).

Die Ergebnisliste von *Kolibri* sieht ähnlich aus wie bei anderen Suchmaschinen. Am Ende der Liste finden Sie Seitenzahlen, die Sie jeweils mit einem Klick zur entsprechenden Ergebnisseite bringen.

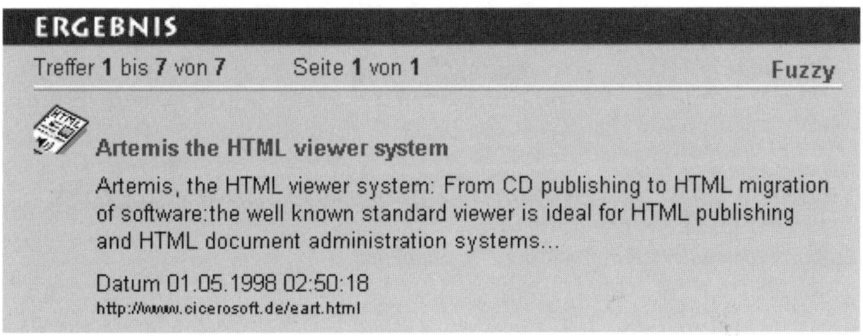

Der Anfang einer Ergebnisliste von Kolibri

Eine interessante Funktion erreichen Sie nach einem Klick auf »Fuzzy«. Dahinter verbirgt sich eine Funktion, die ähnliche Wörter wie das von Ihnen eingegebene in den ermittelten Web-Seiten sucht.

Wenn Sie z. B. als Suchbegriff »Baum« eingegeben haben, zeigt die Fuzzy-Funktion als zusätzliche Suchbegriffe auch »Baumkuchen«, »Baumstruktur« oder »Dateibaum« an. Die Bedienung der Fuzzy-Funktion ist recht einfach: Markieren Sie bei gedrückter STRG-Taste einen oder mehrere Begriffe in der Liste, und klicken Sie anschließend auf »Suchen«. *Kolibri* führt nun eine Suche nach den gewählten Begriffen aus.

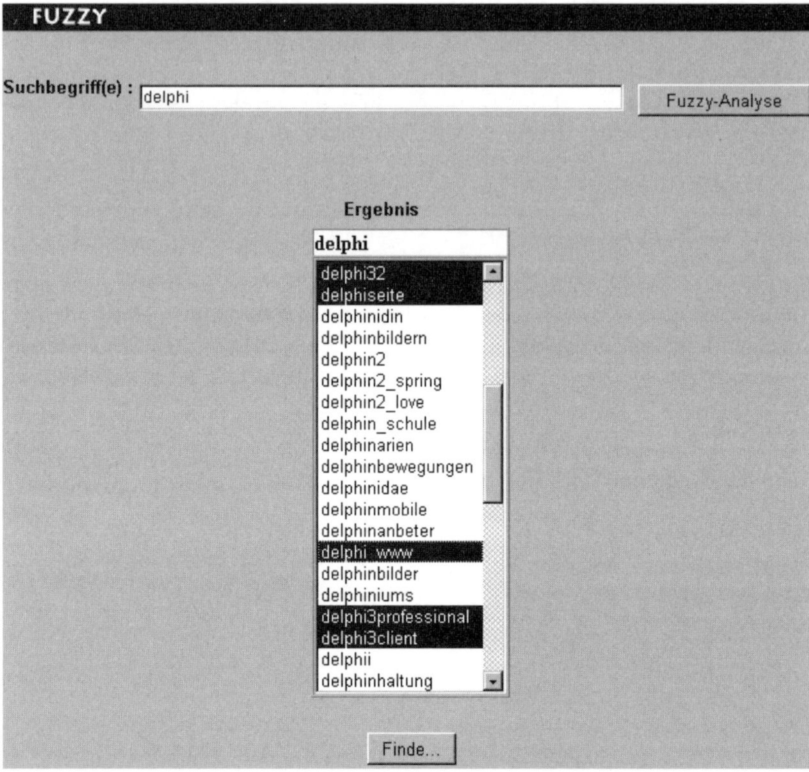

Ergänzen der Suchkriterien mit der Fuzzy-Funktion

Meta-Suchsysteme

Auch Meta-Suchsysteme, also Suchmaschinen, die in anderen Suchsystemen suchen, gibt es inzwischen in großer Zahl. Zwei von ihnen werden hier vorgestellt: der international arbeitende *MetaCrawler* und die deutsche *MetaGer*.

MetaCrawler

MetaCrawler wurde bereits 1994 an der *University of Washington* in Seattle entwickelt und wird nun von einem privaten Unternehmen weitergeführt. Er durchsucht die Datenbestände aller großen Suchsysteme wie *AltaVista*, *Infoseek*, *Lycos*, *Excite*, *Yahoo!* und einiger kleinerer Suchsysteme.

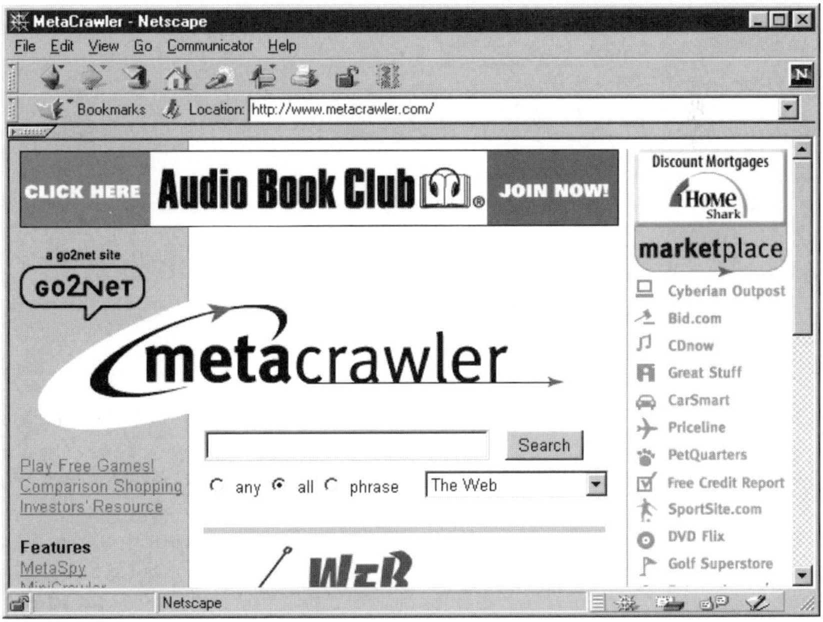

Die Startseite des MetaCrawler

Eine Abfrage beim *MetaCrawler* benötigt eine deutlich längere Zeit als die bei anderen Suchsystemen: Er setzt die Suchanfrage an alle Systeme ab, speichert die Ergebnislisten und verarbeitet sie zu einer sortierten und gewichteten Gesamtliste. Der Umgang mit der Suchmaske und den Ergebnislisten entspricht dem Standard, den die großen Suchsysteme setzen.

MetaGer

MetaGer ist eine Meta-Suchmaschine für deutschsprachige Suchsysteme, die Sie unter der URL *http://meta.rrzn.uni-hannover.de/* erreichen.

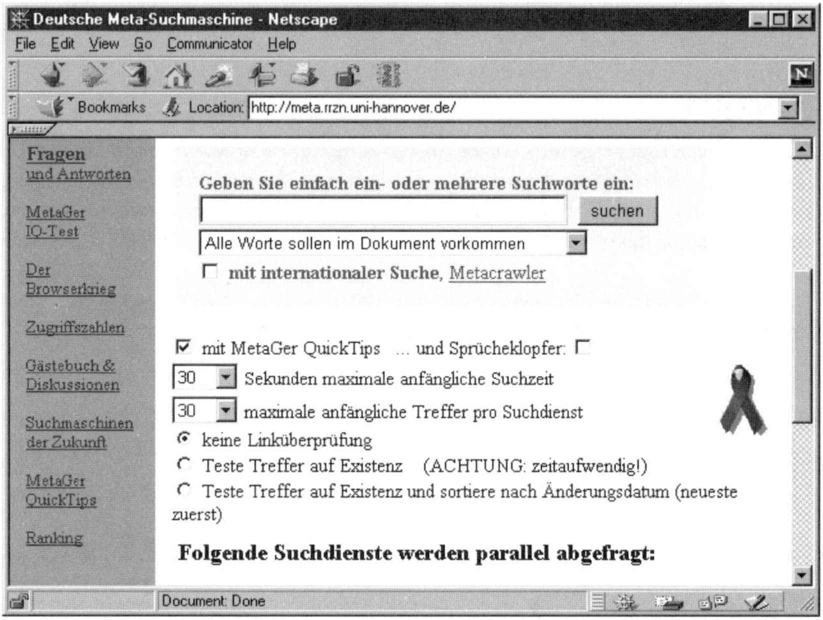

Die Startseite von MetaGer

Geben Sie auf der Startseite einen oder mehrere Suchbegriffe ein und klicken Sie auf »Suchen«. Damit starten Sie eine Standardsuche, bei der alle Suchbegriffe im Dokument vorkommen müssen. Weitere Suchoptionen finden Sie unter dem Eingabefeld. Sie können hier beispielsweise eine zusätzliche Suche beim *MetaCrawler* angeben. In der Aufklappliste können Sie eine Suche nach einer festen Zeichenkette sowie eine Option auswählen, bei der nur wenigstens einer der Suchbegriffe in den Dokumenten vorkommen muß.

Interessant ist die Änderung der Suchzeit und der maximalen Treffer pro Suchdienst: Wenn Sie in den Listen größere Werte einstellen, dauert die Suche zwar etwas länger, bringt aber meistens mehr und bessere Ergebnisse. Auf Wunsch können Sie auch eine Link-Überprüfung starten. Dabei testet *MetaGer*, ob die angezeigten Links auch tatsächlich vorhanden sind. Aber diese Option kann die Wartezeit extrem verlängern. Auch ohne diese Optionen müssen Sie auf die Suchergebnisse etwas länger warten als bei anderen Suchsystemen. Dafür haben Sie aber bessere Trefferquoten als bei einem einzelnen Suchsystem.

Besprechungsdienste

Wenn Sie möglichst schnell ein paar Links zu Web-Angeboten suchen, sind Besprechungsdienste der beste Weg: Unter einer überschaubaren Zahl an kommentierten Angeboten können Sie die für Sie interessantesten auswählen.

Magellan

Sie erreichen *Magellan* unter der URL *http://www.mckinley.com/*. Die Startseite von *Magellan* hat einen vergleichbaren Aufbau wie *Yahoo!* oder andere Themenkataloge. Auch die Bedienung ist ähnlich: Sie können sich entweder durch Mausklicks in den Kategorien bewegen oder nach einem Thema suchen.

Die Startseite von Magellan

Im Unterschied zu den Themenkatalogen finden Sie bei *Magellan* nur relativ wenige Links, die dafür aber jeweils mit einem kurzen Kommentar versehen sind. Außerdem bewertet das Redaktionsteam von *Magellan* alle Web-Angebote nach Qualität.

WebTIP

WebTIP (*http://www.webtip.de/*) ist ein Besprechungsdienst, der nur recht wenige Links zu verschiedenen Themen sammelt. Zum Ausgleich sind die Links sehr ausführlich besprochen und im Hinblick auf Qualität ausgewählt worden.

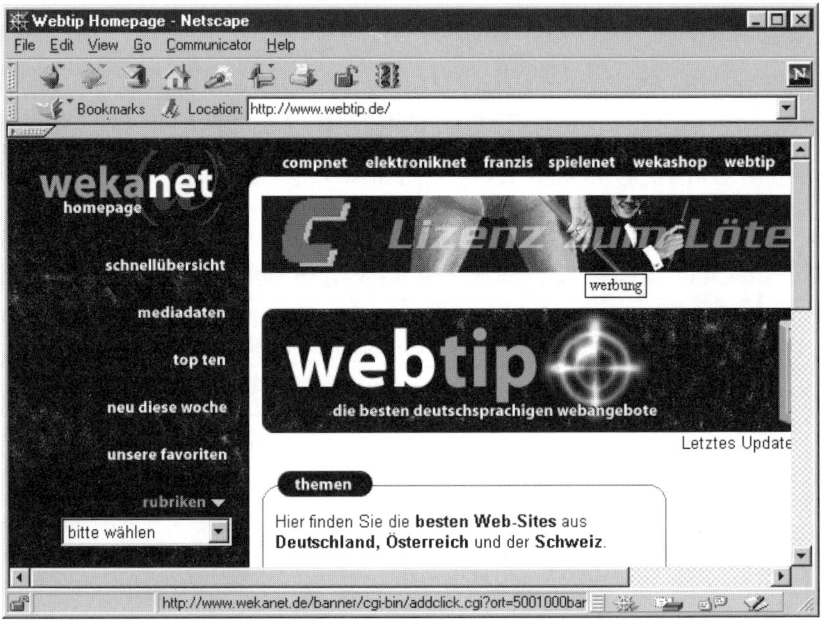

Die Startseite von WebTIP

Die Navigation in diesem Besprechungsdienst ist allerdings etwas gewöhnungsbedürftig: In der kleinen Aufklappliste »Rubriken« stellen Sie eine der Kategorien ein. Anschließend blendet Ihr Browser eine Liste mit den Überschriften von Rezensionen ein. Ein Klick auf diese Überschrift zeigt die Rezension erst an. Das eigentliche Web-Angebot erreichen Sie, wenn Sie auf die Überschrift des Artikels klicken.

Auf der Startseite finden Sie eine Reihe von Links, die Sie zu speziell ausgewählten Vorschlägen bringen. Unter »Top Ten« zeigt eine Liste die am besten bewerteten Web-Angebote. Nach einem Klick auf »Neu diese Woche« sehen Sie alle neu eingetragenen Rezensionen auf einen Blick. Falls Sie selbst eine interessante Web-Seite kennen, die noch nicht im *WebTIP* erscheint, können Sie sie nach einem Klick auf »Vorschläge« dem Redaktionsteam vorstellen.

Professionelle Suche im Internet

Für eine systematische Suche genügt es nicht, einige Begriffe einfach in die Eingabezeile einzutragen. Alle Suchsysteme erlauben, Suchkriterien so anzugeben, daß die Suchergebnisse optimiert werden. In diesem Kapitel erklären wir Ihnen ausführlich, wie das funktioniert.

Datensuche leichtgemacht

Im folgenden Abschnitt behandeln wir z. B. Abfragetechniken mit Hilfe logischer Operatoren und Klammern. Da Sie in der Praxis oft auf solche Verfahren zurückgreifen müssen, um gezielt Informationen zu finden, lohnt sich die Mühe, sich damit zu befassen.

Abfragen und Abfragetechniken

Die Datenbanken der verschiedenen Suchsysteme enthalten ein gewaltiges Informationspotential. Es stellt sich daher die Frage, wie eine Datenbank sinnvoll und einfach abgefragt wird. Mit dieser Frage beschäftigen sich Informatiker, Datenbankpraktiker und Programmierer seit Jahrzehnten.

Im Laufe der Zeit haben sich zwei verschiedene Modelle für die Gestaltung von Datenbankabfragen herausgebildet:

1. *QBE-Abfragen* (»Query By Example«, d. h. »Suche nach Beispielen«): Diese Form der Abfrage ist vor allem bei Datenbanken weit verbreitet, die Kundendaten enthalten. Eine Abfragemaske, die alle wesentlichen Felder der Datenbank umfaßt, erlaubt die gezielte Eingabe von Suchkriterien. Ein Beispiel: Wenn Sie alle Kunden in München sehen wollen, müssen Sie in der Abfragemaske in das Feld »Ort« einfach das Wort »München« eingeben und die Abfrage starten.

2. *Abfragesprachen*: Die Abfrage einer Datenbank wird in Form einer »sprachlich« gefaßten Textzeile formuliert. Dabei wird eine stark reduzierte, formale Sprache benutzt, die nur eine sehr eingeschränkte Syntax besitzt. Das klingt komplizierter, als es ist. Wir geben hier ein Beispiel.

   Die bekannteste Abfragesprache ist SQL (»Structured Query Language«). Eine SQL-Abfrage lautet z. B. so:

      SELECT FROM »Kunden« WHERE »Ort« = »München«

Damit ermitteln Sie aus der Datentabelle »Kunden« alle Einträge für den Ort »München«. Mit Hilfe von SQL sind komplexe und sehr flexible Abfragen möglich.

Die meisten Online-Datenbanken und Web-Suchsysteme verwenden eine mehr oder weniger an SQL orientierte, stark eingeschränkte Abfragesprache. Ausdrücke wie »SELECT FROM« gibt es dort nicht, aber die aus SQL bekannten Möglichkeiten zur Verknüpfung von einzelnen Abfragekriterien werden auch hier benutzt. Erst die geschickte Verknüpfung von Suchbegriffen führt zu sinnvollen Ergebnissen.

Wenn Sie beispielsweise in einem Suchsystem nach dem Wort »Arbeitslosigkeit« suchen, bekommen Sie vermutlich eine unüberschaubare Menge an Ergebnissen angezeigt. Weniger (und damit bessere) Suchergebnisse erbringt die Verknüpfung der Suchbegriffe »Arbeitslosigkeit«, »Deutschland«, »Statistik« und »1998«. In diesem Falle bekämen Sie lediglich ein paar Ergebnisse angezeigt, die sich mit der Arbeitslosenstatistik von 1998 beschäftigen. Diese Verknüpfung von Suchbegriffen wird mit Hilfe von sogenannten »Operatoren« vorgenommen.

Die Beispieldatenbank

Das Verständnis der Funktion von Operatoren und ihrer Möglichkeiten ist grundlegend für die erfolgreiche Informationssuche. An der folgenden einfach aufgebauten Beispieldatenbank sollen nun die Möglichkeiten von Abfragen mit Operatoren erläutert werden.

Nachname	**Vorname**	**PLZ**	**Ort**
Anders	Maria	12209	Berlin
Moos	Hanna	68306	Mannheim
Ottlieb	Sven	52066	Aachen
Franken	Peter	80805	München
Cramer	Philip	14776	Brandenburg
Messner	Renate	60528	Frankfurt a. M.
Feuer	Alexander	04179	Leipzig
Pfalzheim	Henriette	50739	Köln
Kloss	Horst	01307	Cunewalde
Josephs	Karin	44087	Münster
Müller	Rita	70563	Stuttgart
Müller	Fritz	70563	Stuttgart
Meier	Peter	50670	Köln
Löwitsch	Friedhelm	80805	München

Logische Operatoren

Es gibt zwei logische Operatoren, die für die erfolgreiche Suche in Datenbanken wichtig sind: der ODER-Operator (»OR«) und der UND-Operator (»AND«). Die Anfragen bei den Datenbankdiensten müssen in der Regel auf englisch eingegeben werden – das trifft dann natürlich auch auf die Operatoren zu.

Ein Beispiel für den Gebrauch der beiden Operatoren: Wenn Sie sagen: »Ich will Erdbeereis oder Himbeereis«, so meinen Sie damit entweder Erdbeer- oder Himbeereis. Wenn Sie dagegen sagen: »Ich will Erdbeereis und Himbeereis«, so meinen Sie damit, daß Sie beide Eissorten kaufen wollen. Der erste Satz ist ein Beispiel für den OR-Operator, der zweite für den AND-Operator. »OR« beschreibt also eine Alternative, »AND« eine Kumulation. Das sogenannte »exklusive ODER« ist ein Sonderfall, der unten näher behandelt wird.

In manchen Situationen kann schließlich noch ein weiterer Operator sinnvolle Dienste leisten: der NOT-Operator. Er wird benutzt, um einen Suchbegriff explizit aus der Suche auszuschließen.

Der UND-Operator (AND)

Der UND-Operator verkleinert die Ergebnismenge einer Abfrage, da alle durch ihn verbundenen Suchbegriffe in den ermittelten Datensätzen vorhanden sein müssen.

Ein Beispiel: Die Abfrage

Nachname="Müller" UND Ort="Stuttgart"

ergibt folgende Ergebnismenge:

Müller	Rita	70563	Stuttgart
Müller	Fritz	70563	Stuttgart

Der ODER-Operator (OR)

Der ODER-Operator vergrößert die Ergebnismenge einer Abfrage, da die mit diesem Operator verbundenen Suchbegriffe nur wahlweise (alternativ) in den ermittelten Datensätzen vorhanden sein müssen. Die Ergebnismenge umfaßt sowohl Datensätze mit jeweils einem der Suchbegriffe als auch Datensätze mit allen Suchbegriffen.

Ein Beispiel: Die Abfrage

Ort="Stuttgart" ODER Ort="München"

ergibt folgende Ergebnismenge:

Franken	Peter	80805	München
Müller	Rita	70563	Stuttgart
Müller	Fritz	70563	Stuttgart
Löwitsch	Friedhelm	80805	München

Das exklusive ODER (XOR)

Ein selten bei der Suche in Datenbanken benutzter Operator ist der XOR-Operator. Er wird oft als »exklusives ODER« bzw. »ausschließendes ODER« bezeichnet. Im Unterschied zum einfachen ODER-Operator umfaßt die Ergebnismenge ausschließlich Datensätze, in denen lediglich einer der Suchbegriffe vorkommt, nicht aber alle Suchbegriffe gemeinsam.

Ein Beispiel: In einer Textdatenbank suchen Sie nach einem Text mit der Eingabe »Entscheidungstheorie XOR Spieltheorie«. Sie finden damit alle Werke, die sich jeweils ausschließlich mit einer dieser beiden Theorien beschäftigen.

Der NICHT-Operator (NOT)

Der NICHT-Operator schließt einen bestimmten Suchbegriff explizit aus der Suche aus.

Ein Beispiel: Die Abfrage

NICHT Ort="Stuttgart"

ergibt folgende Ergebnismenge:

Anders	Maria	12209	Berlin
Moos	Hanna	68306	Mannheim
Ottlieb	Sven	52066	Aachen
Franken	Peter	80805	München
Cramer	Philip	14776	Brandenburg
Messner	Renate	60528	Frankfurt a. M.
Feuer	Alexander	04179	Leipzig
Pfalzheim	Henriette	50739	Köln
Kloss	Horst	01307	Cunewalde
Josephs	Karin	44087	Münster
Meier	Peter	50670	Köln
Löwitsch	Friedhelm	80805	München

Relationale Operatoren

Relationale Operatoren sind vor allem bei der Suche nach Zahlen hilfreich. Sie können die Abfrage von Daten anhand von Zahlbereichen vereinfachen. Einige Beispiele: Sie könnten in einer Datenbank mit Gebrauchtwagenangeboten alle Angebote unter 3 000 Mark herausfiltern. In Literaturdatenbanken ist es oft sehr hilfreich, die Suche auf einen bestimmten Erscheinungszeitraum wie etwa »von 1990 bis 1998« zu begrenzen.

Gleich (=) oder Ungleich (≠)

Der Gleichheitsoperator dient bei Datenbankabfragen in den meisten Fällen der Verknüpfung eines Feldnamens wie z. B. »Name« mit einem Suchbegriff. Der Ungleichheitsoperator ist identisch mit dem NICHT-Operator – sofern das verwendete Datenbanksystem diesen Operator kennt.

Ein Beispiel: Die Abfrage mit dem Operator NICHT

NICHT Ort="Stuttgart"

entspricht genau der Abfrage mit einem Ungleichheitszeichen.

Ort≠"Stuttgart"

Kleiner als (<) bzw. Kleiner oder gleich (<=)

Der Operator »Kleiner als« erfaßt alle Zahlen, die kleiner als die angegebene Zahl sind. Die angegebene Zahl bleibt dabei ausgeschlossen. Bei »Kleiner als 5« z. B. werden die Zahlen 1, 2, 3 und 4 gefunden. Wenn Sie die angegebene Zahl in die Ergebnismenge einschließen wollen, müssen Sie den Operator »Kleiner oder gleich« benutzen. Bei »Kleiner oder gleich 5« werden die Zahlen 1, 2, 3, 4 und 5 gefunden. Diese beiden Operatoren werden üblicherweise in mathematischer Kurzschreibweise angegeben (<, <=).

Die Abfrage

PLZ<50000

ergibt folgende Ergebnismenge:

Anders	Maria	12209	Berlin
Cramer	Philip	14776	Brandenburg
Feuer	Alexander	04179	Leipzig
Kloss	Horst	01307	Cunewalde
Josephs	Karin	44087	Münster

Größer als (>) bzw. Größer oder gleich (>=)

Der Operator »Größer als« erfaßt alle Zahlen, die größer als die angegebene Zahl sind. Die angegebene Zahl bleibt dabei ausgeschlossen. Ein Beispiel: Bei »Größer als 5« werden die Zahlen 6, 7, 8 und 9 gefunden. Wenn Sie die angegebene Zahl in die Ergebnismenge einschließen wollen, müssen Sie den Operator »Größer oder gleich« benutzen. Bei »Größer oder gleich 5« werden die Zahlen 5, 6, 7, 8 und 9 gefunden. Diese beiden Operatoren werden üblicherweise in mathematischer Kurzschreibweise angegeben: »Größer als« wird als »>« angegeben und »Größer oder gleich« als »>=«.

Die Abfrage

PLZ>50000

ergibt folgende Ergebnismenge:

Moos	Hanna	68306	Mannheim
Ottlieb	Sven	52066	Aachen
Franken	Peter	80805	München
Messner	Renate	60528	Frankfurt a. M.
Pfalzheim	Henriette	50739	Köln
Müller	Rita	70563	Stuttgart
Müller	Fritz	70563	Stuttgart
Meier	Peter	50670	Köln
Löwitsch	Friedhelm	80805	München

Die Kombination von »Kleiner als« und »Größer als«

Wenn Sie die beiden Operatoren »Kleiner als« und »Größer als« bzw. »Kleiner oder gleich« und »Größer oder gleich« gemeinsam mit dem UND-Operator verwenden, können Sie in Zahlenbereichen (z. B. Postleitzahlregionen, Abfolgen von Jahren) etwas bessere Ergebnisse erzielen.

Die Abfrage

PLZ=>50000 UND PLZ=<60000

ergibt folgende Ergebnismenge:

Ottlieb	Sven	52066	Aachen
Pfalzheim	Henriette	50739	Köln
Meier	Peter	50670	Köln

Joker-Zeichen

Angenommen, Sie wollen alle Datensätze ermitteln, bei denen der Nachname mit dem Buchstaben »M« beginnt. Für diesen Zweck kennen viele Datenbanksysteme entweder den ENTHÄLT-Operator oder die Möglichkeit, ein sogenanntes Joker-Zeichen zu benutzen.

Der ENTHÄLT-Operator

Der ENTHÄLT-Operator gibt an, daß der gesuchte Datensatz in einem Feld einen Teiltext enthalten darf. Bei der Abfrage beispielsweise

Ort ENTHÄLT "Mü"

besteht die Ergebnismenge aus Adressen in Münster und München.

Es gibt zwei Formen von ENTHÄLT-Operatoren:
- Im einen Fall soll die Voraussetzung gelten, daß der gesuchte Datensatz den angegebenen Text »irgendwo« in einem Feld enthalten kann. Hierbei würde also auch der Ort »Unter-Müggelbach« gefunden.
- Im anderen Fall soll die Voraussetzung gelten, daß der gesuchte Datensatz mit dem angegebenen Text beginnen muß. In diesem Fall werden nur Ortsnamen gefunden, die mit »Mü« anfangen.

Leider wird der ENTHÄLT-Operator oder eine anders bezeichnete, aber entsprechende Variante nur in wenigen Datenbanksystemen tatsächlich eingesetzt. Statt dessen benutzen vor allem die Suchsysteme im World Wide Web Joker-Zeichen, auch »Wildcards« genannt.

Joker-Zeichen

Ein Joker-Zeichen steht für eine beliebig lange Folge von beliebigen anderen Zeichen. Das bekannteste Joker-Zeichen, das Sternchen »*«, wird bei der Suche nach Dateien oft eingesetzt.

Eine Abfrage wird mit dem Joker-Zeichen z. B. so formuliert:

Nachname="M*"

Sie ergibt folgende Ergebnismenge:

Moos	Hanna	68306	Mannheim
Messner	Renate	60528	Frankfurt a. M.
Müller	Rita	70563	Stuttgart
Müller	Fritz	70563	Stuttgart
Meier	Peter	50670	Köln

Klammern

Eine selten genutzte, aber sehr leistungsfähige Methode ist das Einklammern von Teilen des gesamten Suchkriteriums. Ein Beispiel: Die Abfrage

> (Name="A*" ODER Name="B*") UND (PLZ>=20000 UND PLZ<=40000)

ermittelt alle Personen mit »A« oder »B« am Anfang des Nachnamens, die in den Postleitzahlbereichen 20000 bis 40000 (jeweils einschließlich), also in Norddeutschland leben.

Mit Hilfe von Klammern können Sie die vorgegebene Auswertungsreihenfolge eines Suchkriteriums ändern. Ohne Klammern würde die Abfrage so aussehen:

> Name="A*" ODER Name="B*" UND PLZ=>20000 UND PLZ=<40000

und alle Personen ermitteln, für die eines der folgenden beiden Kriterien gilt:
- Der Nachname beginnt mit »A«.
- Der Nachname beginnt mit »B« und der Wohnort ist in Norddeutschland.

Diese Abfrage würde also nicht dem eigentlich beabsichtigten Suchauftrag entsprechen.

So gut wie alle Datenbanksysteme und Abfragesprachen bewerten den UND-Operator vorrangig vor dem ODER-Operator, so daß ohne Klammern unter Umständen eine völlig unsinnige Ergebnismenge ermittelt würde.

Mit Hilfe von Klammern ändert sich die Auswertungsreihenfolge, da die Software nun zuerst die Ausdrücke in den Klammern auswertet, um anschließend die ermittelten Ergebnisse mit Hilfe der Operatoren außerhalb der Klammern zu verknüpfen. Die Klammer verleiht also den Operatoren, die sie umschließt, Vorrang vor den übrigen Operatoren.

Ähnliches gilt auch für verschachtelte Klammern: Zuerst werden die Ausdrücke in den innersten Klammern ausgewertet, anschließend die Ausdrücke der nächst höheren Klammerebene und schließlich die Ausdrücke bzw. Operatoren außerhalb aller Klammern.

Ein Beispiel: Die Abfrage

> ((Name="A*" ODER Name="B*") UND PLZ>=80000) UND (NICHT Fax="" ODER NICHT Mail="")

ermittelt alle Personen, deren Nachname mit »A« oder »B« beginnt, die im Münchner Raum wohnen und ein Faxgerät oder eine E-Mail-Adresse besitzen (bei denen die Spalte »Fax« oder »Mail« nicht leer ist).

Erweiterte Suche bei Suchsystemen

Die Suchsysteme im World Wide Web kennen fast alle zumindest die Operatoren UND bzw. ODER und eine Möglichkeit für den Einsatz eines Joker-Zeichens. Doch in zwei Punkten gehen die Suchsysteme über die grundlegenden Operatoren für relationale Datenbanken hinaus:

1. Da die Suchsysteme indizierte Volltext-Datenbanken benutzen, gibt es zusätzliche Suchoptionen, die auf einige Besonderheiten dieses Datenbanktyps abgestimmt sind.
2. Viele Suchsysteme kennen neben den Operatoren noch eine schnellere und komfortablere Möglichkeit, Begriffe explizit aus der Suche auszuschließen oder (umgekehrt) explizit einzuschließen.

Eine Volltext-Datenbank besitzt keine Felder, an denen sich eine Suche orientieren könnte. Dafür ist die Suche hier aber flexibler: Sie können nach nahe beieinander stehenden Begriffen oder ganzen Satzteilen suchen.

Der NEAR-Operator

Mit dem NEAR-Operator können Sie nach »nahe« (»near«) beieinanderstehenden Wörtern suchen. Bei Drucklegung dieses Buches unterstützte nur die Suchmaschine *AltaVista* diesen Operator.

Ein Beispiel: Sie suchen Verweise auf ein Buch zum Internet. Bei einer Abfrage wie

Buch AND Internet

werden alle Dokumente gefunden, die diese beiden Wörter enthalten. Das sind erfahrungsgemäß nicht nur Seiten, auf denen es um Bücher über das Internet geht. Mit dem UND-Operator finden Sie alle Seiten, auf denen die beiden Wörter überhaupt irgendwo vorkommen. Geeigneter ist die Abfrage:

Buch NEAR Internet

In diesem Fall sucht *AltaVista* nach Web-Seiten, in denen diese beiden Wörter vorkommen *und* durch höchstens zehn Wörter voneinander getrennt sind.

Zeichenfolgensuche

Eine andere Suchmöglichkeit, die es nur in Volltext-Datenbanken gibt, ist die Suche nach Zeichenfolgen, die manchmal auch »Phrasensuche« (von engl.: »Phrase Search«) genannt wird. Eine Phrase oder Zeichenfolge ist eine Reihe von Wörtern, die in genau dieser Abfolge im gesuchten Datensatz vorkommen müssen. In der Suchanfrage werden sie durch Leerzeichen voneinander getrennt.

Bei den meisten Suchsystemen können Sie eine Phrase angeben, indem Sie die entsprechenden Suchwörter in Anführungszeichen einschließen. *HotBot*,

MetaGer und einige andere Systeme kennen außerdem eine Auswahloption, bei der Sie die Phrasensuche auf der Suchseite direkt einstellen können. In vielen Fällen führt eine solche Phrasensuche schneller zum Ziel als eine Suche mit UND.

Ein Beispiel: Sie suchen nach Web-Seiten mit Informationen über den Filmstar Bruce Willis. Eine Abfrage der Art

Bruce Willis

reduziert die Zahl der potentiellen Treffer auf alle Web-Seiten, in denen der Name Bruce Willis vorkommt. Bei einer UND-Suche würden beispielsweise ebenfalls Seiten angezeigt, in denen der häufige Name »Bruce« und der nicht viel seltenere Nachname »Willis« vorkommen, ohne unbedingt zu ein und derselben Person, geschweige denn zu dem Filmstar zu gehören.

Einschluß und Ausschluß von Begriffen

In *AltaVista*, *Excite*, *HotBot* und *Infoseek* können Sie einzelne Suchbegriffe explizit in die Suche einschließen oder sie daraus ausschließen:

- Fügen Sie ein *Pluszeichen* vor dem Wort oder der Phrase ein, das bzw. die Sie in die Suche einschließen wollen. Dies ist vor allem in den Suchsystemen von Vorteil, die auf der Startseite lediglich eine ODER-Suche anbieten.
- Fügen Sie ein *Minuszeichen* vor dem Wort oder der Phrase ein, das bzw. die Sie aus der Suche ausschließen wollen.

Einige Beispiele: Mit dem Suchkriterium

bibliothek -universität

schließen Sie »Universität« aus der Suche nach Bibliotheken aus, so daß nur Seiten mit Verweisen auf Bibliotheken erscheinen, die nicht zu einer Universität gehören.

Durch das vorangestellte Plus können Sie angeben, daß ein Wort immer auf der gesuchten Seite vorkommen soll:

+delphi +vcl +(graphic image paint draw)

findet alle Seiten, die die Begriffe »Delphi« und »VCL« enthalten und einen oder mehrere der anderen Begriffe. Diese Anfrageformulierung ist identisch mit der ausgeschriebenen Version:

(delphi und vcl) und (graphic oder image oder paint oder draw)

Erweiterte Suche mit Suchmaschinen

Die vier bekanntesten internationalen Suchmaschinen (*AltaVista*, *Excite*, *HotBot* und *Infoseek*) bieten neben der einfachen Suche auf der Startseite noch eine Seite für eine erweiterte Suche, die Sie durch einen Klick auf einen besonderen Link anrufen können.

AltaVista – »Advanced Search«

Sie starten die erweiterte Suche von *AltaVista* durch einen Klick auf »Advanced Search«. Daraufhin erscheint eine etwas veränderte Suchseite:

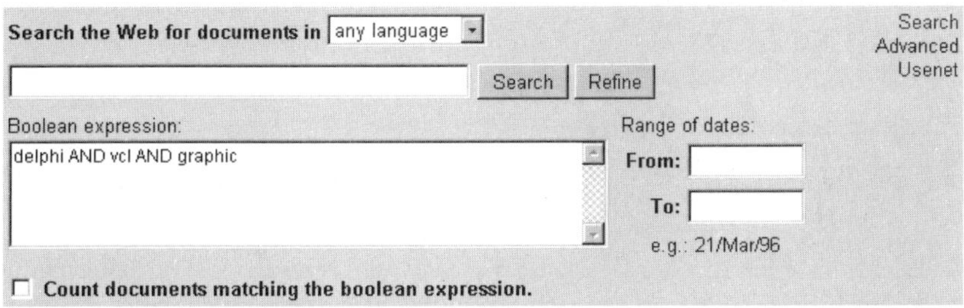

Erweiterte Suche mit AltaVista

Interessant ist hier vor allem das große Eingabefeld »Boolean expression«, dt.: »Boolescher Verband«, nach dem britischen Mathematiker George Boole, der Mitte des 19. Jahrhunderts die logischen Operatoren in Form von mathematischen Symbolen und Zeichen in die Algebra einführte. In diesem Feld können Sie die Operatoren AND, OR, NOT und NEAR sowie den Joker »*« und Klammern, jedoch nicht die »+« und »-« Funktion benutzen. Umgekehrt können Sie in der einfachen Suche auf der Startseite nur die Funktionen »+« und »-« benutzen, dafür aber keine Operatoren.

Excite – »PowerSearch«

Die Startseite von *Excite* gibt Ihnen die Möglichkeit, die Operatoren AND, OR, AND NOT, Klammern sowie »+« und »-« zu benutzen. Die erweiterte Suche dagegen bietet die Suchoptionen in einem Auswahlformular an. Sie erreichen dieses Formular durch einen Klick auf »PowerSearch«.

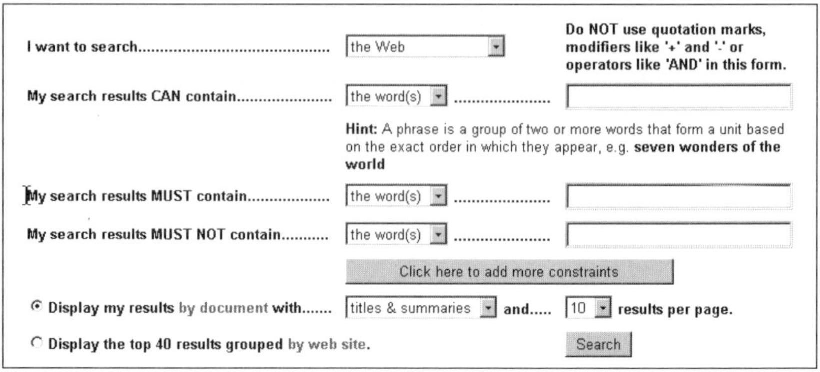

Erweiterte Suche mit Excite

Zu dieser Seite einige Hinweise:

- In der Zeile »I want to search« können Sie auswählen, ob Sie das Web, ausgewählte Web-Angebote, tagesaktuelle Nachrichten oder die Datenbestände der lokalen Versionen von *Excite* durchsuchen wollen.
- Die drei Zeilen mit der Beschriftung »My search results …« enthalten eine Auswahlliste, bei der Sie zwischen »Words« (Einzelwörtern) und »Phrase« (Zeichenfolge) auswählen können.
- Geben Sie in die Zeile »My search results CAN contain« alle Suchbegriffe ein, die Sie in eine ODER-Suche einschließen wollen.
- Geben Sie in die Zeile »My search results MUST contain« alle Suchbegriffe ein, die Sie in eine UND-Suche einschließen wollen.
- Geben Sie in die Zeile »My search results MUST NOT contain« alle Suchbegriffe ein, die Sie aus der Suche ausschließen wollen (NOT-Operator).
- Klicken Sie auf die breite Schaltfläche, um weitere Bedingungen einzugeben. *Excite* blendet eine weitere Zeile ein, bei der Sie die Bedingung (CAN contain, MUST contain, MUST NOT contain) in einer Auswahlliste einstellen müssen. Ein weiterer Klick auf die Schaltfläche blendet eine weitere Zeile dieser Art ein – damit können Sie ein beliebig komplexes Suchkriterium eingeben.
- Bei »Display my results …« können Sie den Umfang der Ausgabe bestimmen: *Excite* zeigt auf Wunsch nur die Titel und URLs und bis zu 50 Suchergebnisse pro Seite an.

HotBot – »More Search Options«

Mit einem Klick auf »More Search Options« zeigt *HotBot* ein Formular an, das selbst bei sehr hoher Bildschirmauflösung kaum in das Browser-Fenster paßt.

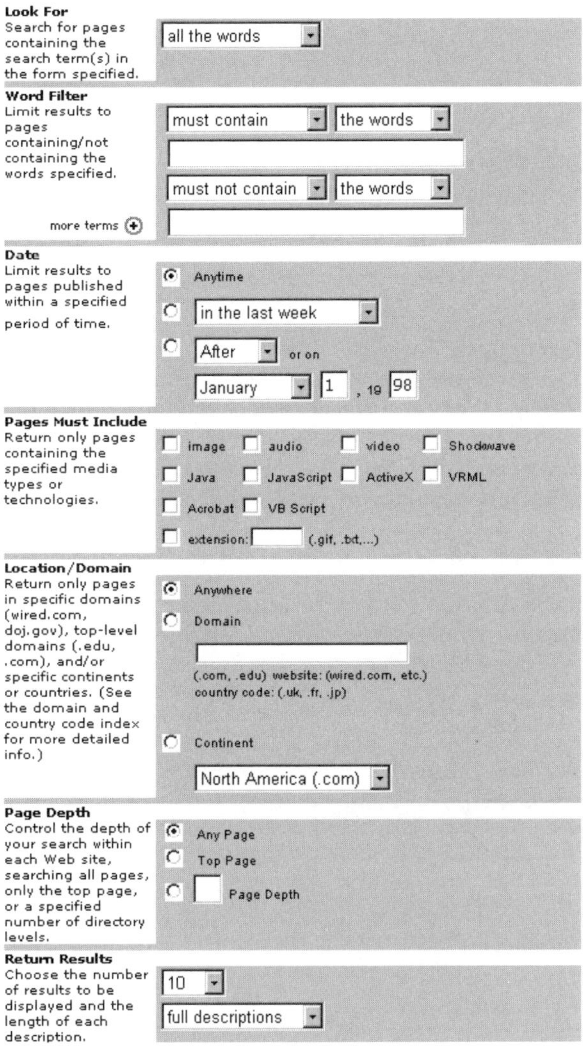

Erweiterte Suche mit HotBot

Die einzelnen Optionen sind einfach zu verstehen. Aus diesem Grunde hier nur ein kurzer Überblick:

- Die Eingabezeile wird wie gewohnt ausgefüllt.
- Bei »Look For« wählen Sie wie auf der Startseite die Art der Suche.
- Bei »Word Filter« können Sie, wie bei *Excite*, einen Suchtyp und weitere Suchbegriffe eingeben. Klicken Sie auf »more terms«, um weitere Eingabefelder anzuzeigen.
- Bei »Date« können Sie die Suche auf Web-Seiten eingrenzen, die vor oder nach einem bestimmten Datum gespeichert wurden.

- Bei »Pages Must Include« können Sie Multimedia-Formate oder mehrere Dateierweiterungen angeben. Dadurch erhalten Sie nur Seiten, die diese Elemente enthalten.
- Bei »Location/Domain« können Sie die Suche auf eine bestimmte Top-Level-Domain wie ».de« oder ».com« eingrenzen. Ebenso ist hier die Angabe einer ganzen Web-Adresse möglich: Wenn Sie beispielsweise »www.netscape.com« eingeben, durchsucht *HotBot* nur die indizierten Netscape-Seiten.
- Bei »Page depth« können Sie angeben, ob für die Suche beliebige Seiten (»Any Page«), nur Startseiten (»Top page«) oder Seiten bis zu einer bestimmten Verknüpfungstiefe (»Page depth«) herangezogen werden sollen. Wenn Sie z. B. bei »Page depth« eine Zwei (2) eingeben, würde eine Seite mit der URL *http://www.irgendwo.de/produkte/dings/dings.html* nicht bei der Suche berücksichtigt, da die Seite *dings.html* sich schon in der dritten Unterverzeichnisstufe befindet.
- Bei »Return Results« schließlich können Sie wie bei der einfachen Suche die Anzahl der Suchergebnisse auf einer Seite auswählen.

Infoseek – »Advanced Search«

Auch *Infoseek* kennt eine komfortable erweiterte Suche, die Sie durch einen Klick auf »Advanced Search« auf der Startseite erreichen. Sie ist im Prinzip genauso aufgebaut wie die entsprechenden Seiten bei *Excite* und *HotBot*. Aus diesem Grund wird auch nicht näher auf die Suchseite eingegangen – die Erläuterungen zur erweiterten Suche bei *Excite* treffen auch für die bei *Infoseek* zu.

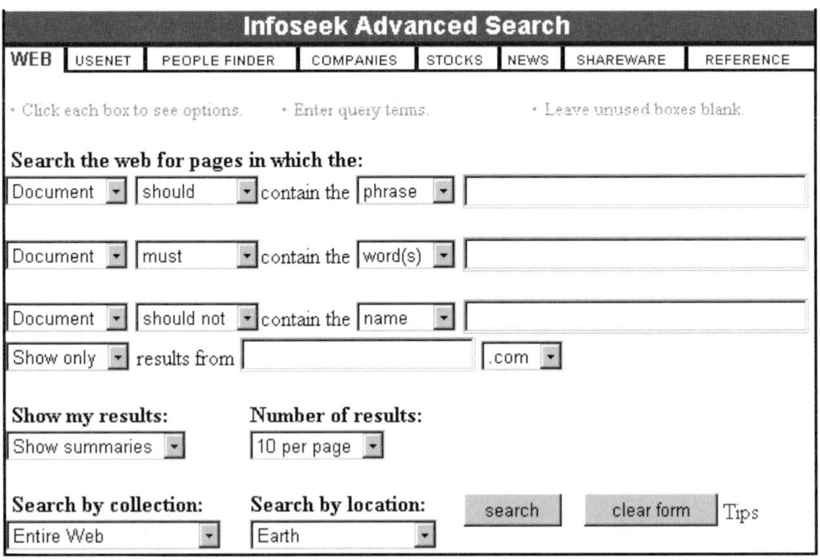

Erweiterte Suche mit Infoseek

Suchsysteme auf einen Blick

Im folgenden finden Sie eine kurze Zusammenfassung der wichtigsten Regeln für die Arbeit mit Suchsystemen.

Hinweise zur Eingabe der gesuchten Begriffe

1. Der Text, den Sie in die Eingabezeile eines Suchsystems eintragen, ist das *Suchkriterium*. Es kann aus einem oder mehreren *Suchbegriffen* bestehen. Suchsysteme erlauben außer der Eingabe der Suchbegriffe auch *Operatoren*. Diese Operatoren bestehen entweder aus *Sonderzeichen* (z. B. »*«) oder *reservierten Worten* (z. B. AND oder NOT).
2. Geben Sie die Suchkriterien möglichst in Kleinbuchstaben ein. Die meisten Suchsysteme suchen dann unabhängig von Groß- oder Kleinschreibung. Falls Sie ein Wort in Großschreibung eingeben, suchen die Systeme nur nach dem großgeschriebenen Wort.
3. Wenn Sie nach feststehenden Ausdrücken suchen, sollten Sie diese in Anführungszeichen angeben oder die entsprechende Einstellung (»Phrase Search«) auf der Suchseite auswählen.
4. Achten Sie auf die richtige Schreibweise. Falls es mehrere gültige Schreibweisen gibt, sollten Sie eine ODER-Suche mit beiden Schreibweisen starten. Ein Beispiel: Das Wort »Bibliographie« taucht oft auch als »Bibliografie« auf.
5. Wenn Sie das Suchkriterium erweitern wollen, um möglichst viele Links zu erhalten, müssen Sie eine ODER-Suche ausführen.
6. Wenn Sie das Suchkriterium eingrenzen wollen, um möglichst wenige Links zu erhalten, müssen Sie eine UND-Suche ausführen.
7. Wenn Sie mehrere Suchbegriffe durch Leerzeichen getrennt als Suchkriterium eingeben, startet bei den Suchsystemen die vorgegebene Standardsuche. Bei *AltaVista* ist das eine ODER-Suche, bei *HotBot* eine UND-Suche.
8. Achten Sie darauf, nicht die reservierten Wörter einer Suchmaschine in das Suchkriterium aufzunehmen. Ein Beispiel: Bei den meisten Suchmaschinen ist AND ein Operator. Nach dem Wort »and« kann also nicht gesucht werden.
9. »Kleine Wörter« wie Artikel oder Präpositionen sollten nicht in das Suchkriterium aufgenommen werden, da die Suchmaschinen damit nichts anfangen können. Ausnahme: In einer Phrase (Zeichenfolge) in Anführungszeichen können Sie nach allen Wörtern suchen.

10. Falls Sie in einer Suchmaschine eine Darstellungsart wählen können, sollten Sie eine möglichst ausführliche Angabe zu jedem gefundenen Link anzeigen lassen. Auf diese Weise können Sie die Brauchbarkeit der Suchergebnisse besser beurteilen.

Syntax der wichtigsten Suchmaschinen im Vergleich

Die folgende Tabelle stellt die Syntax der wichtigsten hier im Buch vorgestellten deutschen und internationalen Suchmaschinen im Vergleich vor. Sie finden hier nur die grundlegenden Suchoptionen.

	Suchtyp	UND	ODER	NICHT	Phrase	Joker
AltaVista	Simple	+a +b	a b	a -b	"a b c"	a*
	Advanced	a AND b	a OR b	a AND NOT b	"a b c"	a*
Excite	Standard	+a +b a AND b	a OR b	a AND NOT b	"a b c"	fehlt
Fireball	Express	+a +b	a b	a -b	“a b c"	a*
	Detail	a AND b a & b	a OR b a I b	a NOT b a ! b	"a b c"	a*
HotBot	Standard	a +b	a b	a -b	"a b c"	fehlt
	Boolean	a AND b a & b	a OR b a I b	a NOT b a ! b	"a b c"	fehlt
InfoSeek	Standard	+a +b	a b	a -b	"a b c"	automat.
Kolibri	Standard	a und b	a oder b	fehlt	fehlt	automat.
Lycos	Standard	Auswahl	Auswahl	fehlt	Auswahl	automat.
	Profi	a AND b	a OR b	a NOT b	Auswahl	automat.

Strategien für die Suche im Internet

Die Recherche in den unübersichtlichen Datenmassen des World Wide Web erfordert einiges Hintergrundwissen und ist erst nach einiger (Selbst-) Schulung und Übung erfolgversprechend. Durch die bisherigen Erklärungen wissen Sie schon eine Menge zum Thema Suchsysteme. Damit ist eine von zwei Grundlagen bereits gelegt.

Die zweite Grundlage betrifft die erfolgversprechende Suchstrategie. Sie ist in erster Linie vom Thema abhängig, zu dem Sie Informationen sammeln. Doch einige allgemeine Hinweise sind auch unabhängig vom Thema Ihrer Recherche zu beachten. Eine erfolgreiche Suche im Internet hängt neben dem Wissen um die Bedienung der Suchsysteme von drei verschiedenen Faktoren ab:

1. Zu dem Thema, über das Sie Informationen suchen, benötigen Sie ausreichende Vorinformationen, um ein sinnvolles Suchkriterium zu formulieren.
2. Sie benötigen eine sinnvolle Strategie, die eine erfolgreiche Suche ermöglicht.
3. Sie benötigen Hintergrundwissen zu einigen Besonderheiten im Internet: Neben den Suchsystemen gibt es weitere Möglichkeiten, Informationen im Netz zu finden.

Auf den folgenden Seiten finden Sie einige Hinweise und Tips für eine erfolgversprechende Suche im Internet und World Wide Web.

Die vier Phasen der Informationssuche

Eine Suche nach Informationen läßt sich in vier Phasen einteilen:

1. Die Orientierungsphase
2. Die Vorbereitungsphase
3. Die Suchphase
4. Die Auswertungsphase

Die Orientierungsphase

In dieser ersten Phase der Datensuche sollten Sie sich einen Überblick über das zu recherchierende Thema verschaffen und die grundlegenden Begriffe kennenlernen. Je besser Ihr Überblick über das Themengebiet ist, desto leichter wird Ihnen die Formulierung einer korrekten Abfrage später fallen.

Beispiel 1
Sie suchen Statistiken und Angaben zur Kriminalitätsentwicklung in Deutschland. Dazu müssen sollten Sie wissen, daß die polizeiliche Kriminalstatistik vom Bundeskriminalamt und den Landeskriminalämtern zusammengestellt wird.

Beispiel 2
Sie suchen Vergleichsdaten zu den Wahlentscheidungen von 18–22jährigen Erstwählern bei Kommunalwahlen in Nordrhein-Westfalen, Sachsen-Anhalt und Bayern. Hierzu sollten Sie wissen, welche verschiedenen Parteien auf kommunaler Ebene in den einzelnen Ländern antreten und welche Besonderheiten das Kommunalwahlrecht der einzelnen Länder aufweist.

Beispiel 3
Sie benötigen Finanzdaten aus dem Ausland. Hierfür sollten Sie die wichtigsten Fachbegriffe in Englisch und der jeweiligen Landessprache kennen.

Die Vorbereitungsphase

In der Vorbereitungsphase verschaffen Sie sich einen Überblick über die verschiedenen Datenbanken und Web-Angebote, die es zu einem bestimmten Thema gibt. In dieser Phase sollten Sie auch ein vorläufiges Suchkriterium (»Abfrage«) bestimmen, das Sie bei verschiedenen Recherchemöglichkeiten anwenden. Die beiden folgenden Seiten enthalten Checklisten mit einigen Praxistips für diese Aufgaben.

Checkliste »Vorbereitung der Informationssuche«

- Welche Institutionen (Vereine, Forschungsinstitute, Universitäten, Firmen) arbeiten an dem Thema, das Sie interessiert?
- Welche dieser Institutionen sind online erreichbar?
- Welche Verzeichnisse (Bibliographien, Nachschlagewerke und Handbücher) gibt es zu dem Thema?
- Welche dieser Verzeichnisse sind online erreichbar?
- Welche Online-Verzeichnisse sind ohne weiteren Kostenaufwand erreichbar?
- Welche erfordern zusätzliche Kosten – beispielsweise eine zusätzliche Benutzungsgebühr pro Zeiteinheit Minutengebühr oder eine Gebühr pro Fundstelle?

- Welche Fachzeitschriften beschäftigen sich mit dem Thema, das Sie interessiert?
- Welche dieser Fachzeitschriften sind online erreichbar?
- Welche der online erreichbaren Fachzeitschriften sind im Freitext recherchierbar?
- Besitzen hierarchische Suchsysteme wie *Yahoo* oder *WEB.DE* Einträge zu dem Thema?
- Wie viele Fundstellen geben indizierte Suchsysteme wie *AltaVista* oder *HotBot* nach Eingabe eines Oberbegriffes zu dem Thema an?
- Wie viele Fundstellen geben die Datenbanken der Fachinformationszentren oder kommerziellen Datenbankanbieter auf T-Online bzw. CompuServe nach Eingabe eines Oberbegriffes zu dem Thema an?
- Wie viele Fundstellen geben die Freitextdatenbanken der deutschen Zeitungen und Zeitschriften auf T-Online bzw. die internationalen Zeitungen auf CompuServe an?

Checkliste »Definieren der Abfrage«

- Mit welchen Begriffen läßt sich das Thema näher umschreiben?
- Steht das Thema im Zusammenhang mit mehreren Oberbegriffen bzw. Fachgebieten? Ein Beispiel: Der Begriff »Droge« taucht im Zusammenhang mit »Kultur«, »Biologie«, »Medizin«, »Pharmazie«, »Politik«, »Kriminalistik«, »Soziologie« und »Sozialarbeit« auf.
- Lassen sich für die aktuelle Informationssuche bestimmte der ermittelten Oberbegriffe/Fachgebiete ausschließen?
- Welche Unterbegriffe sind für das Thema bei der aktuellen Informationssuche relevant? Ein Beispiel: Für eine Recherche nach Literatur zum Thema »Jugendkriminalität« könnten die Begriffe »Ländervergleich«, »Kriminalstatistik«, »Jugendstrafrecht«, »Jugendsozialarbeit« oder »Gewalt in der Schule« interessant sein.
- Lassen sich für die aktuelle Informationssuche bestimmte der ermittelten Unterbegriffe ausschließen?

Die Suchphase

Erst im Anschluß an die Orientierung über das Thema und die genaue Vorbereitung der Suche sollten Sie sie mit einem Suchsystem verbinden. Für eine erfolgreiche Suche gibt es drei hilfreiche Tricks:

1. Suchen Sie möglichst mit mehreren Suchkriterien bzw. Abfragen nacheinander. Selbst wenn gleich die erste Suche erfolgreich ist, sollten Sie das Suchkriterium umformulieren und eine weitere Suche ausführen. Auf diese Weise entgehen Ihnen keine Fundstellen.
2. Sehr oft enthalten die Datenbanken zusätzlich zu den Fachbegriffen auch Namen von wichtigen Fachautoren oder bekannten Persönlichkeiten, die im Zusammenhang mit dem Thema stehen. Sie können daher auch nach Namen suchen.
3. Benutzen Sie auch bei der Suche in deutschsprachigen Suchsystemen zusätzlich anderssprachige Fachbegriffe.

   Dies gilt vor allem bei der Suche in Online-Datenbanken. Viele Datenbanken erfassen auch anderssprachige Literatur und übernehmen oft Schlagworte oder Abstracts in der jeweiligen Sprache aus den Veröffentlichungen, ohne sie zu übersetzen.

Die Auswertungsphase

Bevor Sie die Suchergebnisse benutzen, um beispielsweise einen Text über das Thema zu verfassen, sollten Sie anhand der enthaltenen Informationen eine eventuelle weitere Suche vorbereiten. Selten werden Sie auf Anhieb alle relevanten Fundstellen (bibliographische Angaben, Zeitungsartikel oder ähnliches) entdeckt haben.

Ein Beispiel: Sie haben nach Literaturhinweisen zum Thema »Entscheidungstheorie« gesucht und mehrere Verweise auf den Autor »Prof. Dr. Reinhard Zintl« gefunden. Es ist in diesem Fall sinnvoll, eine weitere Suche nach Werken nur dieses Autors zu starten. Sie sollten auch in den Zeitungsarchiven nach seinem Namen suchen, um eventuelle Hinweise auf Forschungsprojekte oder populärwissenschaftliche Zeitungsartikel zu erhalten. Zuletzt ist sicher ein Suchlauf in einem großen WWW-Suchsystem mit dem Suchbegriff »Zintl« empfehlenswert – immer mehr Wissenschaftler pflegen eigene Web-Seiten mit Links zu Angeboten ihrer Forschungsgebiete.

Phasen der Informationssuche

- *Orientieren*: Thema eingrenzen, Begriffe bestimmen, offene Fragen klären.
- *Vorbereiten*: Datenbanken und Suchsysteme bestimmen, Abfrage formulieren.
- *Suchen:* Abfrage anhand der Suchergebnisse reformulieren.
- *Auswerten:* Ergebnisse bewerten und evtl. Suche mit neuen Suchkriterien.

Vier Suchstrategien

Es gibt eine Reihe von verschiedenen Strategien, auf welche Weise Sie eine Informationssuche angehen können. Die vier wichtigsten Strategien sollen nun vorgestellt werden.

Die intuitive Suche: Direkte Suche nach Web-Sites

Wenn Sie die Web-Präsenz eines Unternehmens oder einer Organisation suchen, hilft es oft schon, einfach zu erraten, wie die Internet-Adresse dieser Site wohl lauten könnte. Die meisten Internet-Adressen sind nach dem Schema *http://www.name_der_institution.top_level_domain* aufgebaut. Sie sollten also möglichst genau wissen, wie der Name der gesuchten Institution geschrieben wird und, gegebenenfalls, wie dieser Name üblicherweise abgekürzt wird. Es besteht eine gute Chance, daß der Name der gesuchten Domain mit dem Namen des Unternehmens oder der Organisation übereinstimmt. Als nächstes sollten Sie nun die Top-Level-Domain zu erraten versuchen. In vielen Fällen dürfte das der Code des betreffenden Landes sein, also bei deutschen Institutionen zum Beispiel ».de«, bei englischen ».uk« und bei französischen ».fr«. Ein Domain-Verzeichnis finden Sie auf dem Server des Schweizer Kernforschungszentrums CERN unter der Adresse *http://wwwcs.cern.ch/wwwcs/public/mail/mgdomains.html.*

Etwas komplizierter gestaltet sich die intuitive Suche, wenn Sie die Web-Site einer Institution in den USA suchen. Dort gibt es neben dem Staaten-Code ».us« häufig die sogenannten »generic top level domains«, also solche, die sich auf den Typus der Institution beziehen. Die häufigste ist ».com« für kommerzielle Unternehmen. Daneben sind noch ».org« für Organisationen, ».edu« für Bildungseinrichtungen, ».gov« für Behörden und Regierungseinrichtungen, ».net« für Netzwerke, ».mil« für militärische Einrichtungen und ».int« für internationale Institutionen gebräuchlich. Als Beispiel mag die Internet-Adresse des US-Repräsentantenhauses dienen; sie lautet *http://www.house.gov*. An dem Kürzel ».gov« kann man erkennen, daß es sich um die Adresse einer Regierungsstelle in den USA handelt. Die Internet-Adresse des

Deutschen Bundestages lautet: *http://www.bundestag.de*. Die französische Assemblée National ist unter *http://www.assemblee-nat.fr* erreichbar, und das britische United Kingdom Parliament schließlich findet sich unter der Adresse *http://www.parliament.uk*.

Ein Beispiel für eine intuitive Suche: Angenommen, Sie hätten von der »Electronic Frontier Foundation« erfahren, einer amerikanische Bürgerrechtsorganisation, die sich zum Ziel gesetzt hat, die Redefreiheit im Internet zu schützen. Weil Sie gern nähere Informationen über diese Institution einholen würden, wollen Sie in Erfahrung bringen, ob sie mit einer eigenen Web-Site im Internet vertreten ist. Wie gehen Sie vor?

Erraten des Domain-Namens

Da der Name »Electronic Frontier Foundation« recht lang ist, ist zu vermuten, daß diese Organisation keine Domain unter diesem Namen unterhält, sondern wahrscheinlich eher unter einer Abkürzung. Die Vermutung liegt nahe, daß die Abkürzung für »Electronic Frontier Foundation« EFF ist.

Erraten der Top-Level-Domain

Da die »Electronic Frontier Foundation« eine amerikanische Organisation ist, ist es unwahrscheinlich, daß ihre Top-Level-Domain aus einem Staaten-Code besteht – ».us« käme zwar in Frage, aber diese Top-Level-Domain ist selten. Wahrscheinlicher ist, daß die »Electronic Frontier Foundation« eine Generic Top-Level-Domain hat. Da es sich um eine nicht profitorientierte Nicht-Regierungsorganisation handelt, ist anzunehmen, daß ihre Generic Top-Level-Domain ».org« ist.

Wenn die Vermutungen richtig sind, müßte die »Electronic Frontier Foundation« unter folgender Adresse im Internet zu finden sein:

http://www.eff.org/

Sollte sich bei der Eingabe in Ihren Browser herausstellen, daß es keinen Server unter dieser Adresse gibt, sollten Sie als nächstes die folgende Adresse ausprobieren:

http://www.eff.us

Sollten Sie unter dieser Adresse wiederum nicht fündig werden, war vielleicht die Vermutung über die Abkürzung EFF für »Electronic Frontier Foundation« nicht richtig. Dann sollten Sie den Namen dieser Organisation in Anführungsstrichen in eine Suchmaschine eingeben und sehen, ob Sie auf diese Weise die gesuchte Web-Site ausfindig machen können.

Beim Netscape Navigator besteht übrigens ab Version 4.04 die Möglichkeit, den gesuchten Begriff einfach mit einem Fragezeichen und einem Leerzeichen vorweg in die »Location«-Zeile einzugeben – dann wird der Begriff automatisch bei der Suchmaschine *Excite* gesucht.

Das Schneeballsystem: Kumulative Suche

Nicht nur Kettenbriefe sind nach dem Schneeballsystem organisiert; auch eine Informationssuche kann in dieser Form durchgeführt werden.

Kumulative Suche allgemein

Das Schneeballsystem funktioniert folgendermaßen:

1. Benutzen Sie die erste, am leichtesten aufzufindende Information – z. B. ein Lehrbuch –, und nehmen Sie die Literaturverweise oder Namen als Ausgangspunkt.
2. Besorgen Sie die Arbeiten derjenigen Autoren, die häufig vorkommen.
3. Werten Sie auch in diesen Arbeiten wieder die Literaturverweise aus.
4. Gehen Sie weiter zu Schritt 2.

Diese Suche heißt auch kumulative Suche, da Sie Schritt für Schritt die Basis der Informationen erweitern.

Kumulative Suche in Online-Datenbanken

Sie können das Schneeballsystem auch bei der Online-Recherche anwenden:

1. Suchen Sie nach einer Kombination aus relevanten Fachbegriffen.
2. Werten Sie die gefundenen Datensätze aus – vor allem die Schlagwörter zu den Literaturangaben.
3. Verfeinern Sie die Suche mit Hilfe der aus den Ausgangsdatensätzen ermittelten Schlagwörter.
4. Gehen Sie weiter zu Schritt 2.

Die Schneeballmethode birgt das Problem, daß Ihnen unter Umständen wichtige Informationen entgehen, falls sie nicht unter den im Schneeballsystem ermittelten Schlagwörtern verzeichnet sind. Auch die Grundform der Schneeballsuche anhand von Literaturverweisen in wissenschaftlichen Werken birgt das Risiko, wichtige Werke oder gar ganze Themenbereiche zu übersehen.

Die Schneeballmethode ist jedoch relativ ökonomisch, da Sie weder stundenlang in Karteikästen suchen noch übermäßig viel Geld für eine Online-Recherche ausgeben – mit Hilfe der kumulativ ermittelten Schlagwörter erhalten Sie auf Anhieb alle Datensätze, die zu diesem Schlagwort oder der Schlagwortkombination in einer Datenbank verzeichnet sind.

Eine Suche nach dem Schneeballsystem ist also dann empfehlenswert, wenn Sie ein Thema möglichst schnell und ökonomisch recherchieren wollen.

Auch wenn es um schnelle Ergebnisse geht, ist eine Schneeballsuche eine empfehlenswerte Methode.

Kumulative Suche im World Wide Web

Im World Wide Web beginnt eine kumulative Suche am besten in einem der großen Themenkataloge:

1. Um einen Reihe von Links zu einem Sie interessierenden Thema zu erhalten, beginnen Sie zum Beispiel beim deutschen oder internationalen *Yahoo!*.
2. Folgen Sie den Links auf den so ermittelten Web-Angeboten, und sammeln Sie dort weitere Links.

Die ermittelten Web-Seiten sollten Sie in der Lesezeichenliste (Netscape Navigator) oder im Favoritenordner (Internet Explorer) speichern und anschließend besuchen. Falls Sie dort weitere interessante Links finden, sollten Sie diese ebenfalls abspeichern.

Bergsteigen: Systematische Suche

»Beginne bei der Basis und arbeite dich zur Spitze empor.« So läßt sich diese Form der Suche knapp beschreiben. Sie heißt auch systematische Suche und führt von den Grundlagen eines Themas zu allen (oder wenigstens den meisten) Spezialgebieten.

Systematische Suche in Online-Datenbanken

Beim »Bergsteigen« suchen Sie zunächst die Grundlageninformationen und anschließend die Informationen zu den Sie interessierenden Spezialgebieten. Diese Form der Suche ergibt am Ende eine Liste aus Fundstellen, bei denen vermutlich kein relevantes Werk fehlt. In Form einer Handlungsanweisung könnte das »Bergsteigen« so aussehen:

1. Suchen Sie nach allgemeinen Fachbegriffen zum Thema und werten Sie die Fundstellen inhaltlich aus.
2. Formulieren Sie anhand der ermittelten Ergebnisse eine neue, speziellere Abfrage und werten Sie die Fundstellen aus.
3. Gehen Sie weiter zu Schritt 2.

Die Suchstrategie »Bergsteigen« ist gründlich, aber ebenso wie das wirkliche Bergsteigen anstrengend. Lange Phasen der Auswertung wechseln mit kurzen, aber intensiven Phasen der Suche. Der Vorteil des »Bergsteigens«: Sie minimieren das Risiko, relevante Informationen zu übersehen. Geduld und Genauigkeit vorausgesetzt, erhalten Sie einen vollständigen Überblick über die Informationen zu einem bestimmten Thema.

Doch der eindeutige Nachteil ist der Zeitaufwand, der durch das Suchen und penible Auswerten der Suchergebnisse entsteht. Damit das »Bergsteigen« wirklich zum Gipfel führt, muß jeder Bereich gründlich recherchiert werden – ökonomisch ist diese Suchstrategie nicht.

»Bergsteigen« sollten Sie nur, wenn es tatsächlich auf eine umfassende und gründliche Suche ankommt. Eine systematische Suche empfiehlt sich zum Beispiel für Examens- oder Doktorarbeiten oder für den Etat für ein Projekt in einem Unternehmen – wenn also etwa die berufliche Zukunft oder viel Geld auf dem Spiel steht.

Systematische Suche im World Wide Web

Für eine systematische Suche im World Wide Web sollten Sie zwei Regeln beachten:

1. Sammeln Sie in der Lesezeichenliste (Netscape Navigator) oder im Favoritenordner (Internet Explorer) zunächst alle Links, die Sie in den großen Themenkatalogen finden. Sie sollten dafür mindestens die großen internationalen (*Virtual Library*, *Yahoo!*) und deutschen (*Yahoo!*, *WEB.DE*, *DINO*) Suchsysteme durchsuchen.
2. Geben Sie anschließend eine Suchanfrage bei Meta-Suchsystemen (zum Beispiel dem *MetaCrawler* und *MetaGer*) ein. Überprüfen Sie alle ermittelten Links und sortieren Sie Fehlanzeigen und Dubletten aus. Die brauchbaren Links sollten Sie dann ebenfalls in die Lesezeichenliste oder den Favoritenordner aufnehmen.

Bei der Arbeit mit Meta-Suchsystemen werden Sie bald feststellen, daß die Möglichkeiten, eine aufwendige Abfrage zu formulieren, recht begrenzt sind. Aus diesem Grunde sollten Sie die Abfrage bei Suchsystemen wie etwa *AltaVista* und *Excite* auch einzeln eingeben und die Möglichkeiten zur Verfeinerung der Suche bei diesen Suchsystemen nutzen.

Die strukturierte Suche

Bei der strukturierten Suche handelt es um ein einfaches und pragmatisches Verfahren für die Suche nach Informationen. Es läßt sich in Form einer Handlungsanweisung etwa so beschreiben:

1. Benutzen Sie leicht zugängliche Informationen (Lehrbuch, Zeitungsartikel), um die Begriffe kennenzulernen, die für ein bestimmtes Thema relevant sind. Verschaffen Sie sich also zunächst einen groben Überblick über das Thema.
2. Bringen Sie die Begriffe anhand der Ausgangsinformationen in einen Zusammenhang. Dieser Zusammenhang kann zum Beispiel hierarchisch (Ober-/Unterbegriff) sein. Achten Sie auf Verbindungen zwischen diesen

Begriffen und auf Begriffe, die ausschließlich oder vorwiegend gemeinsam auftauchen.

3. Formulieren Sie die so ermittelte Begriffsstruktur in eine Abfrage um. Hierarchische Verknüpfungen lassen sich oft durch eine UND-Verknüpfung (»Medizin UND Anatomie«) ausdrücken. Aus anderen Verknüpfungen zwischen Begriffen (»Krebs – Krebshilfe«) können Sie ODER-Verknüpfungen oder eine Folge von gleichwertigen Suchkriterien ableiten.
4. Suchen Sie anhand der formulierten Suchkriterien und werten Sie die Suchergebnisse aus.
5. Überarbeiten Sie die Begriffsstruktur und formulieren Sie neue bzw. verbesserte Suchkriterien.
6. Wiederholen Sie die Suche, und werten Sie die neuen Suchergebnisse aus.

Der wichtigste Punkt bei der strukturierten Suche ist die Begriffsstruktur, anhand derer Sie die Suchkriterien formulieren. Sie können Suchkriterien nicht einfach aus den Suchergebnissen übernehmen, sondern müssen die gefundenen Informationen auswerten. Anschließend müssen Sie die ermittelten Begriffe in einen Zusammenhang bringen und gewichten, um daraus Suchkriterien zu gewinnen. Eine solche Begriffsstruktur mit Verbindungen zwischen den Begriffen nennt man übrigens auch »semantisches Netz« oder »Mind Map®«.

Ein Beispiel: Eine Suche nach englischsprachigen Datenbanken im World Wide Web könnte mit den folgenden Suchkriterien ausgeführt werden:
-online AND database AND (reference OR bibliographic)
-online AND database AND (fulltext OR retrieval)
-reference OR bibliographic OR retrieval OR fulltext.

Die strukturierte Suche hat noch weitere Merkmale:

- Das Verfahren beginnt, wie die kumulative Suche, mit leicht zu gewinnenden Informationen.
- Das Verfahren nutzt, wie die systematische Suche, bereits gewonnene Informationen, um neue Suchkriterien zu ermitteln.
- Das Verfahren verringert bei gründlicher und überlegter Anwendung sowohl das Risiko »blinder Flecken«, das die kumulative Suche mit sich bringt, als auch die überflüssigen Informationen bei der systematischen Suche.

Die strukturierte Suche verbindet also die Vorteile der kumulierten und der systematischen Suche miteinander.

Die Informationsflut strukturieren

Das World Wide Web hat einen Mangel, der den Einsatz der erwähnten Suchstrategien erschwert: Ihm fehlt eine umfassende Klassifikation nach Wissensgebieten und eine Indizierung anhand gängiger Schlagwörter. Außerdem gibt es eine große Zahl an zusätzlichen Informationsangeboten, die ursprünglich nicht aus dem World Wide Web stammen, sondern aus anderen Diensten des Internet.

Diese beiden Phänomene erschweren die Arbeit mit Suchstrategien, die auf eine Erschließung der Informationen angewiesen sind. Unter Umständen werden Sie von den Suchsystemen mit Hinweisen auf Web-Angebote überschüttet. Es gibt allerdings einige Methoden, mit denen Sie die Informationsflut aus dem World Wide Web strukturieren können, so daß Sie den Überblick nicht verlieren.

Taktische Suche

Ergänzend zu den vorgestellten Suchstrategien können Sie auch taktisch vorgehen und die Informationen mit Hilfe zweier Tricks gezielt auswählen:

1. Sie suchen nach einer zentralen Start- oder Überblicksseite zu dem Thema, das Sie interessiert.

2. Sie suchen nach einer Liste aus Links zu dem Thema.

Homepages suchen

Welche Taktik Sie benutzen, hängt allerdings ganz von den Themen ab, mit denen Sie sich beschäftigen. Ein Beispiel: Wenn Sie Informationen zum Thema »Wu-Tang Clan« suchen, so wäre eine erfolgversprechende Taktik die Suche nach dem feststehenden Suchbegriff »Wu-Tang Clan Homepage«. Hier werden Sie recht schnell fündig und auch nicht von Massen an WWW-Links überrollt. Ausgehend von den ermittelten Web-Seiten können Sie nun kumulativ vorgehen und sich durch die auf den jeweiligen WWW-Seiten vorhandenen Links durch die offiziellen und inoffiziellen Sites der Clan-Fans klicken.

Diese Taktik können Sie analog auf andere Themen übertragen, bei denen Sie Informationen zu einer Person oder einer Personengruppe suchen – mit »XYZ Homepage« als Gesamtbegriff (»Phrase« oder »Zeichenfolge«) werden Sie sehr oft auf Anhieb fündig. Auch bei der Suche nach den Seiten zu bekannter Software (»WinZip Homepage«) können Sie dieses Suchmuster benutzen.

Diese Taktik ist erweiterungsfähig: Ergänzen Sie den Suchbegriff jeweils um die bei englischsprachigen Web-Autoren so beliebten Begriffe »Home« (ohne Page), »Central« oder »Main Page« (»Groovebox Main Page«, »Windows 95 Central«, »Developers Home« etc.). Auch in diesem Fall werden Sie vermutlich schnell fündig.

Verzeichnisse, Indizes und URL-Listen

Im World Wide Web gibt es eine Menge mehr oder weniger umfangreiche Verzeichnisse und URL-Listen zu allen möglichen Themen – Sie müssen sie nur finden. Diese URL-Listen werden häufig von Spezialisten zu einem bestimmten Thema gepflegt und enthalten wesentlich mehr und bessere Hinweise auf Web-Angebote als die Themenkataloge.

Es ist sinnvoll, in einem Suchsystem die folgenden Suchkriterien zu benutzen:

directory AND Suchbegriff
index AND Suchbegriff
catalogue AND Suchbegriff
catalog AND Suchbegriff
reference AND Suchbegriff
hotlist AND Suchbegriff
bookmark AND Suchbegriff
linklist AND Suchbegriff
link AND sammlung AND Suchbegriff
verzeichnis AND Suchbegriff

Zu den meisten Themen werden Sie sehr rasch eine große Zahl an Listen aller Art finden.

Weitere Angebote: FAQs, Listen, Newsgroups und E-Journale

Häufig gestellte Fragen (sind oft schon beantwortet)

FAQs heißt »Frequently Asked Questions« und ist traditionell eine Sammlung von Fragen und Antworten zu einem bestimmten Thema, die ihren Ausgang in einer Diskussionsgruppe des Usenet haben. FAQs sind eigentlich Hilfen für neue Mitglieder einer Diskussionsgruppe. Sie teilen ihnen den aktuellen Diskussionsstand mit, so daß Fragen zu immer wieder auftauchenden Themen nicht erneut beantwortet werden müssen.

Dieser Vergangenheit als Hilfsmittel für schreibfaule Usenet-Autoren sind die FAQs längst entronnen und haben sich zu zum Teil liebevoll und mit viel ehrenamtlichem Einsatz gepflegten Informationsquellen gemausert. Es gibt außerdem auch reine WWW-FAQs, die niemals im Usenet erscheinen. Aus diesem Grunde sollten Sie erst in einem WWW-Suchsystem nach einer FAQ zum Thema suchen.

Um eine FAQ-Seite zu einem Thema zu finden, müssen Sie das Suchkriterium »faq AND *Suchbegriff*« in einem WWW-Suchsystem benutzen.

Ein Beispiel: Mit einer Suche nach »faq AND soziologie« in *AltaVista* stoßen Sie sehr schnell auf die »de.sci.soziologie-FAQ«, die zahlreiche Links und Verweise auf Soziologie-Angebote sowie Link-Sammlungen im Internet und WWW enthält. Dienste und Link-Sammlungen für FAQs finden Sie unter den folgenden URLs:

http://www.ii.com/internet/faqs/launchers/periodic-postings/
http://www.cis.ohio-state.edu/hypertext/faq/usenet/FAQ-List.html
http://www.faq.org/

Mailing-Listen und Newsletters

Eine Suche nach »mailing list AND *Suchbegriff*« oder »newsletter AND *Suchbegriff*« fördert zu den meisten Themen eine ganze Reihe von Verweisen zu Tage.

Eine »Mailing List« ist eine per E-Mail ausgetauschte Diskussionsliste, die sich einem mehr oder weniger speziellen Thema widmet.

Jeder Teilnehmer muß sich zunächst bei einem sogenannten »List-Server« anmelden, der dann automatisch eingehende Mail wieder an alle angemeldeten Teilnehmer verschickt. So können Sie mit Ihren Fragen ein breites und themenorientiertes Publikum erreichen.

Ein Hinweis am Rande: Bei fast allen Mailing-Listen müssen Sie an die angegebene Adresse des List-Server eine Mail mit der einzigen Zeile

subscribe Name_der_Liste

schicken. Die Abmeldung ist ebenso einfach und wird mit

unsubscribe Name_der_Liste

erledigt.

Ein Newsletter funktioniert genau wie eine Mailing-Liste, ist aber dagegen lediglich ein reines One-Way-Medium, bei dem Sie sich in eine Liste eintragen und regelmäßig Mails mit Informationen erhalten, jedoch nicht selbst an die Liste schreiben können.

Im Internet gibt es vermutlich weit mehr als die etwa 80 000 Mailing-Listen, die die Listenverzeichnisse führen. Einen Überblick über das Angebot erhalten Sie unter den folgenden WWW-Adressen:

http://www.liszt.com/
http://www.neosoft.com/internet/paml/
http://n2h2.com/KOVACS/
http://catalog.com/vivian/interest-group-search.html

Die Zahl der Newsletters ist nicht festzustellen, da beinahe jede Firma im Internet zu ihren Produkten einen oder sogar mehrere Mail-Newsletter und oft auch Mailing-Listen für die technische Unterstützung auflegt. Mailing-Listen und Newsletters sollten Sie als Hilfsmittel bei der Informationsbeschaffung keinesfalls unterschätzen. Sehr oft diskutieren dort nicht nur interessierte Laien, sondern hochkarätige Wissenschaftler – meistens aus den USA. Selbst wenn Sie sich durch Diskussionsstil und Themen einer Liste überfordert fühlen – das reine Lesen kann oft weiterhelfen und Sie zumindest zu weiteren Angeboten führen. Oft kann auch ein Blick in ein Listenarchiv lohnen – suchen Sie einfach nach »*Name_der_Liste* AND archive« in einem Suchsystem wie *AltaVista*.

Diskussionsgruppen im Usenet

Diskussionen zu allen möglichen Themen werden auch in den weltweit etwa 30 000 Diskussionsgruppen (»Newsgroups«) des Usenet geführt. In diesem Sammelsurium finden Sie Möglichkeiten zum Austausch mit Gleichgesinnten ebenso wie wissenschaftliche Diskussionsgruppen zu Themen, von denen nur wenige Eingeweihte etwas verstehen.

Das Usenet ist sehr heterogen und deckt einen großen Themenbereich aus Forschung, Unterhaltung, Popkultur, Politik, Underground-Interessen, populärer und esoterischer Wissenschaft bis hin zur »Verschwörungstheorie der Woche«.

Probieren Sie es einfach aus: Benutzen Sie den Newsclient Ihres Browser, um sich mit dem News-Server Ihres Provider zu verbinden. Suchen Sie nach einer Newsgroup, die Sie thematisch interessiert, und verfolgen Sie eine Zeitlang das Geschehen. Danach können Sie immer noch entscheiden, ob diese Diskussionsgruppe Ihren Anforderungen entspricht.

Elektronische Magazine

Zu vielen Themen gibt es regelmäßig erscheinende elektronische Magazine im Internet. Sie erscheinen entweder im WWW oder per E-Mail. Es ist sinnvoll, sich zumindest einen Überblick über E-Journale zu verschaffen, um sie eventuell als Informationsquelle zu nutzen. Unter den folgenden Web-Adressen finden Sie Verzeichnisse dieser Magazine:

http://www.edoc.com/ejournal/
http://www.uvm.edu/~bmaclenn/
http://humanitas.ucsb.edu/shuttle/journals.html
http://www.wam.umd.edu/~mlhall/magazines.html

Automatisch Informationen sammeln

Eine Reihe von Diensten bietet sogenannte News-Agenten an. Das sind personalisierbare Informationsdienste, bei denen Sie ein Suchkriterium eingeben. Bei jedem Anwählen »Ihrer« Web-Seite erscheinen speziell für Sie nach Ihren inhaltlichen Vorgaben zusammengestellte Artikel.

NewsScan (http://www.newscan-online.de/)

Der kostenlose Nachrichtenfilter NewsScan durchsucht täglich über 580 Nachrichtenquellen (Zeitungen, Zeitschriften, Pressemeldungen von Firmen, Behörden etc.) nach über 250 vordefinierten Themen. Sie können zusätzlich eigene Suchbegriffe eingeben, nach denen das Nachrichtenaufkommen durchmustert werden soll. Die Ergebnisse können Sie nach Eingabe eines Kennwortes im World Wide Web anschauen. Außerdem sendet News-Scan Ihnen auf Wunsch auch jeden Tag eine E-Mail mit allen gefundenen Nachrichten.

Um eine eigene News-Seite zu definieren, müssen Sie erst einen Account mit Benutzernamen und Kennwort einrichten. Anschließend können Sie aus den 250 vordefinierten Kategorien beliebig viele auswählen.

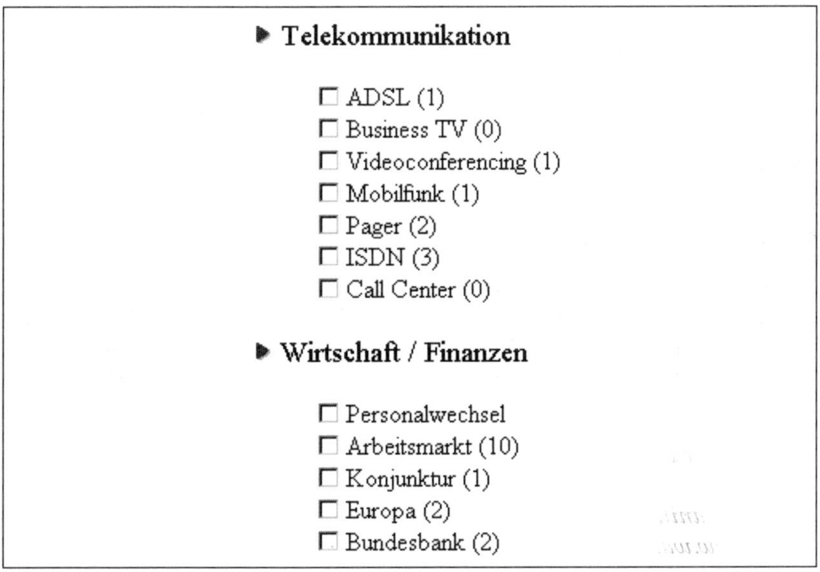

Auswahl der Kategorien

Im einem zweiten Schritt können Sie eigene Kategorien definieren. Geben Sie dazu einen Namen ein und definieren Sie wie in einem Suchsystem das Suchkriterium. Nach einem Klick auf »Anlegen« wird die Kategorie erzeugt. Anschließend können Sie beliebig viele weitere Kategorien anlegen.

Eigene Suchkriterien definieren

Die Eingabe des Suchkriteriums geschieht wie bei *AltaVista* oder *Infoseek*: Die Eingabe von Suchbegriffen führt eine ODER-Suche aus. Ein UND-Suche dagegen starten Sie mit dem bekannten Pluszeichen. Auch das Minus für den NICHT-Operator kennt NewsScan. Phrasen kennt NewsScan ebenfalls, sie werden wie gewohnt mit Anführungszeichen umschlossen.

Ein Hinweis zum Schluß: NewsScan zeigt nur jeweils die Überschrift und die ersten Zeilen eines gefundenen Artikels an. Nach einem Klick auf die Überschrift gelangen Sie zum Originalangebot im Web.

My Yahoo! (http://my.yahoo.com/)

Der internationale *Yahoo!* bietet einen ähnlichen Dienst an. Wenn Sie die URL anwählen, sehen Sie zunächst die Standardvorgabe mit internationalen Nachrichten. Um eine persönliche Nachrichtenseite zu erzeugen, müssen Sie als erstes unter »Personalize This Site« einen Account mit Benutzernamen und Kennwort anlegen.

Klicken Sie auf »Edit«, um die Liste anzupassen

Anschließend können Sie eine persönliche Startseite anlegen. *Yahoo!* teilt die Startseite in verschiedene Rubriken ein. Sie können den Inhalt jeder Rubrik ändern, indem Sie auf »Edit« am oberen Rand der jeweiligen Rubrik klicken. Anschließend erscheint eine Liste mit Nachrichtenkategorien. Wählen Sie hier eine Kategorie aus, und klicken Sie auf den Namen. Ein Tip: Löschen Sie als erstes alle vordefinierten Kategorien durch einen Klick auf »Delete all choices« am unteren Rand der Seite.

Die verfügbaren Nachrichtengruppen

Anschließend können Sie nacheinander alle Nachrichtengruppen anschauen und dort einzelne Themen Auswählen. Markieren Sie ein Thema in der Liste »Available Topics« und klicken Sie auf »Add«, um es in die Liste »Your Choices« einzutragen. Sie entfernen ein Thema wieder, in dem Sie es markieren und auf »Remove« klicken. Sie beenden die Arbeit durch einen Klick auf »Finished«.

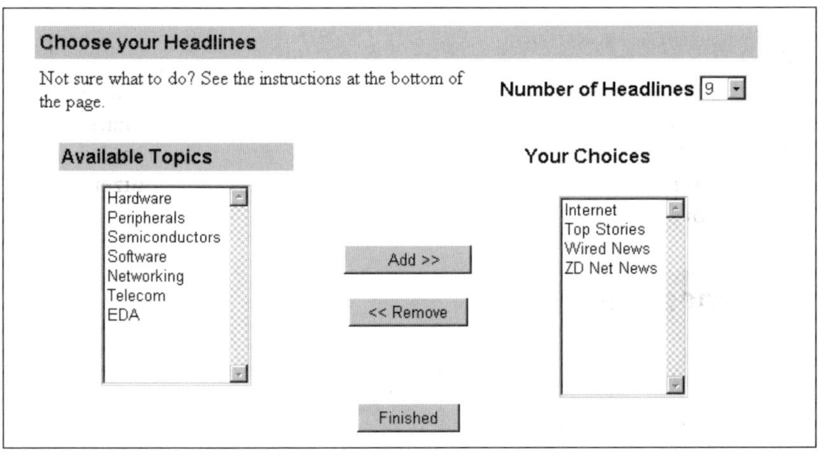

Die verfügbaren Themen

Neben der Rubrik »Headlines« (aktuelle Nachrichten), »Stock Quotes« (Börsennachrichten), »Scoreboard« (Sportergebnisse) und »Weather« ist vor allem die Rubrik »News Clipper« interessant. Hier können Sie eigene Suchkriterien definieren, um das Nachrichtenaufkommen nach eigenen Themen zu filtern.

Nach einem Klick auf »Edit« in dieser Rubrik, erreichen Sie eine Übersichtsseite mit den vordefinierten Themen. Falls Sie diese Themen uninteressant finden, sollten Sie als erstes jeweils auf »Delete« klicken, um die Themen nach und nach zu löschen. Anschließend können Sie mit »Create News Search« neue Themen anlegen.

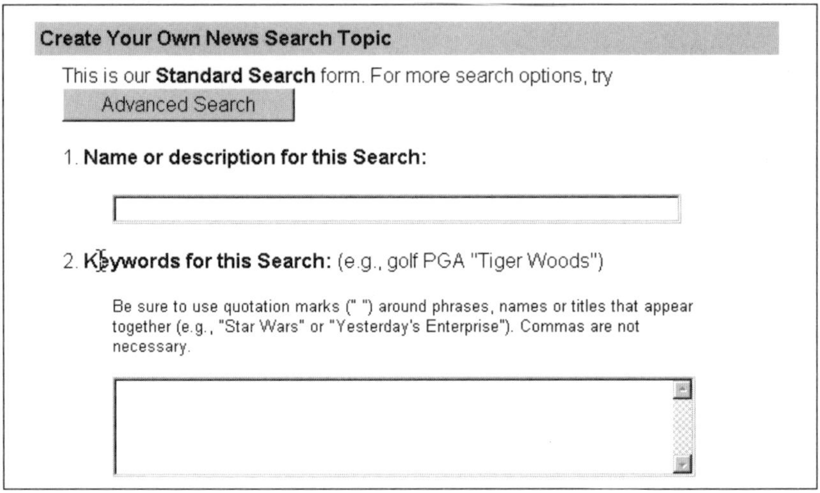

Die Standardsuche

Anschließend erscheint ein Formular zu Definition des Suchkriteriums. Geben Sie zuerst bei »Name or description for this Search« einen möglichst informativen Namen ein. Anschließend können Sie beliebig viele Suchbegriffe in das Feld »Keywords« eingeben.

Etwas komfortabler ist die Definition eines Suchkriteriums nach einem Klick auf »Advanced Search«. Sie können nun die Suchbegriffe genauer bestimmen:

- Bei »must contain« tragen Sie Begriffe ein, die in den Nachrichten vorkommen müssen (UND-Suche).
- Bei »must not contain« tragen Sie Begriffe ein, die in den Nachrichten nicht vorkommen dürfen.

Außerdem können Sie angeben, welcher Zeitraum berücksichtigt werden soll und wie viele Treffer pro Seite Sie sehen wollen.

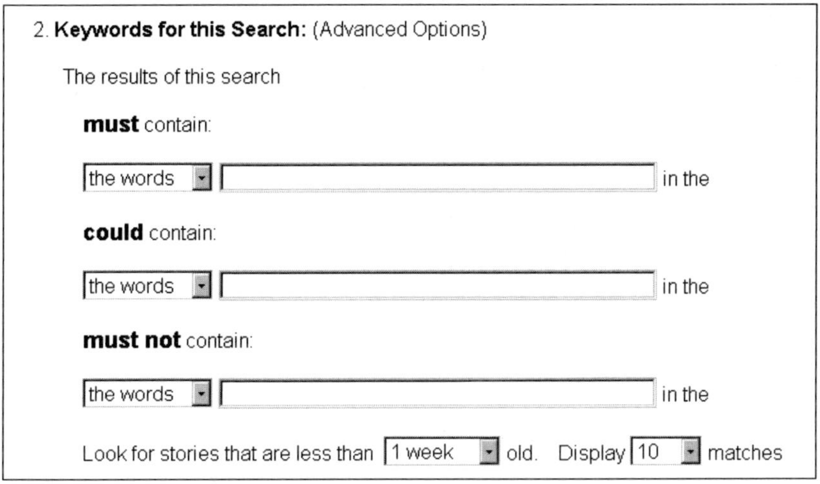

Erweiterte Suchoptionen

Weitere News-Agenten

http://www.Good2Know.com
http://www.my-newspaper.com
http://customnews.cnn.com/
http://crayon.net
http://yournews.infoseek.com/
http://www.msnbc.com/tools/alert/alermain.asp
http://my.excite.com/
http://reporter.web.de/Reporter/
http://www.paperboy.de/
http://www.paperball.de/
http://www.wired.com/newbot/

Wenn die Suche scheitert

Eine Suche nach Informationen im Internet *kann* erfolgreich sein und viele neue Erkenntnisse bringen. Doch oft wird eine Suche scheitern. Das kann verschiedene Gründe haben:

1. Die Suchkriterien sind unzureichend.
2. Es gab technische Probleme.
3. Sie haben die Grenzen des Internet erreicht.

Unzureichende Suchkriterien

Zu viele Treffer

Wenn ein Suchsystem aufgrund eines Suchkriteriums tausende oder zehntausende Treffer anzeigt, ist wahrscheinlich das Suchkriterium zu allgemein. Eine mögliche Ursache dafür ist, daß eine ODER-Verknüpfung Ihrer Suchbegriffe die Suche *erweitert*, so daß zu viele Seiten berücksichtigt werden.

Ein Beispiel: Mit dem Suchkriterium

programming windows device driver

wollen Sie nach Informationen zur Gerätetreiberprogrammierung unter Windows suchen. Falls Sie das Suchsystem auf eine ODER-Suche eingestellt haben, bei der mindestens einer der Suchbegriffe vorkommen darf, erhalten Sie als Ergebnis den Anfang einer Liste mit Zehntausenden von Links. Der Grund: Die Begriffe sind sehr allgemein und kommen in extrem vielen Dokumenten vor.

Ein etwas besseres Ergebnis erhalten Sie bei folgendem Suchkriterium:

+programming +windows +device +driver +documentation

Doch auch dieses Kriterium ist noch nicht optimal. Mit der oben stehenden Abfrage erhalten Sie zum Beispiel bei *AltaVista* etwas mehr als 11 000 Treffer angezeigt – immer noch bei weitem zu viele. Ein besseres Ergebnis erzielen Sie, wenn Sie die genaue »Plattform« angeben und noch die gewünschte Programmiersprache hinzufügen:

+programming +device +driver +documentation +»windows 95« +»visual c++«

Daraufhin meldet *AltaVista* nur noch etwas mehr als 1000 Treffer. Damit läßt sich schon eher etwas anfangen. Damit Sie nun nicht alle Links absuchen müssen, können Sie die Refine-Funktion nutzen und die Suche noch weiter verbessern, bis Sie eine überschaubare Menge an Treffern erhalten.

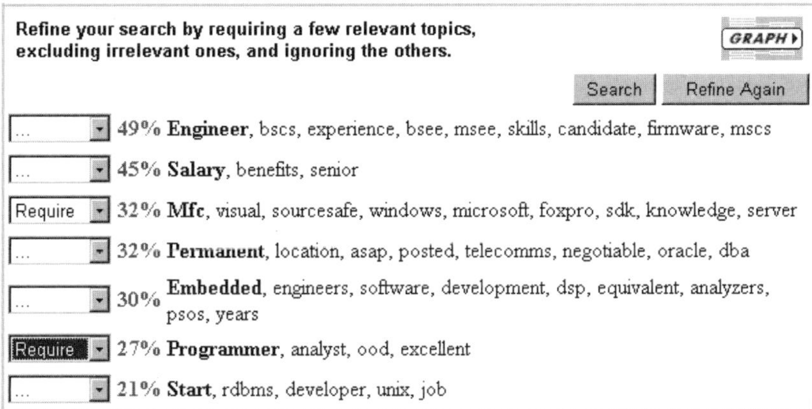

Weiteres Eingrenzen des Suchergebnisses

Keine oder zu wenige Treffer

Der Grund für ein Scheitern der Suche kann entweder ein zu spezielles Suchkriterium sein oder ein Problem mit der Schreibweise:

- Suchen Sie sowohl nach Wörtern in Einzahl als auch in der Mehrzahl – eventuell in zwei verschiedenen Suchläufen. Lassen Sie die Wortendung mit Hilfe des Joker-Zeichens offen.
- Tragen Sie in einer ODER-Suche möglichst viele Synonyme ein. Ein Blick in ein Synonymwörterbuch (z. B. aus dem Duden-Verlag) kann hierbei hilfreich sein.
- Probieren Sie mehrere verschiedene Schreibweisen aus, zum Beispiel »Nord-Korea« und »Nordkorea«.
- Bedenken Sie den Umstand, daß Eigennamen in verschiedenen Sprachen in unterschiedlichen Schreibweisen wiedergegeben werden. Sollten Sie also unter »Jelzin« nicht fündig werden, probieren Sie auch »Yeltsin« aus. Oder wenn Sie »Wilhelm von Ockham« nicht finden können, versuchen Sie es mit »William of Occam«.
- Schreibfehler kommen leicht vor – oder wußten Sie auf Anhieb, wie zum Beispiel »Hieroglyphe« geschrieben wird? Überprüfen Sie bei Fachausdrücken sicherheitshalber anhand eines Rechtschreiblexikons, ob Sie Ihr Suchkriterium richtig geschrieben haben.
- In vielen Fällen kann es erfolgreich sein, das richtige Fachwort oder Fremdwort statt eines alltagssprachlichen Ausdrucks zu benutzen. Ein Beispiel: Sie suchen Firmen, die Geräte für den Offset-Druck verkaufen. Mit der Eingabe »Offset-Drucker« werden Sie aber vorwiegend Information über den Beruf finden. Bessere Ergebnisse erzielen Sie mit dem Fachwort »Offset-Druckmaschine«.

Treffer, die nicht zum Suchkriterium passen

Bei der Internet-Recherche werden Sie leider immer wieder auf Seiten stoßen, die nicht zu Ihrem Suchkriterium passen. Das liegt aber oft nicht am Suchsystem, sondern an »Falschspielern« unter den Web-Site-Betreibern. So bemühen sich viele Anbieter von Erotik-Seiten, durch Angabe von irreführenden Begriffen in den Meta-Tags ihrer Web-Seiten, Neugierige auf die Seiten aufmerksam zu machen. Die Suchsystembetreiber versuchen, solchen Mißbrauch unmöglich zu machen – leider funktioniert das aber nicht immer.

Ein anderer Grund könnte die Doppelbedeutung einiger Suchbegriffe sein. So kann zum Beispiel das Wort »NATO« als Akronym das westliche Militärbündnis bezeichnen, als lateinische Verbform aber »ich schwimme«.

Ein anderes Beispiel: Sie suchen eine Filmbildstelle, die Unterrichtsfilme anbietet. Das Suchkriterium »Film« wird aber viele Seiten mit dem Thema »Kino« zu Tage fördern. Empfehlenswert wäre daher zum Beispiel folgendes Suchkriterium:

+schule +versand +film -kino

Auf ähnliche Weise können Sie auch die Erotik-Seiten ausblenden:

Suchbegriffe -nude

Technische Probleme

In vielen Fällen scheitert die Suche beim Abrufen der ermittelten Web-Angebote. Das liegt oft an technischen Problemen:

1. Eine Meldung wie »File not found« nach dem Anklicken eines Links weist auf ein fehlendes WWW-Dokument hin. Dies ist ein typisches Problem im Internet: Server gehen vom Netz, Dokumente werden in andere Ordner verschoben oder einfach gelöscht.

   Oft ist es hilfreich, in der URL-Zeile des Browsers Stück für Stück erst den Dokumentnamen und dann die Namen der Ordner zu löschen und dann einen neuen Versuch zu starten. Ein Beispiel: Die Original-URL

   http://www.irgend.wo/ordner/dok.html

   können Sie schrittweise verkürzen, auf

   http://www.irgend.wo/ordner/
   http://www.irgend.wo/

   Auf diese Weise gelangen Sie schließlich zur Startseite und können von da aus nach dem ursprünglichen Dokument fahnden. Vielleicht wurde es nur in ein anderes Verzeichnis auf demselben Server verlegt.

2. Ein ähnliches Problem verbirgt sich hinter der Meldung »DNS-Lookup failed«. In diesem Fall könnte der Server vom Netz gegangen sein. Es kann sich jedoch auch um eine temporäre Fehlkonfiguration eines Name-Servers handeln.
3. Die Meldung »Host not found« bzw. »Host not reachable« bedeutet, daß der Server zwar noch vorhanden ist, aber zur Zeit keine Netzverbindung hat. Dies kann zum Beispiel daran liegen, daß er gewartet wird. Sie sollten es zu einem anderen Zeitpunkt ein weiteres Mal versuchen.
4. Meldungen wie »Timeout error« oder langes Warten auf die Rückmeldung eines Web-Servers liegen oft an der Überlastung des Internet oder dieses speziellen Servers. Auch hier hilft nur, abzuwarten und es später erneut zu versuchen.
5. Falls Sie von dem Intranet eines Unternehmens aus ins Netz gehen, können Probleme mit einem Proxy-Server oder der Firewall Ursache für Schwierigkeiten sein. Achten Sie darauf, die Angaben zum Proxy-Server richtig in Ihrer Browser-Konfiguration einzutragen. Falls Sie alles richtig gemacht haben und trotzdem Schwierigkeiten haben, die gewünschten Web-Seiten abzurufen, sollten Sie den Netzwerkverwalter auf Ihre Probleme mit den betreffenden URLs aufmerksam machen. Oft kann das Problem durch eine verbesserte Konfiguration des Proxies oder der Firewall relativ schnell gelöst werden.

Grenzen des Internet

Geringe Abdeckung des Netzes durch Suchmaschinen

Keine der großen Suchmaschinen, die nach eigenen Angaben bis zu 110 Millionen Seiten indiziert haben, kann das Internet vollständig abdecken. Nach neueren Forschungsergebnissen (»Science« im April 1998) besteht das WWW aus mindestens 320 Millionen Seiten. Selbst eine Meta-Suche in mehreren Suchmaschinen erreicht nur eine Netzabdeckung von ungefähr 50 Prozent.

Da ist es nicht unwahrscheinlich, daß Ihnen viele wichtige Links zu Ihren Interessengebieten entgehen. Aus diesem Grund sollten Sie alle Arten von Surftips (online oder in herkömmlichen Medien) regelmäßig zumindest überfliegen und in einem Ordner sammeln – manchmal finden Sie diese Links in den Suchmaschinen nicht wieder. Das gleiche gilt auch für Tips von befreundeten Internet-Nutzern.

Nur neuere Dokumente

Da das Internet und zumal das World Wide Web noch ein recht junges Medium ist, werden Sie dort auch kaum ältere Dokumente finden.

Das Digitalisieren von älteren Dokumenten aus anderen Medien (Presse, Bücher etc.) ist zeitaufwendig und teuer, so daß es nur in sehr geringem Umfang geschieht. Aber natürlich finden Sie viele klassische Texte im Internet: von der Bibel bis hin zu Moby Dick.

So gut wie alle größere Tageszeitungen sowie einige Wochenzeitungen und Magazine bieten über die Datenbankdienste GENIOS (*www.genios.de*) und GBI (*www.gbi.de*) ihr Artikelarchiv für die Online-Recherche an. Doch leider können Sie je nach Presseerzeugnis nicht weiter als bis etwa 1991 zurückgehen – vorher wurden die Zeitungen und Magazine noch nicht mit dem Computer produziert, bzw. die Artikel wurden nicht archiviert. Ein wenig weiter in die Vergangenheit stoßen Sie bei US-amerikanischen Tageszeitungen vor – dort gibt es Online-Archive, die teilweise bis in die siebziger Jahre zurückreichen.

Nur bestimmte Wissensgebiete

Das Internet ist in zwei Wissensbereichen besonders stark: Im Bereich der elektronischen Datenverarbeitung und in dem der Popkultur. Computerthemen aller Art sind sehr stark vertreten. Jede Hardware- oder Software-Firma bietet Informationen an, außerdem gibt es Tausende von Hobbyseiten, auf denen Sie zum Teil mehr Informationen über ein Produkt finden als bei dessen Hersteller.

Der ganze Bereich der Popkultur ist ebenfalls sehr stark vertreten. So ist es beispielsweise problemlos möglich, ausführliche biographische und literaturwissenschaftliche Informationen über die Underground-Kultfigur William Seward Burroughs nur aus dem Internet zusammenzustellen – alleine *Yahoo!* kennt 17 Links zu diesem Autor. Den Weg in eine Bibliothek können Sie sich in diesem Fall also ersparen. Nähere Informationen zu Richard Ford zum Beispiel sind hingegen nicht so einfach zu finden.

Im Internet findet sich zu einzelnen Wissensgebieten nur sehr wenig – das meiste wird auch heute noch in Papierform publiziert und gelangt höchstens ausschnittweise ins Web.

Nur bestimmte Länder oder Institutionen

Ein weiteres Problem ist die vollkommen ungleiche Verbreitung des Internet in der Welt – es gibt immer noch Länder, die fast völlig vom Internet ausgeschlossen sind. Außerdem sind längst nicht alle Institutionen und Firmen am Netz oder bieten tatsächlich etwas Informatives an. Und obwohl auch in Deutschland das World Wide Web rasant wächst, ist das Internet stark USA-lastig – dort ist es am weitesten verbreitet und dort gibt es auch die meisten Informationsangebote.

Nicht bewertbare oder wertlose Informationen

Ein gewisser Teil der Informationen im Internet sind Informationen in Anführungszeichen. Da gibt es Seiten, auf denen Leute behaupten, seit Jahrzehnten mit Aliens zu verkehren und auch schon mal deren Heimatplaneten besucht zu haben. Ein paar Klicks weiter schildert jemand ausführlich, mit welcher Heimtücke die UNO mit ihren schwarzen Hubschraubern nach der Weltdiktatur greift. Gleich um die Ecke finden sich Holocaust-Leugner und ihre Gegenpole, die die Bundesregierung für ein faschistisches Regime halten.

Vieles ist Glaubenssache, manches eher ein Fall für professionelle Hilfe. Da im Internet jede Person mit einem Netzanschluß ihre intime Weltsicht und private Wahrheit verbreiten kann, findet sich vieles, was ohne Netz keine nennenswerte Verbreitung finden würde – Fanatismus und Paranoia inbegriffen.

Im Prinzip ist dagegen nichts einzuwenden. Verschwörungstheorien und tief empfundene Pseudowahrheiten genießen ebenso Meinungsfreiheit wie sachlich fundierte Anschauungen – sie sind im einzelnen zu widerlegen. Aber wer Sachinformationen im Internet sucht, sollte immer prüfen, ob sie aus einer seriösen Informationsquelle stammen.

Spezielle Suchsysteme

Mit den bisher vorgestellten Suchsystemen können Sie viele Informationen im World Wide Web entdecken. Doch für einige Aufgaben bei der Informationsrecherche gibt es besser geeignete Werkzeuge – spezialisierte Suchsysteme, die nur E-Mail-Adressen, Web-Seiten von Firmen, Seiten mit Jobangeboten, Software oder Usenet-Artikel ausfindig machen.

E-Mail-Adressen

Das Medium E-Mail ist schnell und komfortabel. Doch wenn Sie die Mail-Adresse einer Person nicht kennen, ist guter Rat teuer. Leider gibt es kein allgemeines Verzeichnis, in dem alle E-Mail-Adressen zu finden sind. Nur die Online-Dienste wie AOL oder CompuServe bieten ein Gesamtverzeichnis der Mail-Adressen ihrer Kunden an.

Doch immerhin gibt es einige Suchsysteme, die E-Mail-Adressen sammeln. Dort sind zum Beispiel auch die Mail-Verzeichnisse der Online-Dienste zu finden. Weitere E-Mail-Adressen erhalten diese Dienste über das Durchsuchen des Usenet nach E-Mail-Adressen und durch die Einträge von Benutzern. Eines der größten Adreßverzeichnisse im Internet ist der »Internet Address Finder« (*http://www.iaf.net/*), der einen Datenbestand von knapp sieben Millionen E-Mail-Adressen aus aller Welt anbietet.

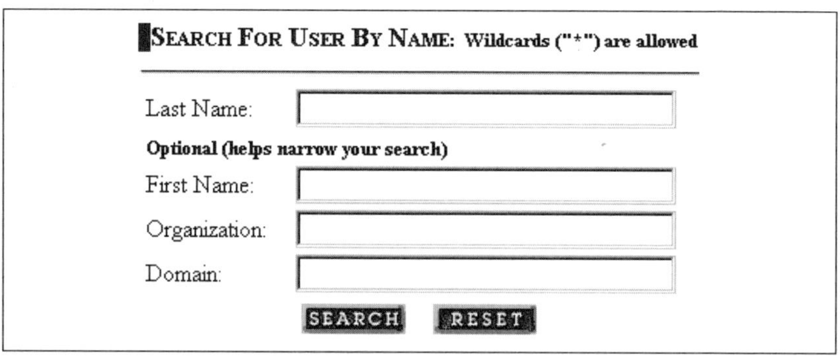

Suchen beim »Internet Address Finder«

Auf der Startseite des »Address Finder« können Sie den Nachnamen (»Last Name«) und wahlweise auch andere Angaben eintragen. Der Vorname ist in jedem Fall eine sinnvolle Ergänzung. Bei »Organisation« sollten Sie nur dann etwas eintragen, wenn die gesuchte Person keinen privaten Zugang nutzt und Sie die genaue Schreibweise des Arbeitsgebers kennen. Die Angabe zu »Domain« ist unter Umständen bei häufigen Namen wirkungsvoll. Wenn Sie zum Beispiel die Mail-Adresse einer Person mit den häufigen Namen John Smith suchen, hilft zum Beispiel die Eingrenzung auf die Domain ».uk«, die Treffer zu reduzieren.

Doch oft werden Sie beim »Internet Address Finder« die gewünschte Adresse nicht ermitteln können. Sie sollten auf jeden Fall noch die anderen großen Adreßverzeichnisse im Internet ausprobieren:

Bigfoot: *http://www.bigfoot.com*
Four 11: *http://www.four11.com*
Infospace: *http://www.infospace.com/info/email.htm*
Populus: *http://www.populus.net*
Suchen.de: *http://www.suchen.de*
SwissInfo: *http://www.swissinfo.ch/email*

Ähnlich wie bei WWW-Suchsystemen gibt es auch bei E-Mail-Adressen eine komfortable Meta-Suche: Unter der URL *http://mesa.rrzn.uni-hannover.de/* bietet das Regionale Rechenzentrum Niedersachsen den Service MESA (MetaEmailSearchAgent) an. Dieses Suchsystem nutzt die Datenbestände aller sieben erwähnten E-Mail-Verzeichnisse.

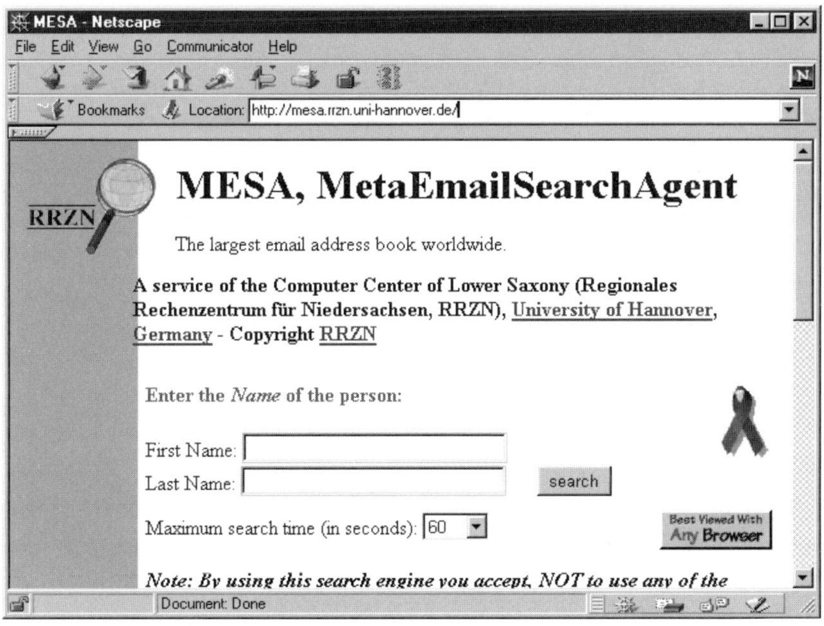

MESA durchsucht viele Mail-Verzeichnisse

Die Suche bei MESA bietet nicht den vollständigen Komfort einzelner E-Mail-Verzeichnisse, sondern lediglich eine Suche nach Vor- und Nachnamen. Wichtig ist die Einstellung in der Liste »Maximum search time«. Hier sind 60 Sekunden Suchzeit vorgegeben.

Da einzelne E-Mail-Verzeichnisse erfahrungsgemäß sehr stark belastet sind, ist es sinnvoll, einen größeren Wert zu wählen. Die Suchzeit kann maximal auf 200 Sekunden eingestellt werden. Dies erfordert zwar einige Geduld, bringt aber oft bessere Ergebnisse als die Vorgabe.

Firmen

Inzwischen haben sehr viele Firmen ein eigenes Web-Angebot, wo Sie Produktkataloge einsehen, Kontakt aufnehmen oder bestellen können. Leider ist es nicht einfach, die Web-Seite einer solchen Firma zu finden, wenn Sie nicht durch Werbung in der Presse auf die URL aufmerksam gemacht werden.

Eine einfache Möglichkeit, rasch zum Web-Angebot einer Firma zu kommen, ist die Methode der URL-Ersetzung (siehe Kapitel »Intuitive Suche«, S. 93). Dabei setzen Sie einfach den Namen der Firma in der üblichen Schreibweise in eine URL ein – *http://www.firmenname.de* oder *http://www.firmenname.com*. Bei großen und bekannten Firmen werden Sie auf diese Weise oft direkt zur gewünschten Web-Seite gelangen.

Bei Firmen, die Sie auf diese intuitive Weise nicht finden, können Sie Firmenangebote auch über die normalen Suchmaschinen oder Themenkataloge ermitteln – doch erstens sind die Kataloge nicht vollständig, und zweitens zeigen Suchmaschinen auch alle Web-Seiten an, in denen der Firmenname vorkommt, ohne das es sich um eine Web-Seite dieser Firma handelt.

Die Lösung für dieses Problem sind spezialisierte Suchsysteme für die Suche nach Firmen aller Art:

Flix-Branchenindex:
http://www.flix.de
Yahoo! Branchenbuch:
http://branchenbuch.yahoo.de/
Deutsches Branchenbuch:
http://www.branchenbuch.com/
Yellow Map:
http://www.yellowmap.de
International Yellow Pages:
http://www.mcp.com/nrp/wwwyp/
Wer liefert Was?:
http://www2.wlwonline.de/bda/nat/wlw/content_d.html
Bunte Branchen – Allgemeines Branchenverzeichnis:
http://www.buntebranchen.de

FINDEX Firmendatenbank:
http://www.de1.emb.net/scripts/firmen/suchfrm.idc
bedirect.business world:
http://www.bedirect.de
A-Z1 – Die goldene Adresse:
http://www.intersystems.de/gold/
Aladin – deutschsprachiger Branchen-Suchindex:
http://www.flix.de/aladin/
Electronic Business Server vom Fraunhofer-Institut (IAO):
http://www.e-business.iao.fhg.de/
Gelbe Seiten der Deutsche Telekom Medien:
http://www.gelbe-seiten.de
Europages – Verzeichnis für die Europäische Geschäftswelt:
http://www.europages.com/home-de.html
Yellow Web for Europe:
http://www.yweb.com/15-de.html

Diese Aufstellung von Branchenverzeichnissen und »Gelbe Seiten« findet man in den BizLinX Deutschland unter:

http://www.bizlinx.de/laender/deutschland/allgemeines/allgemeines_branchen_und_unternehmen.phtml#Verzeichnisse

Die drei wichtigsten Branchendienste werden im folgenden etwas ausführlicher vorgestellt.

Der Flix-Branchenindex

Flix-Branchenindex

Der Flix-Branchenindex (*http://www.flix.de*) ist ein Suchdienst mit einer Datenbank von mehr als 33 000 eingetragenen Firmen. Sie können bei Flix entweder durch Eingabe eines Suchkriteriums nach einer Firma fahnden oder sich durch ein Kategorienschema durcharbeiten, wie Sie es von *Yahoo!* kennen. Auf der Startseite finden Sie die Branchen mit der Zahl der dort verzeichneten Firmen. Nach einem Klick auf die Branchenbezeichnung erscheint eine weitere Übersicht mit Branchengruppen. Nach einem Klick auf eine davon erscheint eine alphabetisch sortierte Liste mit Firmennamen, Postadressen, Rufnummern und Web-Adressen. Die Liste besteht in den meisten Fällen aus mehreren Seiten mit jeweils zehn Angaben.

Ein Eintrag im Flix-Branchenindex

Der Branchenindex erhält seine Einträge nur durch die Anmeldung durch die Firmen selbst.

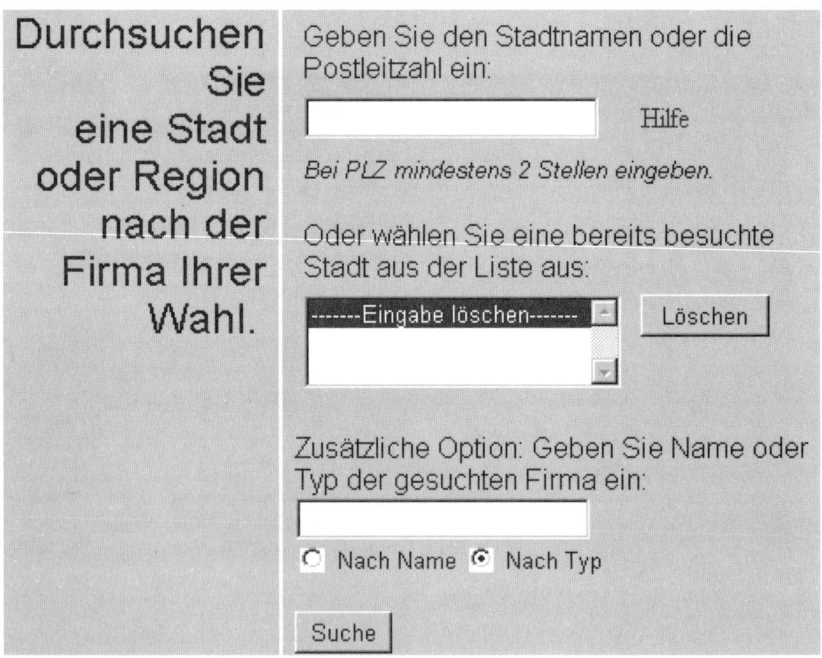

Branchensuche mit Postleitzahl

Yahoo!-Branchenbuch

Das *Yahoo!*-Branchenbuch (*http://branchenbuch.yahoo.de/*) verfolgt ein anderes Konzept als der Flix-Branchenindex und ist dementsprechend ein wenig anders organisiert: Im *Yahoo!*-Branchenbuch erscheinen alle im kommerziellen Branchenbuch (*http://www.branchenbuch.com*) eingetragen Firmen, auch dann, wenn sie keine Web-Site haben. Hier müssen Sie als erstes eine Postleitzahl oder einen Leitzahlbereich wie »50« oder »90« eingeben. Wahlweise können Sie die Suche auch durch Eingabe eines Branchen- oder Firmennamens ergänzen. Ein Klick auf »Suche« zeigt eine weitere Hauptseite an.

Regionen im Leitzahlbereich 50

Nach einem Klick auf den Ort oder die Region sehen Sie eines der für *Yahoo!* typischen Kategorienmenüs. Dort können Sie nun eine Branche auswählen. Im nächsten Browser-Fenster erscheinen weitere Untergruppen. Ein Klick auf eine davon bringt Sie zu einem Verzeichnis mit den Adressen und Telefonnummern der jeweiligen Firmen. Alternativ dazu können Sie auch durch Eingabe eines Firmennamens innerhalb der angezeigten Kategorien suchen.

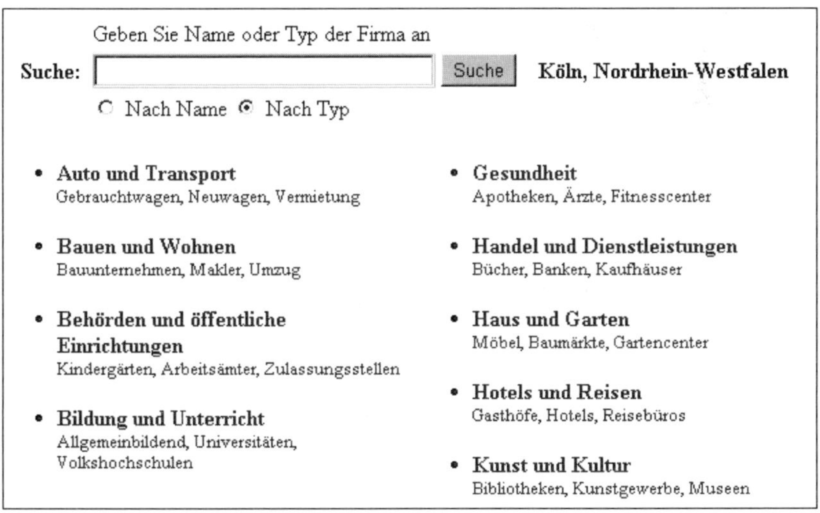

Die Kategorien in einem Ort oder einer Region

International WWW Yellow Pages

Die internationalen Gelben Seiten für das Web (*http://www.mcp.com/nrp/-wwwyp/*) werden von McMillan Publishing geführt. Sie können entweder in der Datenbank oder in einem englischsprachigen Branchenindex nach der gewünschten Firma suchen.

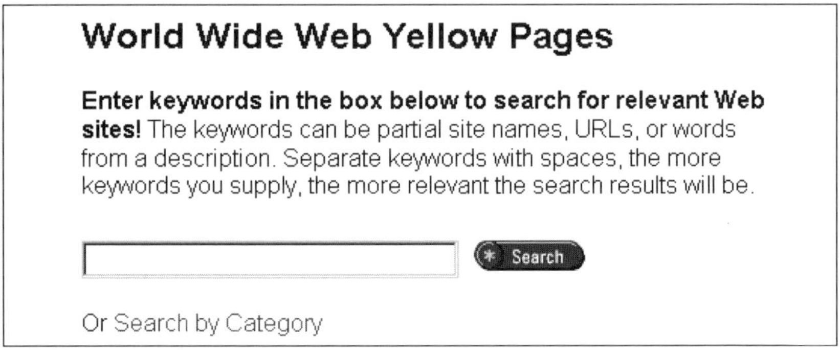

Suchen in den WWW Yellow Pages

Ähnlich wie beim Flix-Branchenindex werden die Yellow Pages durch Einträge der jeweiligen Firmen selbst aktualisiert.

Ausschnitt aus den Kategorien der WWW Yellow Pages

RealNames

RealNames (*http://www.realnames.com*) wird von *AltaVista* angeboten. Der Dienst basiert darauf, daß Online-Anbieter bestimmte Suchbegriffe und Verknüpfungen »mieten« können. Vierzig Dollar Jahresmiete werden für eine solche Verknüfung von Suchbegriff und URL fällig. Dafür wird der entsprechende URL bei Eingabe des Suchbegriffs auch gleich an erster Stelle der *AltaVista*-Ergebnisliste übernommen.

Jobs

Das Suchen und Anbieten von offenen Stellen oder projektgebundenen Aufträgen im Internet hat für beide Beteiligten Vorteile: Es ist kostengünstig und führt in vielen Branchen (Computer oder Medien beispielsweise) schneller zum Erfolg. Für einen Arbeitsuchenden ist es außerdem sehr bequem, vom heimischen Computer aus einen neuen Job zu suchen.

Allerdings gibt es eine Schwierigkeit: Längst nicht alle offenen Stellen werden im World Wide Web beworben. Doch zumindest das Arbeitsamt bietet seine sonst nur lokal in den Arbeitsämtern einsehbaren Stellendatenbanken unter der URL *http://www.arbeitsamt.de* vollständig im Internet an.

Weitere Anbieter von Stellenanzeigen sind:
Arbeit online: *http://www.arbeit-online.de*
JobWorld: *http://www.jobworld.de/*
Online Stellenmarkt: *http://www.stellenanzeigen.de/*
Deutscher Stellenmarkt: *http://www.deutscher-stellenmarkt.de/*
Stellenanzeigen der ZEIT: *http://www.jobs.zeit.de/*
Stellenbörse: *http://www.stellenboerse.de/*
WDR Job-Datenbank: *http://www.wdr.de/jobs/bin/index.cgi*

Die folgenden weiteren Stellenmärkte findet man in den BizLinX Deutschland unter: *http://www.bizlinx.de/laender/deutschland/allgemeines/allgemeines-_jobvermittlung_online.phtml#Jobbörsen*

Job-Robot: *http://www.jobrobot.de*
Access Stellenmarkt: *http://www.jobware.de/st/st.htm*
Adecco – Personaldienstleistungen: *http://www.adecco.de/ADIAINT/-Home/home1.htm*
AHA-Online: *http://www.ahaonline.de*
Jobbörse in Apple Macintoshs WebCity: *http://www.apple.de/kit1.1/webcity/business.html*
Bellnet-Stellenmarkt: *http://www.bellnet.com/suchen/info/st_ang.htm*
Business Channel: *http://www.business-channel.de*
Cesar – Central Employment Search and Retrieval: *http://www.cesar.de*
Characters: *http://www.characters.de*
DS Deutscher Stellenmarkt: *http://www.deutscher-stellenmarkt.de*
Stellen von Heise Online: *http://www.heise.de/stema/*
Index MediaTime Arbeitsbörse: *http://www.Arbeitsboerse.de/*
Job.de: *http://www.job.de*
Jobforum – Stellenangebote im Wirtschaftsforum: *http://www.wirtschaftsforum.de/jobforum/angebote/angebote.htm*
Job-Netz: *http://www.job-netz.de*
Job-Office: *http://www.job-office.com/*
Job-Pool.com: *http://www.job-pool.com*
Jobs & Adverts: *http://www.jobs.adverts.de*
Jobware Deutschland: *http://www.jobware.de/*

Mamas GmbH -Arbeitsmarkt online: *http://www.mamas.de*
MAX JobPool: *http://max.compuserve.de/jobpool/*
Net.Com Jobs: *http://www.netcomjobs.com/*
Karriere direkt – Elektronischer Stellenmarkt des Handelsblatts: *http://www.karrieredirekt.de*
Personalberatung Geest: *http://www.pbgonline.com*
Personnel: *http://www.personnel.de*
Stellenbörse: *http://www.stellenboerse.de*

Stellenmarkt: http://www.stellenmarkt.de/Arbeitsamt

Um zu den Datenbanken der Arbeitsämter zu kommen, müssen Sie auf der Startseite »Vermittlung« anklicken und auf der folgenden Seite »Stellen-Informations-Service«. Zum guten Schluß auf der folgenden Seite noch ein Klick auf »Aktuelle Stellenangebote« und Sie erreichen endlich die Suchmaske der Stellenvermittlung.

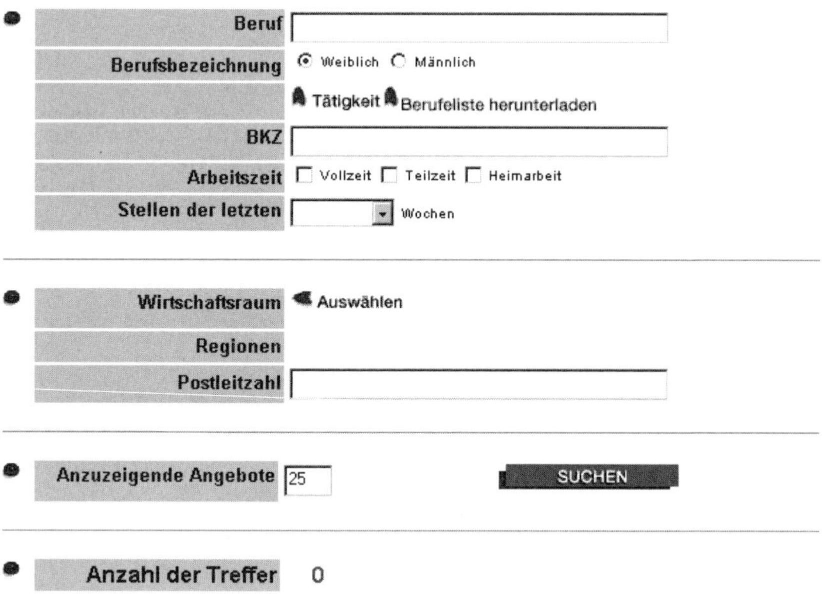

Die Suchmaske des Stellenservice der Arbeitsämter

Leider ist die Bedienung der Datenbank sehr umständlich und kompliziert. Aus diesem Grunde wird die Suche nach einem Stellenangebot hier etwas ausführlicher beschrieben.

Wichtig: Jobliste laden

Bevor Sie überhaupt auf die Suche nach einer offenen Stelle gehen können, sollten Sie sich die Liste der offiziellen Berufsbezeichnungen auf den eigenen Rechner kopieren. Die Datenbank funktioniert nur, wenn Sie die amtlichen Berufsnamen benutzen. Selbst wenn Sie die genaue Berufsbezeichnung kennen, ist das Laden der Liste sinnvoll: Einige Berufe sind in Untergruppen eingeteilt, die Sie nur jeweils einzeln recherchieren können.

Erster Schritt: Berufsbezeichnung und Kennziffer (BKZ)

Im ersten Schritt müssen Sie die offizielle Berufsbezeichnung in das Feld »Beruf« eintragen. Geben Sie anschließend in den beiden Optionsfeldern darunter Ihr Geschlecht an. Klicken Sie anschließend auf »Tätigkeit«, um die richtige Kennziffer für den Beruf auszuwählen.

Dafür blendet der Web-Server ein Fenster ein, in dem Sie aus einer Reihe von Tätigkeiten wie »Vorarbeiter« oder »Sachbearbeiter« auswählen können. Klicken Sie auf die Kontrollkästchen vor den einzelnen Bezeichnungen und anschließend auf »Übernehmen«. Dadurch wird die richtige Kennziffer in die Suchmaske eingetragen.

Zweiter Schritt: Arbeitszeit und Zeitraum

Im zweiten Schritt kreuzen Sie an, ob Sie eine Vollzeit- oder Teilzeitstelle wünschen. Eine weitere Option ist Heimarbeit, die aber nicht für alle Berufe angeboten wird.

Schließlich sollten Sie in der Liste bei der Option »Stellen der letzten Wochen« einen Zeitraum von einer bis neun Wochen einstellen. Ein Hinweis: Bereits besetzte Stellen erscheinen in der Regel nicht mehr in der Datenbank. Die Angabe des Zeitraums ist günstig, wenn Sie beispielsweise einmal pro Woche die Stellenangebote recherchieren und nicht dauernd die bereits angezeigten Stellen sehen wollen. In diesem Fall sollten Sie den Zeitraum auf eine Woche einstellen.

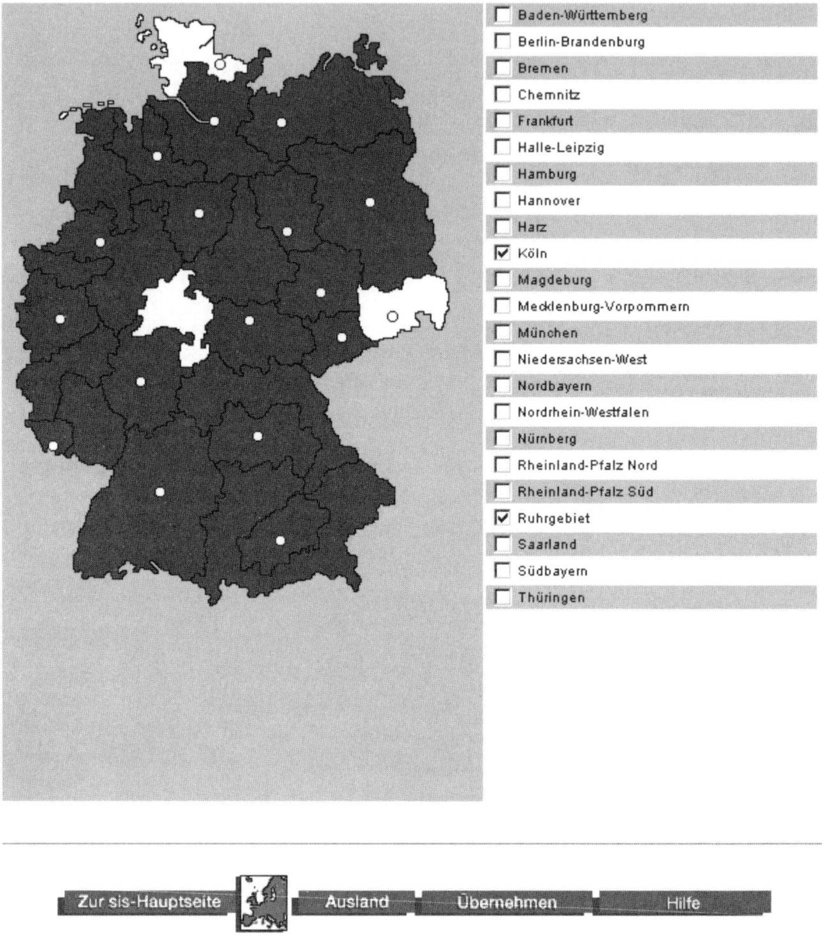

Angabe des Wirtschaftsraums

Dritter Schritt: Den Wirtschaftsraum angeben

Wichtig ist die Angabe der Region, in der Sie nach Arbeit suchen. Klicken Sie hierfür auf den Link »Auswählen«. Nun erscheint eine Deutschlandkarte. Klicken Sie nun entweder auf die Karte oder markieren Sie Bezeichnungen, um eine oder mehrere Wirtschaftsräume in Deutschland auszuwählen.

Falls Sie Arbeit im europäischen Ausland suchen, können Sie auf die Europakarte am unteren Rand der Seite klicken. Wenn Sie die Region ausgewählt haben, klicken Sie auf »Übernehmen«, um die Angabe in die Suchmaske einzutragen.

Falls Sie mehrere Wirtschaftsräume ausgewählt haben, können Sie leider nicht alle gewählten Wirtschaftsräume komplett durchsuchen.

Falls Sie Arbeit in einer bestimmten Stadt suchen, müssen Sie nun auf den Link »Auswählen« bei der Zeile »Region« klicken. Nun erscheint eine Liste mit allen Arbeitsamtsbezirken im gewählten Wirtschaftsraum. Klicken Sie hier auf das Auswahlkästchen vor dem Namen der Stadt und anschließend auf »Übernehmen«.

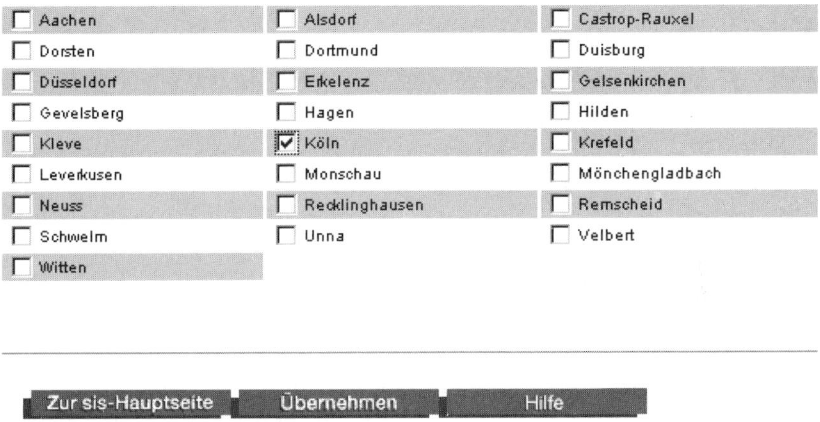

Eine Stadt auswählen

Nach diesen umständlichen Vorarbeiten erscheint nun im unteren Bereich der Suchmaske in der Zeile »Anzahl der Treffer« die Zahl der gefundenen Stellenangebote. Falls Sie dort nichts entdecken, sollten Sie zunächst noch auf »Suchen« klicken – nicht alle Browser führen die Abfrage automatisch aus. Zum guten Schluß können Sie auf »Anzeigen« klicken, um die Stellenanzeige zu sehen.

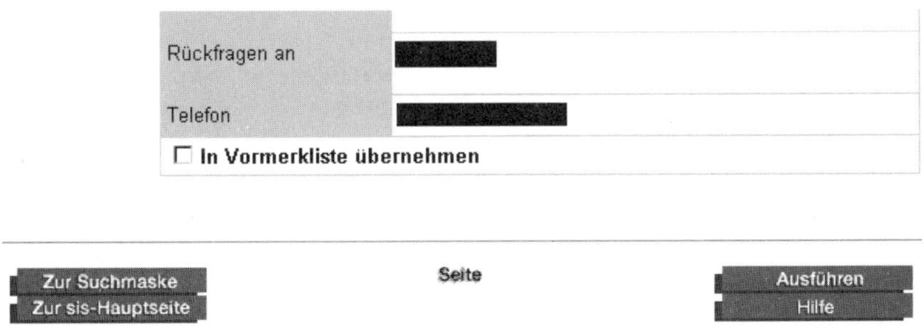

Ein Stellenangebot beim Arbeitsamt

Vierter Schritt: In Vormerkliste eintragen und weitersuchen

Falls Sie eines der gefundenen Angebote interessiert, sollten Sie die Option »In Vormerkliste übernehmen« anklicken und anschließend auf den Schalter »Ausführen« klicken. Der Server des Arbeitsamtes registriert damit Ihre Auswahl und zeigt eine Liste mit allen vorgemerkten Stellenangeboten in einem getrennten Fenster an. Anschließend können Sie andere Arbeitsangebote markieren oder eine neue Suche starten.

Meta-Suche bei JobWorld

Unter der URL *http://www.jobworld.de/* finden Sie ein Meta-Suchsystem für Stellenangebote. Mit einer Anfrage erfassen Sie zehn der wichtigsten Stellenmärkte im Web.

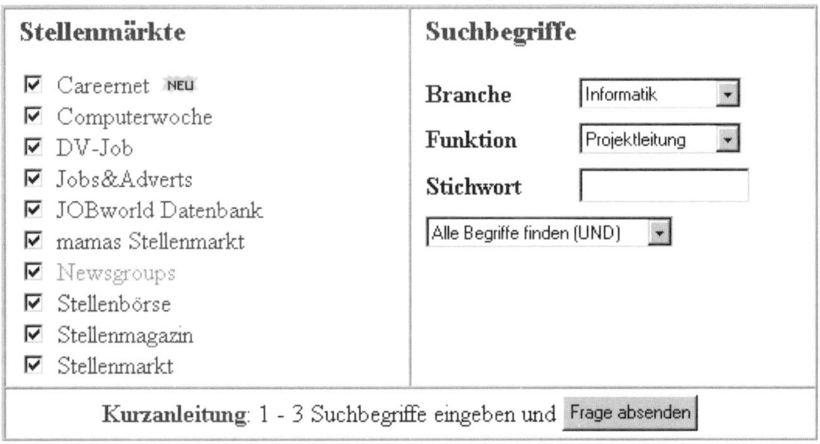

Die Suchmaske von JobWorld

In der Suchmaske auf der Startseite müssen Sie lediglich eine Branche und eine Funktion auswählen. Anschließend können Sie auf »Frage absenden« klicken. Im Textfeld »Stichwort« können Sie beispielsweise einen Ort und eine genaue Berufsbezeichnung zur Eingrenzung angeben.

Suchergebnisse im Stellenmagazin (3)

Stelle	Unternehmen	Funktionsbereich	Region
Berater/in Information Management Services	Softlab GmbH	Vertrieb, Verkauf, Beratung	Hessen
Projektleiter/in Archivierung und SAP	CSC PLOENZKE AG	Sonderfunktionen	Europa
Projektleiter/in Anwendungsentwicklung	KirchGruppe	DV/ Organisation	Bayern

Ein Ausschnitt aus den Suchergebnissen von JobWorld

Die Ergebnisliste von JobWorld ist sehr übersichtlich aufgebaut und zeigt die wichtigsten Informationen zu jedem Stellenangebot an. Die Einträge sind nach den abgefragten Stellenangebotsdiensten geordnet. Da jeder der Dienstleister eine eigene Vorstellung davon hat, welche Informationen notwendig sind, fehlen bei manchen Einträgen Angaben zum Arbeitsort. Sie können sich die einzelnen Angebote anzeigen lassen, indem Sie auf den Eintrag klicken.

Software

Im Internet gibt es viele Dateiarchive, in denen Sie kostenlose Programme, Testversionen (Shareware) und Demos von kommerzieller Software erhalten können. Dabei beschränkt sich das Angebot nicht auf Software für Windows. Auch Programme für den Macintosh oder für verschiedene Unix-Versionen sind in großer Zahl erhältlich. Außerdem können Sie über das Netz kostenlos verfügbare Betriebssysteme wie Linux oder NetBSD auf Ihren Rechner laden – vorausgesetzt, Sie haben die Geduld, auf einige Dutzend Megabyte Daten zu warten.

Zum Teil finden Sie diese Software auf FTP-Servern. FTP ist die Abkürzung für »File Transfer Protocol«, Dateiübertragungsprotokoll. Mit FTP können Sie Text-, Bild-, Programm-, Ton- und Videodateien auf Ihren Computer herunterladen. Sie können dabei auf Dateien zugreifen, die auf verschiedenen Rechnertypen liegen, und zwar unabhängig davon, welchen Rechnertyp und welches Betriebssystem Sie selbst benutzen. So können Sie zum Beispiel von einem PC mit dem Betriebssystem Windows 95 aus auf einen Unix-Computer zugreifen und Dateien übertragen.

Archie – Suchen auf FTP-Servern

Es gibt weltweit zahlreiche FTP-Server, die Hunderte von verschiedenen Programmen anbieten. Die Datenflut, zu der man über FTP Zugang erhält, kann ohne geeignete Hilfsmittel nicht mehr bewältigt werden. Archie ist das geeignete Suchsystem, das das Durchsuchen von Inhaltsverzeichnissen der meisten anonymen FTP-Server ermöglicht.

Archie entstand an der McGill-Universität in Montreal und wird inzwischen von über 20 Einrichtungen weltweit als Internetdienst angeboten. Für Benutzer in Europa und besonders für die in Deutschland betreibt die TH Darmstadt seit März 1992 den bislang einzigen Archie-Server in Deutschland. Er ist unter der URL *http://archie.th-darmstadt.de/* im World Wide Web erreichbar.

Die verschiedenen Archies weltweit tauschen ihre Daten untereinander aus. Jeder Archie ist für eine Region zuständig und durchsucht diese nach FTP-Servern. Der deutsche Server zum Beispiel ist für Deutschland und Holland sowie die Eunet- und UUnet-Server zuständig.

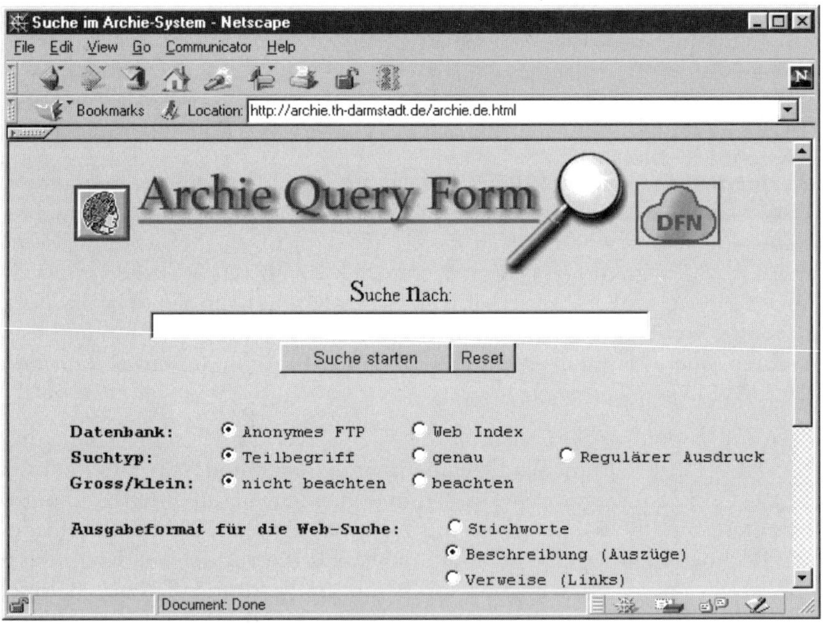

Einfache Suche mit Archie

Einfache Suche mit Archie

Auf der Startseite von Archie sollten Sie zunächst auf »Deutsche Seiten« klicken, um die deutschsprachige Web-Oberfläche zu sehen. Geben Sie bei »Suche nach« den gewünschten Suchbegriff ein. Um Dateien auf FTP-Servern zu finden, wählen Sie »Anonymous FTP« bei »Datenbank«. Zur Suche auf Web-Servern wählen Sie »Web Index«.

Die Einträge bei »Suchtyp« bestimmen die Art der Suche. »Genau« ermittelt Dateien, die dem Suchbegriff genau entsprechen. Für diesen Suchtyp müssen Sie den genauen Dateinamen kennen. Mit »Teilbegriff« ermitteln Sie Dateien, in denen der Suchbegriff als Teil der Zeichenfolge vorkommt. Zusätzlich können Sie in der Zeile »Gross/klein« festlegen, ob Groß- und Kleinschreibung beachtet werden soll. Am besten, Sie wählen hier immer die Option »Nicht beachten«. Die Option »reguläre Ausdrücke« sollten Sie ignorieren, da ihre Nutzung lange Erfahrung mit UNIX bei der Formulierung des Suchkriteriums erfordert.

Bei »Ausgabeformat« können Sie wählen, welche Informationen zu den ermittelten Dateien angezeigt werden sollen. Bitte beachten Sie, daß nicht alle FTP-Server eine Beschreibung oder Stichwörter zu den Dateien anbieten. Sie beginnen mit der Suche durch einen Klick auf »Suche starten«.

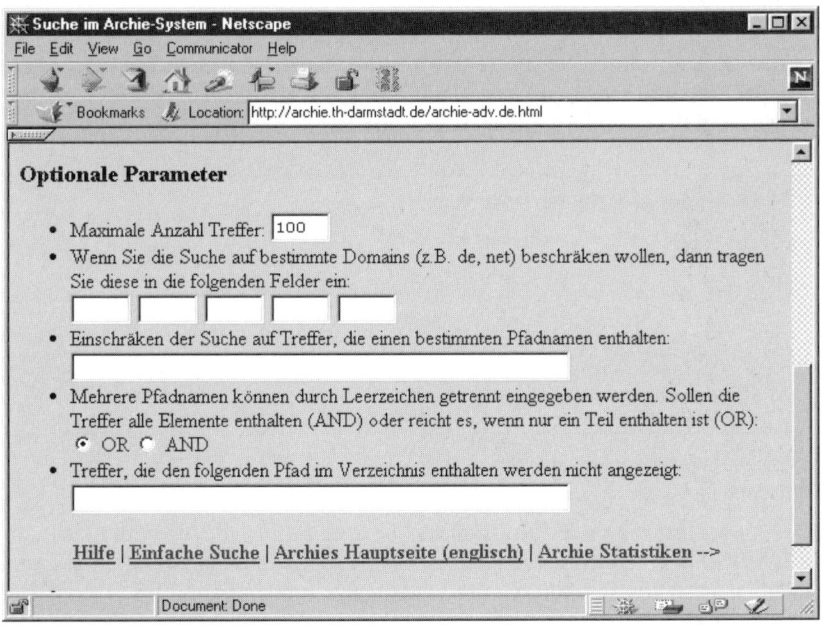

Erweiterte Suche mit Archie

Erweiterte Suche mit Archie

Die erweiterte Suche erreichen Sie von der deutschen Startseite mit dem Link »Erweiterte Suche«. Ihnen stehen dort im oberen Teil der Seite dieselben Optionen wie bei der einfachen Suche zur Verfügung. Erst etwas weiter unten auf der Seite gibt es ergänzende Optionen:

- Sie können die maximale Anzahl der angezeigten Treffer festlegen.
- Darunter können Sie Domains eintragen, auf die die Suche beschränkt werden soll. Sinnvoll ist hier die Angabe ».de«, da Sie ansonsten auch einige europäische Server durchsuchen, die möglicherweise das Laden der Datei verlangsamen.
- Die weiteren Optionen widmen sich dem Einschluß und Ausschluß von Pfadangaben. Sie können diese ignorieren, da die bisherigen Optionen für eine Suche ausreichen.

Archie-Ergebnislisten

Ein Suchbeispiel: Sie suchen nach dem Freeware-Programm »GhostScript«, einem Postscript-Interpreter, der auch PDF-Dateien bearbeiten kann (PDF= Portable Document Format, das Dateiformat, das vom Dokument-Austausch-System von »Acrobat« verwendet wird). Sie wissen, daß das ZIP-Archiv üblicherweise GSCRIPTnn.ZIP heißt, wobei »nn« für eine Versionsnummer steht.

In diesem Fall wählen Sie als Suchkriterium »gscript« und als Suchtyp »Teilbegriff«. Nach kurzer Wartezeit sehen Sie eine Ergebnisliste, von der die folgende Abbildung einen kurzen Ausschnitt zeigt.

```
(11)flowserv.teco.uni-karlsruhe.de

    11  /pub/digital.windowsnt/printing
      drwxr-xr-x                                                GSCRIPT.ZIP*

(12)ftp.uni-koeln.de

    12  /pc
      drwxrwxr-x    2048        07:02:00 22 Feb 1998 GMT        gscript

    13  /pc/msdos/graphics
      -rwxr-xr-x    16          22:00:00 01 Feb 1996 GMT        gscript
```

Ausschnitt aus einer Archie-Ergebnisliste

Der Ausschnitt zeigt drei Fundstellen. Die erste Fundstelle bietet die Datei direkt an. Sie können nun entweder auf den Dateinamen klicken, um die Datei zu laden, oder auf die Zahl vor der Pfadangabe, um ein neues Browser-Fenster zu öffnen. Das neue Browser-Fenster enthält ein Verzeichnis aller Dateien, die sich ebenfalls in dem gefundenen Pfad auf einem FTP-Server befinden.

Die beiden anderen Fundstellen sind keine Dateien, sondern Verzeichnisse auf einem FTP-Server, die dem Suchkriterium entsprechen. Sie sollten sich auch diese Verzeichnisse durch einen Klick auf den Namen anzeigen lassen, um möglichst die neueste Version der gewünschten Software zu bekommen.

Dateiarchive im World Wide Web

Im World Wide Web gibt es eine Reihe von sehr großen Dateiarchiven mit Programmen für Windows 95/98, Windows NT und den Macintosh. Viele dieser Programme sind Freeware, der größte Teil jedoch ist Shareware.

Ein großer Vorteil der Web-Server besteht darin, daß einige Betreiber und ein großer Teil der Programmautoren dort die Online-Registrierung und -Distribution ihrer Software anbieten. Bezahlen müssen Sie die Software mit einer Kreditkarte. Mit der in Deutschland leicht über alle Banken erhältlichen EUROCARD ist das Bezahlen kein Problem: Die EUROCARD gehört zum MasterCard-Verbund und wird von allen Anbietern akzeptiert.

Das Verfahren ist sehr einfach: Sie benutzen die Web-Server, um die Testversion eines Shareware-Programms herunterzuladen. Nun können Sie das Programm ausprobieren. Manchmal ist die Benutzung der Testversion zeitlich beschränkt, so daß Sie das Programm beispielsweise nur 30 Tage lang starten können. Wenn Sie das Programm dauerhaft nutzen wollen, können Sie sich mit dem Web-Server eines Registrierungsservices oder der Homepage des Programmautors verbinden und es dort kaufen.

Die Startseite von WinFiles.com

Dazu müssen Sie in einem Formular Ihren Namen, Ihre Adresse sowie die Angaben der Kreditkarte eingeben. Die Informationen werden anhand der Internet-Datenbank des Kreditkartenanbieters überprüft, und dann wird die Abbuchung in die Wege geleitet. Anschließend erhalten Sie entweder eine Möglichkeit zum Laden der uneingeschränkt nutzbaren Vollversion des Programms oder einen Zahlenschlüssel, mit dessen Hilfe Sie die Testversion in eine Vollversion umwandeln können.

WinFiles

Der WinFiles-Server (*http://www.winfiles.com/*) ist einer der größten Web-Server mit Freeware und Shareware für Window 95/98, Windows NT und Windows CE. Von der Startseite aus gelangen Sie durch einen Klick auf das Symbol »Windows Shareware« zu den Ordnern mit der Software. Der Server ist übersichtlich organisiert – Windows-Anwender werden sich sehr schnell zurechtfinden. Die Programme sind thematisch sortiert. Der Schwerpunkt liegt erwartungsgemäß auf Hilfsprogrammen und Internet-Software.

Neben der Software finden Sie auch Hilfen auf diesem Server. Wer gut Englisch kann, sollte die Symbole »Tips and Tricks« und »How-to Articles« anklicken. Dahinter finden Sie viele Hinweise und Ratschläge.

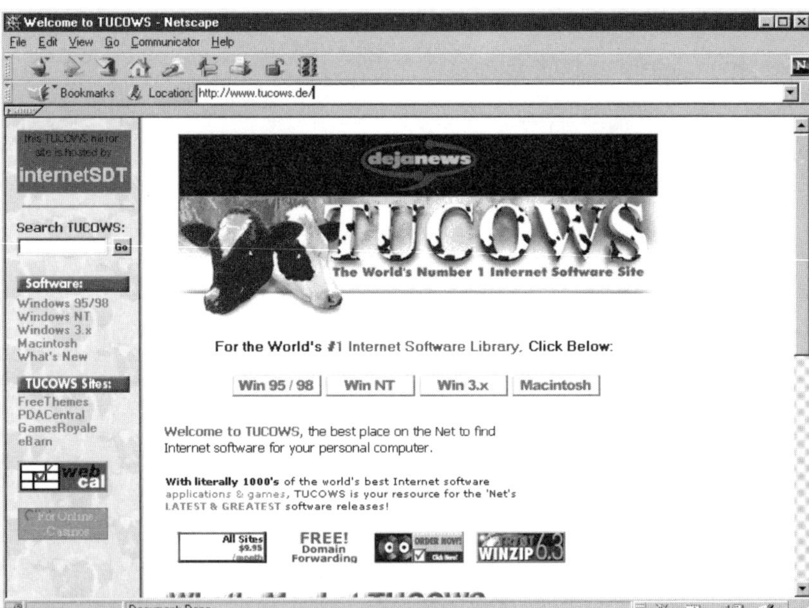

Die Startseite eines deutschen Tucows-Spiegels

Tucows

Der Tucows-Server (*http://www.tucows.de/*) gilt als der weltweit größte Web-Server für Internet-Software für Windows 95/98, Windows 3.X, Windows NT und den Macintosh. Ein Hinweis: Die angegebene URL ist die eines der deutschen Tucows-Mirrors. Falls der Server zu langsam sein sollte, können Sie unter *http://www.tucows.com/* eine Liste mit weiteren deutschen Tucows-Mirrors einsehen.

Das Tucows-Dateiarchiv ist übersichtlich geordnet. Auf der Startseite wählen Sie zunächst eine der Betriebssystembezeichnungen aus. Anschließend erscheint eine nach Kategorien geordnete Liste mit Internet-Software. Zu jedem der Programme gibt es eine mehr oder weniger ausführliche Erklärung und eine Wertung von einem bis sechs Punkten. In der Regel können Sie sich auf die kurzen Programmbesprechungen verlassen.

Auch Tucows bietet neben der Software einige weitere Dienstleistungen an. In verschiedenen Diskussionsforen zu Internet-Themen können Sie sich mit erfahrenen Anwendern über die Software austauschen. Außerdem gibt es die Möglichkeit, einen Newsletter zu abonnieren, der jederzeit über neue Software informiert.

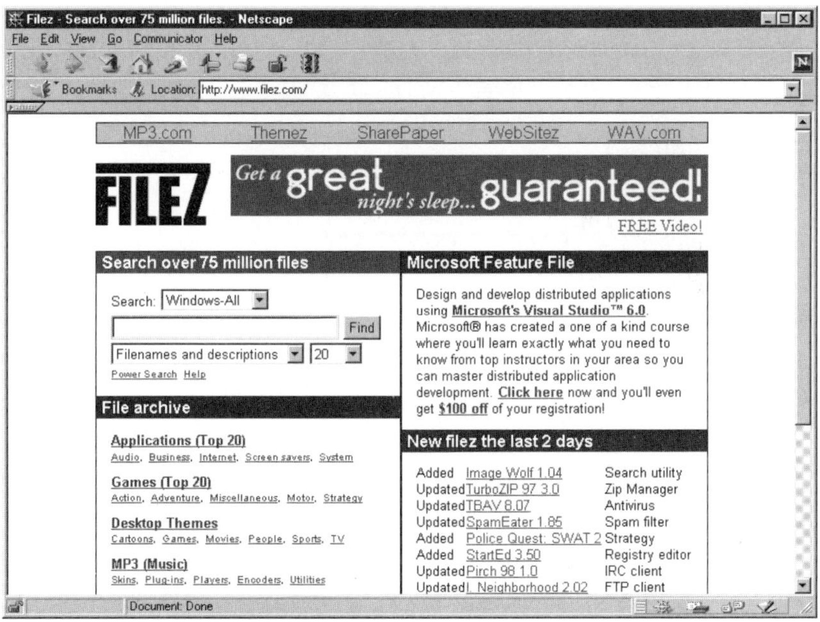

Die Startseite des Dateiarchivs FileZ

FileZ

Der FileZ-Server (*http://www.filez.com/*) ist das größte Dateiarchiv im Internet: Sie haben von dort aus Zugriff auf über 75 Millionen Dateien. Natürlich sind diese nicht direkt auf dem Server gespeichert, FileZ ist ein auf Dateien spezialisiertes Suchsystem. Die Suchrobots von FilesZ scannen wöchentlich Tausende von FTP-Servern und erzeugen einen Index aus den ermittelten Daten. Sie können mit FileZ Software auf zwei Arten finden: Durch Eingabe eines Suchkriteriums in eine Suchmaske oder durch Auswahl aus einer Kategorienhierarchie. Die Datenbank der FTP-Server wird anhand Ihres Suchkriteriums durchsucht. Die Software-Kategorien umfassen Hunderte der besten und am weitesten verbreiteten Shareware-Programme.

Die Suchfunktion auf der Startseite funktioniert sehr einfach: Der Suchbegriff wird als Teilzeichenkette interpretiert. FileZ findet also alle Links zu Dateien, die diese Teilzeichenkette enthalten. Falls einer Datei eine Beschreibung zugeordnet ist, wird diese ebenfalls durchsucht. In der Aufklappliste bei »Search« können Sie das Betriebssystem auswählen, für das Sie Software suchen. Die zweite Auswahlliste dient der Angabe der Daten, die durchsucht werden sollen – hier ist es sinnvoll, immer die Vorgabe zu benutzen. Schließlich können Sie außerdem die Menge der angezeigten Treffer in der dritten Liste auswählen.

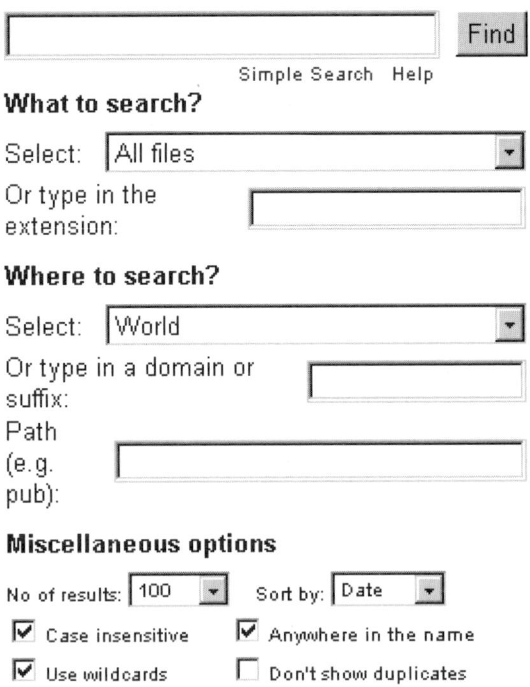

PowerSearch bei FileZ

Wesentlich mehr Möglichkeiten haben Sie bei der erweiterten Suche. Sie erreichen sie durch einen Klick auf den Link »PowerSearch«. Hier können Sie noch die folgenden Suchoptionen einstellen:

- Bei »What to search« können Sie entweder aus der Auswahlliste einen Dateityp auswählen oder eine Dateierweiterung wie ZIP oder EXE eingeben.
- Bei »Where to search« können Sie aus der Liste eine Top Level Domain auswählen oder einen Domain-Namen eingeben. Ergänzend ist es möglich, die Suche auf einen bestimmten Pfad zu beschränken.
- Bei »No of results« wird die Anzahl der angezeigten Treffer bestimmt.
- Bei »Sort by« können Sie die Reihenfolge der Anzeige bestimmen. Dabei ist Sortierung nach dem Datum, nach dem Server oder alphabetisch nach dem Datei-Namen möglich.
- Aktivieren Sie »Case insensitive«, wenn bei der Suche nicht nach Groß- oder Kleinschreibung unterschieden werden soll.
- Aktivieren Sie »Use wildcards«, wenn Sie bei der Suche das Joker-Zeichen »*« benutzen wollen. Damit sind Suchkriterien wie zum Beispiel »gscript*.*« möglich.
- Aktivieren Sie »Anywhere in the name«, wenn Sie nach Teilzeichenketten suchen wollen.
- Aktivieren Sie »Don't show duplicates«, wenn die Liste jede gefundene Datei nur einmal enthalten soll.

Weitere Dateiarchive und -suchsysteme im WWW

- Der Internet-Dienstleister c|net bietet unter den URLs *http://www.download.com/*, *http://www.gamecenter.com/* und *http://www.shareware.com/* umfangreiche Server, die Spiele, Freeware und Shareware zum Laden bereitstellen.
- Der Computer-Verlag Ziff-Davis bietet unter dem Namen HotFiles (*http://www.hotfiles.com/*) einen Server mit einem umfangreichen Verzeichnis von Freeware und Shareware an. Der deutsche Ziff-Davis-Shareware-Server hat die URL *http://www.zdnet.de/download/*.
- Jumbo (*http://www.jumbo.com/*) ist ein Dateiarchiv mit Freeware und Shareware für DOS, alle Windows-Version, Mac, OS/2 und Unix.
- Stroud's Consummate Winsock Applications (*http://cws.internet.com/*) ist ein Server, der ausschließlich Internet-Software für Windows 3.1, 95/98 und NT archiviert.
- Der Server der »Association of Shareware Professionals« (*http://www.asp-shareware.org/*) enthält Links zu Programmierern und Firmen, die Mitglied in dieser Interessengruppe sind. Hier erhalten Sie besonders hochwertige Shareware.
- Unter *http://www.shareware.de/* finden Sie den »Deutschen Shareware-Server«, der sich vor allem deutschsprachigen Programmen widmet.

Usenet News

Das Usenet war bis vor wenigen Jahren ein flüchtiges Medium: Die meisten News-Server speicherten alle Artikel aus den inzwischen rund 35 000 weltweiten Diskussionsgruppen für nur wenige Tage bis höchstens einige Wochen. Wer wichtige Artikel aufheben wollte, mußte sich ein persönliches Archiv auf seiner eigenen Festplatte aufbauen.

Seit 1995 ist das anders – mit allen Konsequenzen. Das News-Suchsystem DejaNews (*http://www.dejanews.com/*) archiviert seit dieser Zeit sämtliche Usenet-Artikel mit Ausnahme von Binärdateien (Bilder oder bestimmte Programm-Dateien – nahezu alle Datei-Typen bis auf reine ASCII-Texte sind Binärdateien) und Spam. Letzteres ist der Spitzname für mehrfach und meist mit werbender Absicht abgeschickte Artikel. Spam ist unaufgefordert und massenhaft versandte Werbe-E-Mail.

Dieses Archiv hat den Vorteil, daß Sie zu einem bestimmten Thema recherchieren und auch Artikel finden können, die vor Monaten dazu geschrieben wurden. Das kann gerade bei Computer-Themen sehr nützlich sein. Falls Sie beispielsweise bestimmte Hinweise zu älterer Software oder Hardware benötigen, ist DejaNews ein wertvolles Hilfsmittel.

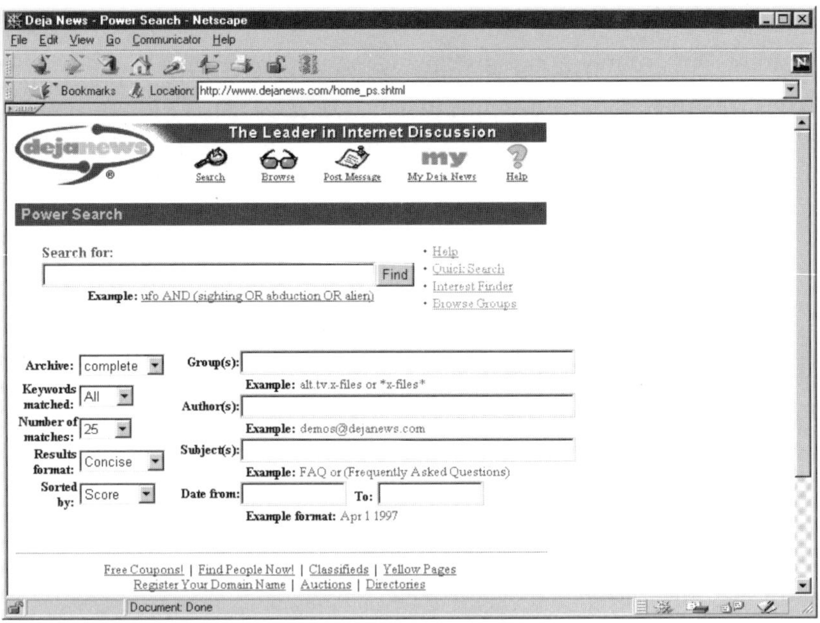

Die Startseite von DejaNews

Doch die Archivierung hat auch Nachteile: Jeder kann jetzt herausfinden, welchen Unfug jemand vor mehr als einem Jahr im Usenet geschrieben hat – z. B. auch der (potentielle) Arbeitgeber dieser Person. Damit sind die manchmal sehr impulsiv verfaßten Usenet-Artikel »öffentlich« im weitesten Sinne des Wortes.

DejaNews – mehr als nur Usenet-Archiv

DejaNews ist weitaus mehr als nur eine einfache Datenbank zur Archivierung der Beiträge im Usenet. Auf der Startseite finden Sie eine Reihe von weiteren Funktionen und Dienstleistungen:

- Klicken Sie auf »Browse«, um Usenet-Newsgroups zu lesen. Sie werden dabei durch eine *Yahoo!*-ähnliche Begriffshierarchie geführt, die Sie zu einer bestimmten Newsgroup bringt. Diese Funktion ist sinnvoll, wenn Sie nur hin und wieder einen Blick in bestimmte Diskussionsgruppen werfen wollen und dafür nicht die etwas unübersichtliche News-Funktion der großen Browser verwenden wollen.
- Klicken Sie auf »Post Message«, um einen Artikel für eine Newsgroup zu schreiben. Damit Sie diese Funktion nutzen können, müssen Sie sich bei DejaNews registrieren lassen.
- Klicken Sie auf »My DejaNews«, um sich registrieren zu lassen und einen personalisierten Service zu nutzen. Mit Hilfe dieses Service können Sie E-Mail senden und empfangen und von Ihnen ausgewählte Newsgroups lesen und daran Artikel absenden.
- Auf der Startseite finden Sie diverse Links zu »Highlights« aus dem Usenet – zum Beispiel Diskussionen zu aktuellen Nachrichten.

Einfache Suche bei DejaNews

Die einfache Suche auf der Startseite weist keine Besonderheiten auf: Geben Sie einfach einen oder mehrere Suchbegriffe ein und klicken Sie auf »Find«.

	Date	Scr	Subject	Newsgroup	Author
1.	98/07/02	041	Windows 98	**pt.mercado**	Warez
2.	98/07/02	041	WINDOWS 98	**pt.mercado.informatic**	Warez
3.	98/07/01	041	Windows 98 + Plus 98	**pt.mercado.informatic**	Warez
4.	98/06/30	041	WINDOWS 98 + PLUS 98	**pt.mercado.informatic**	Warez

Ausschnitt aus einer DejaNews-Ergebnisliste

Die Ergebnisliste enthält den Autorennamen, das Datum und die Betreffzeile sowie die Newsgroup jedes gefundenen Artikels. Sie können den Artikel anzeigen, indem Sie auf die Betreffzeile (»Subject«) klicken.

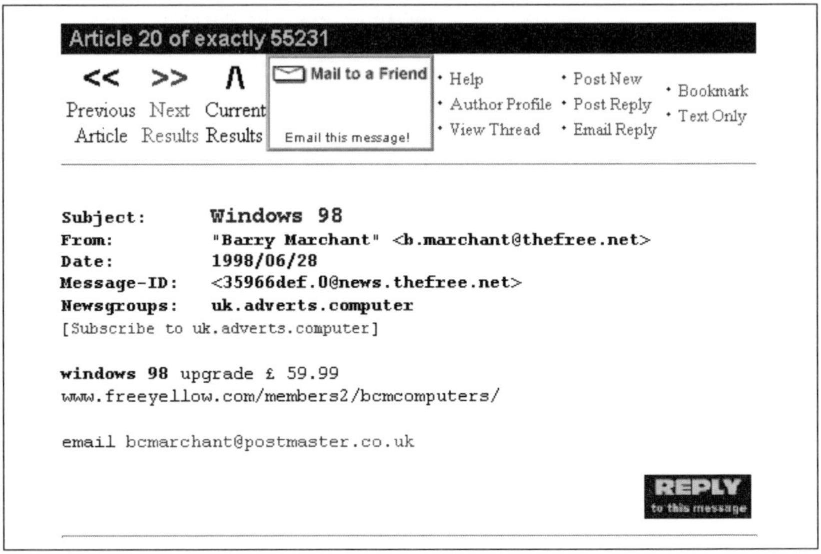

Ein Artikel in DejaNews

Usenet-Artikel lesen und anzeigen

Oberhalb jedes Artikels finden Sie eine Navigationsleiste mit allen wichtigen DejaNews-Funktionen:

- »Previous Article« oder »Previous Results« zeigt entweder den vorherigen Artikel oder den letzten Artikel der vorherigen Ergebnisliste an.
- »Next Article« oder »Next Results« zeigt entweder den nächsten Artikel oder den ersten Artikel der nächsten Ergebnisliste an.
- »Current Results« zeigt die aktuelle Ergebnisliste an.
- »Mail to a Friend« schickt den Artikel an eine beliebige E-Mail-Adresse.
- »Help« zeigt Hilfsinformationen.
- »Author Profile« zeigt eine Übersicht aller Newsgroups, in denen der Autor dieses Artikels außerdem noch Artikel geschrieben hat.
- »View Thread« zeigt eine Übersicht aller Artikel mit diesem Thema – also den ersten Artikel mit diesem Betreff (»Subject«) und alle Antworten darauf sowie eventuelle weitere Antworten auf diese Antworten.

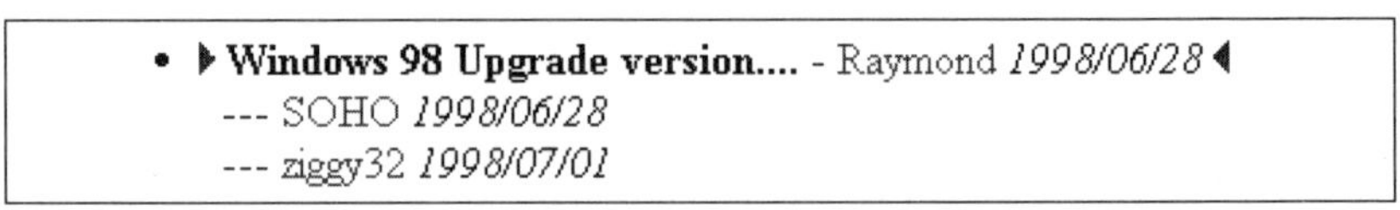

Ein Thread in DejaNews

- »Post New« öffnet ein Formular, in das Sie einen neuen Artikel für diese Newsgroup schreiben können.

- »Post Reply« öffnet ein Formular, in das Sie eine Antwort auf diesen Artikel für die ganze Newsgroup schreiben können.
- »Email Reply« öffnet ein Formular, in das Sie eine Antwort auf diesen Artikel nur an dessen Autor als E-Mail schreiben können.
- »Bookmark« zeigt den Artikel neu an und stattet ihn in der Eingabezeile des Browser mit einer URL aus, die das Einfügen dieses Artikels in die Lesezeichenliste (Netscape Navigator) oder den Favoritenordner (Internet Explorer) ermöglicht.
- »Text Only« zeigt den Artikel im ASCII-Format neu an, so daß Sie diesen Artikel nun markieren und in die Zwischenablage kopieren können.

Im Artikelfenster sehen Sie außerdem die wichtigsten Header-Zeilen dieses Artikels sowie einige spezielle Links für die Verwaltung des Artikels:

- Mit »Subscribe« oder »Unsubscribe« können Sie die aktuelle Newsgroup, in der sich der Artikel befindet, abonnieren oder das Abonnement aufheben. Dies betrifft die Liste der abonnierten Newsgroups, die Sie mit einer personalisierten DejaNews-Oberfläche führen können.
- »More Headers« blendet die nicht angezeigten Header-Zeilen des Artikels ein.
- »Get Previous/Next Segment« zeigt die Teile eines aufgeteilten Artikels an. Sollte ein Artikel größer als 4 Kilobyte sein, verteilt ihn DejaNews auf mehrere WWW-Seiten.

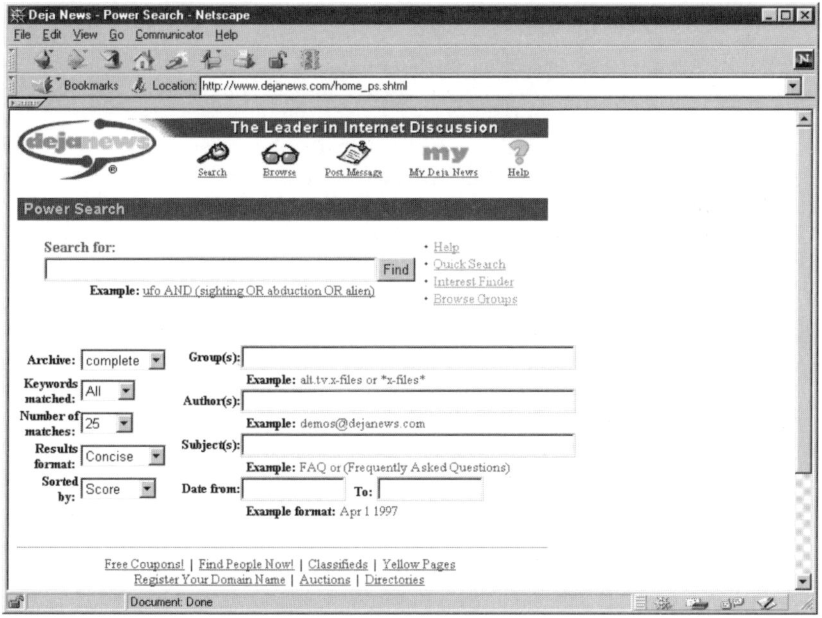

Die erweiterte Suche bei DejaNews

Erweiterte Suche bei DejaNews

Klicken Sie auf der DejaNews-Startseite auf den Link »Power Search«. Damit erreichen Sie die erweiterte Suche von DejaNews. Ihnen stehen dort folgende Suchoptionen zur Verfügung:

Suchkriterium und Operatoren

Geben Sie bei »Search for« ein Suchkriterium aus einem oder mehreren Suchbegriffen an. Es kann auch logische Operatoren enthalten.

DejaNews kennt die Operatoren AND (auch: &), OR (auch: |), AND NOT (auch: &|) und NEAR (auch: ^). Außerdem können Sie durch Anführungszeichen Phrasen markieren, Suchkriterien durch Klammern verschachteln und das Sternchen (*) als Joker-Zeichen benutzen. Als Besonderheit kennt DejaNews geschweifte Klammern, mit denen Sie eine gleichberechtigte Wortfolge angeben, nach denen gesucht wird. Ein Beispiel: *{Buch Buchladen Buchhandel}* werden so gesucht, als ob Sie alle Begriffe mit dem AND-Operator verbunden hätten.

Eine weitere Besonderheit sind die *Kontextoperatoren*, mit denen Sie nach bestimmten Header-Zeilen suchen können. Kontextoperatoren werden durch ein Tildenzeichen eingeleitet und mit einem Buchstaben gekennzeichnet. *~a* sucht nach dem Autor, *~s* sucht nach dem Betreff (subject), *~g* sucht nach der Newsgroup (group) und *~dc* sucht nach dem Datum im Format JJ/MM/TT.

Weitere Suchoptionen

- Bei »Archive« können Sie auswählen, ob das komplette Usenet-Archiv (»complete«) oder nur ein Teil durchsucht werden soll.
- Wählen Sie bei »Keywords matched« den Eintrag »Any«, um eine ODER-Suche mit den Kriterien in den verschiedenen Eingabezeilen auszuführen. Wählen Sie »All«, um eine UND-Suche zu starten.
- »Number of matches« dient der Auswahl der angezeigten Artikel.
- Wählen Sie unter »Results format« das Ausgabeformat: »Concise« erzeugt eine einfache Liste mit einer Zeile pro Treffer, »Detailed« erzeugt eine etwas detailliertere Liste und »Threaded« zeigt die Artikel im hierarchischen Format, so daß Ausgangsartikel und Antworten leichter zu erkennen sind.
- Mit einer Einstellung in der Liste »Sorted by« wählen Sie die Sortierreihenfolge der Ergebnisse.
- Geben Sie bei »Group(s)« Gruppennamen, bei »Author(s)« Autorennamen und bei »Subject(s)« Betreffstichwörter an. Sie können wie beim eigentlichen Suchkriterium logische Operatoren, Klammern, Anführungszeichen und Joker-Zeichen benutzen.
- »Date from/to« dient der Angabe eines Zeitraums, auf den die Suche eingegrenzt werden soll. Ein Datum wird in der Form »MM/TT/JJ« eingeben – also zum Beispiel »06/15/98« für den 15. 6. 98.

Weitere spezialisierte Suchsysteme

URL	Beschreibung
http://www.sozialwiss.uni-hamburg.de/phil/ag/ariadne/	Ariadne sucht nach Angeboten zum Thema Philosophie
http://www.bizlinx.de/	Die BizLinX sind eine Link-Sammlung zum Thema Außenwirtschaft
http://www.buchhandel.de/	Buchhandel sucht nach Büchern
http://builder.cnet.com/	c|net builder.com ist speziell für WWW-Entwickler
http://www.search.com/	c|net search.com sucht nach Suchsystemen
http://www.shopper.com/	c|net shopper.com sucht nach Produkten
http://www.developer.com/	developer.com ist speziell für Programmierer
http://www.ripe.net/	Domains europäisch
http://www.nic.de/	Domains in Deutschland
http://rs.internic.net/	Domains international
http://www.gemm.com	Gemm.com sucht nach Tonträgern
http://us.imdb.com/search/	Internet Movie Database sucht nach Filmen
http://www.medivista.de	MediVista sucht nach Angeboten zum Thema Medizin
http://www.newscan-online.de/	News-Scan sucht in der Online-Presse [s. S. 103]
http://www.paperball.de/	Paperball sucht in der Online-Presse [vgl. S. 107]
http://www.soundz.com/	Soundz sucht nach Angeboten zum Thema Musik
http://wer-weiss-was.de	Wer Weiß Was sucht Fachleute
http://www.zvab.com	ZVAB sucht nach antiquarischen Büchern
http://www.online-recht.de/	Online-Recht ist eine Sammlung von Gerichtsentscheidungen zu rechtlichen Aspekten und Problemen, die sich aus dem Betrieb und der Benutzung von Computernetzen ergeben.

Suche in Bibliotheken und Datenbanken

Anders als noch vor wenigen Jahren können Sie heute in den Bibliothekskatalogen der meisten deutschen Universitäten per Internet recherchieren. Seminarliteratur vom heimischen Arbeitsplatz aus zu suchen und zu bestellen ist bequem und effizient.

Doch nicht nur Studierende können von dieser Möglichkeit profitieren: Jeder, der zu einem bestimmten Thema Literatur sucht, kann die Bibliothekskataloge der Universitäten für eine kostenlose Recherche benutzen. Außerdem leihen viele Universitätsbibliotheken Bücher und Zeitschriftenbände auch an Nicht-Studenten aus.

Zusätzlich stellen einige Dutzend Datenbankanbieter Hunderte von Online-Datenbanken (gegen Bezahlung) für die Recherche zur Verfügung. Fast jede relevante Datenbank ist über das Internet erreichbar. Leider gibt es kaum kostenfreie Datenbanken im Internet, doch Bibliothekskataloge sind ein guter Ersatz. Wer sichergehen will, alle einschlägigen Titel zu finden, recherchiert mit denselben Suchkriterien in mehreren Katalogen.

Bibliotheken im Internet

Die Anzahl der im Internet recherchierbaren Bibliotheken wächst stetig, so daß hier kein vollständiges Angebot aufgeführt werden kann. Daher muß eine Reihe von Verzeichnissen mit weiteren Verweisen auf Bibliothekskataloge und andere Datensammlungen genügen.

Deutsche Datenquellen im Internet

Unter der Adresse *http://www.rz.uni-karlsruhe.de/Outerspace/VirtualLibrary/* finden Sie ein Verzeichnis, in dem die wichtigsten WWW-Angebote der Universitäten und wissenschaftlicher Einrichtungen in einem nach Fachgebieten sortierten Katalog verzeichnet sind.

Sie können dieses Verzeichnis als Einstieg benutzen und sich über die Angebote zu einem wissenschaftlichen Fachgebiet im World Wide Web informieren.

Deutsche Datenquellen im Internet

Wegweiser zu wissenschaftlichen Datenquellen

Eine Reihe von Diensten verschiedener Anbieter aus dem Umfeld der Universitäten und Forschungseinrichtungen erschließen Literatursammlungen, Bibliotheken, Datenbanken und Bibliographien zu verschiedenen Themen:

- Der bibliographische Werkzeugkasten des Hochschulbibliothekszentrums NRW (*http://www.hbz-nrw.de/hbz/toolbox/*) ist eine Sammlung von Links zu allen Themen rund um das Suchen von Literaturverweisen.
- Einige Universitäten und Bibliotheken bieten Link-Sammlungen, die das WWW nach Fachgebieten erschließen:
  - der »Catalog of Object Links« (COOL) der TU Braunschweig (*http://www.biblio.tu-bs.de/CoOL/*),
  - der Fachinformationsführer (*http://www.sub.uni-goettingen.de/f_fachin.htm*) der Uni Göttingen,
  - der Katalog »Fachinformationen im Internet« (*http://www.fh-duesseldorf.de/WWW/DOCS/FB/FHBIB/FINT_index.html*) der FH Düsseldorf,
  - das »Internet-basierte Informationssystem IBIS« (*http://www.hbz-nrw.de/ibis/ibis-tree.html*) des Hochschulbibliothekszentrums NRW.

Deutsche Online-Bibliotheken

Deutsche Online-Bibliotheken

Das Hochschulbibliothekszentrum Nordrhein-Westfalen bietet unter *http://www.hbz-nrw.de/hbz/germlst/* eine Verzeichnis aller deutschen Bibliotheken im Internet an. Weitere Listen mit Links zu Bibliotheken, Katalogen und Datensammlungen sind:

- Eine Liste der Bibliotheken in Deutschland unter: *http://www.swbv.uni-konstanz.de/wwwroot/s22000_d.html.*
- Das Verzeichnis der online abfragbaren Kataloge unter: *http://www.laum.uni-hannover.de/iln/bibliotheken/kataloge.html.*
- Eine Liste mit Verweisen zu Datensammlungen, Verlagen, Zeitungen und weiteren Angeboten: *http://www.wista.de.*
- Eine Auswahl rechtswissenschaftlicher Datenbanken unter: *http://www.bib.uni-mannheim.de/bib/jura/db-verz.shtml.*
- Weitere Server mit Listen von Datensammlungen unter: *http://www.swbv.uni-konstanz.de/.*

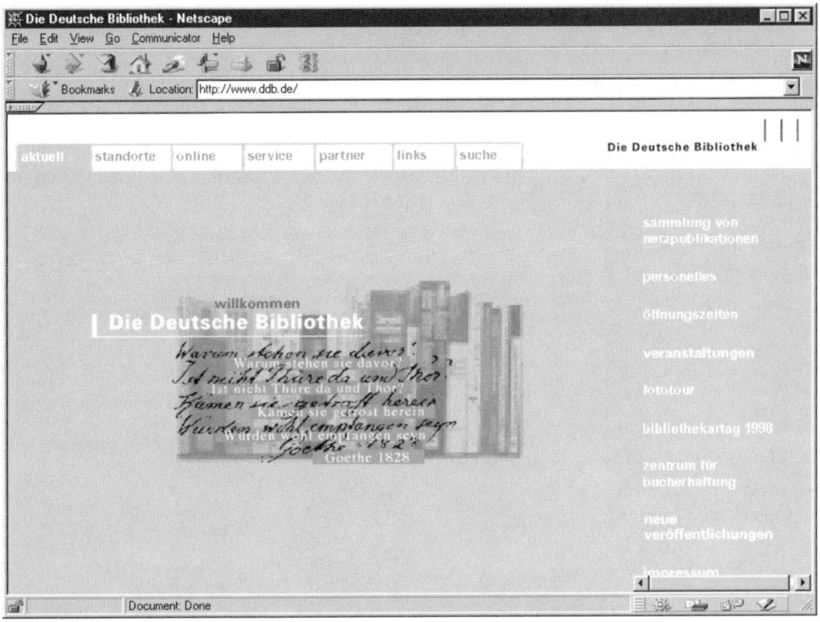

WWW-Server der Deutschen Bibliothek

Bibliotheksverbünde

Einige Bibliotheksverbünde besitzen ebenfalls nützliche Angebote für eine Online-Recherche:

- Die Deutsche Bibliothek ist erreichbar unter *http://www.ddb.de.*
- Das Deutsche Bibliotheksinstitut hat die Adresse *http://www.dbi-berlin.de.*
- Das Hochschulbibliothekszentrum NRW ist unter *http://www.hbz-nrw.de* zu erreichen.
- Der Bibliotheksverbund für Bremen, Hamburg, Mecklenburg-Vorpommern, Niedersachsen, Sachsen-Anhalt, Schleswig-Holstein und Thüringen ist erreichbar unter *http://www.brzn.de/.*
- Der Bibliotheksverbund Südwest ist unter *http://www.swbv.uni-konstanz.de* erreichbar.
- Der bayerische Bibliotheksverbund hat die Adresse *http://www.bib-bvb.de.*
- Der Karlsruher Virtuelle Katalog der deutschen Bibliotheken hat die URL *http://www.ubka.uni-karlsruhe.de/kvk.html.*

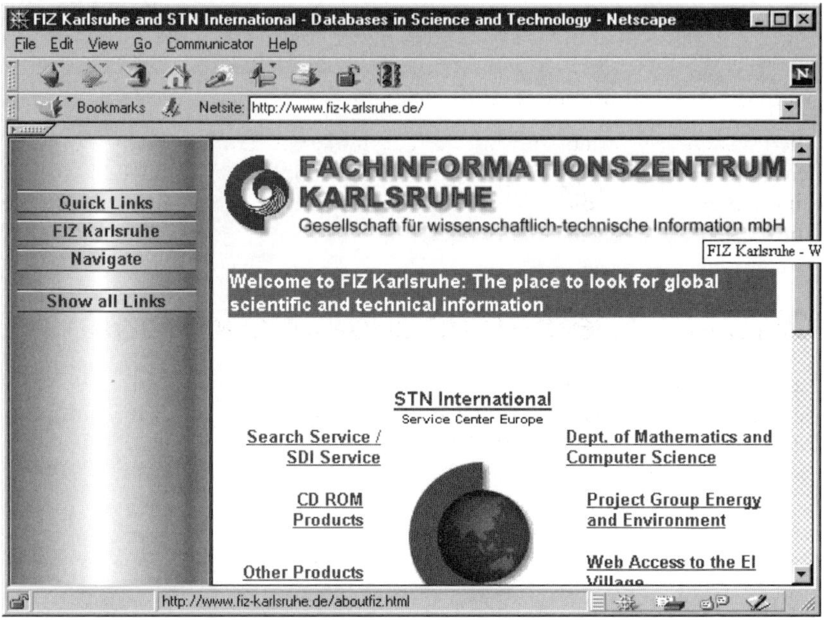

WWW-Server des FIZ Karlsruhe

Informationszentren

Eine Reihe von Fachinformationszentren bieten zu einzelnen Fachgebieten verschiedene Datenbanken und Kataloge an:

- Das Fachinformationszentrum (FIZ) Karlsruhe hat die Adresse *http://www.fiz-karlsruhe.de* und widmet sich den Naturwissenschaften.
- Das FIZ Technik in Frankfurt ist erreichbar unter *http://www.fiz-technik.de*. Es widmet sich allen Themen im Umfeld der Technik und Ingenieurwissenschaften.
- Das FIZ Chemie ist unter *http://www.fiz-chemie.de* erreichbar.
- Das »Deutsche Institut für Medizinische Dokumentation und Information (DIMDI)« ist unter *http://www.dimdi.de* zu erreichen.
- Das Informationszentrum Sozialwissenschaften ist unter *http://www.social-science-gesis.de* im WWW. Dort sind auch das »Zentralarchiv für Empirische Sozialforschung« und das »Zentrum für Umfragen, Methoden und Analysen« (ZUMA) erreichbar.

DFG-Sondersammelgebiete

Neben diesen Fachinformationszentren gibt es noch eine Reihe von Bibliotheken, die im Auftrag der »Deutschen Forschungsgemeinschaft« (DFG) sogenannte »Sondersammelgebiete« pflegen.

Eine Bibliothek mit einem Sondersammelgebiet hat die Aufgabe, neben dem allgemeinen Bestand die gesamte relevante Literatur zu einem bestimmten Wissensgebiet zur Verfügung zu stellen. Diese Schwerpunktbibliotheken sind über das gesamte Bundesgebiet verteilt.

Die meisten von ihnen sind online recherchierbar. Dort können Sie sicher sein, alle einschlägigen Titel zu dem betreffenden Wissensgebiet zu finden. Eine Übersicht über die Bibliotheken mit Sondersammelgebieten finden Sie unter *http://webis.sub.uni-hamburg.de*.

OPAC-Recherche im Bibliothekskatalog

Fast alle Bibliothekskataloge im deutschen Bereich des World Wide Web benutzen eine Software namens OPAC für die Recherche in ihren Datenbeständen. OPAC steht für »Online Public Access Catalogue«, öffentlich zugänglicher Online-Katalog. OPAC gibt es in zwei Varianten: als befehlsbasiertes System, das über das Telnet angesteuert wird, und als WWW-Variante mit Suchformularen. Die Telnet-Variante ist recht kompliziert zu bedienen und wird aus diesem Grund bei immer mehr Bibliotheken durch ein WWW-Suchformular ergänzt. Hier beschränken wir uns auf die Darstellung der Online-Recherche in der Web-basierten Variante des OPAC.

Der Zugriff auf OPAC mittels WWW-Suchformular soll hier ausführlicher am Beispiel der Universitätsbibliothek Köln vorgestellt werden. Leider gestaltet fast jede Bibliothek ihr OPAC-Suchformular auf eigene Art und Weise. Die grundlegenden Recherchemöglichkeiten sind jedoch bei allen WWW-OPAC-Formularen dieselben und können bei jeder beliebigen Bibliothek und sogar beim Telnet-Zugang eingesetzt werden.

Suchkriterien bei OPAC

Ein Suchkriterium ist bei OPAC immer eine Zeichenkette, die die Grundform

Suchfeld=Suchbegriff

hat. Das *Suchfeld* gibt an, welches Feld des Datensatzes (der bibliographischen Angabe) durchsucht werden soll. Der Autor einer Veröffentlichung wird zum Beispiel in dem mit »NA« (für: Name) bezeichneten Suchfeld angeben. Nach dem Autor »Müller« suchen Sie also mit dem Suchkriterium

NA=Müller

Übersicht über alle gültigen Suchfelder

NA	Name
UH	Urheber
TI	Titel
JA	Erscheinungsjahr
SE	Serienangabe
IS	ISBN oder ISSN (International Standard Book Number oder International Standard Serial Number)
SG	Signatur
SO	Standort
ZS	Zeitschriftensignatur
SW	Schlagwort
NT	Notation
NZ	Notation/Zeitschrift

Sie können mehrere Suchkriterien mit folgenden Operatoren verknüpfen:

&	Der UND-Operator, mit dem Sie die Suche eingrenzen
/	Der ODER-Operator, mit dem Sie die Suche erweitern
!	Der NICHT-Operator, mit dem Sie ein Wort ausschließen
=	Gleichsetzung
*	Joker-Zeichen für eine beliebig lange Zeichenfolge
?	Joker-Zeichen für ein einziges Zeichen

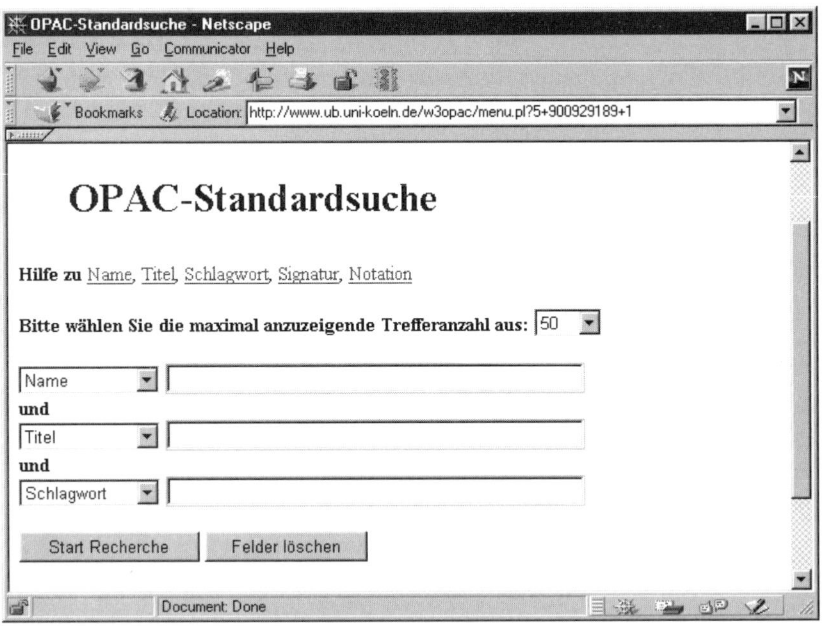

Das Formular für die Standardsuche

Das OPAC-Formular ausfüllen

Der Kölner WWW-OPAC bietet drei verschiedene Suchformulare an, je eines für Standardsuche, erweiterte Suche und freie Suche.

Standardsuche

1. Wählen Sie aus der Aufklappliste die Anzahl der maximalen Treffer aus, die OPAC auf einer Web-Seite darstellen soll.
   Bei der Standardsuche können Sie maximal drei einzelne Suchkriterien in den drei Eingabezeilen unter der Trefferliste eingeben; sie werden durch den UND-Operator verbunden.
2. Wählen Sie aus den Listen links vor dem Eingabefeld das gewünschte Suchfeld aus und schreiben Sie den Suchbegriff in das Eingabefeld.
3. Geben Sie auf die gleiche Weise ggf. den zweiten und dritten Suchbegriff ein.
4. Klicken Sie auf »Start Recherche«.

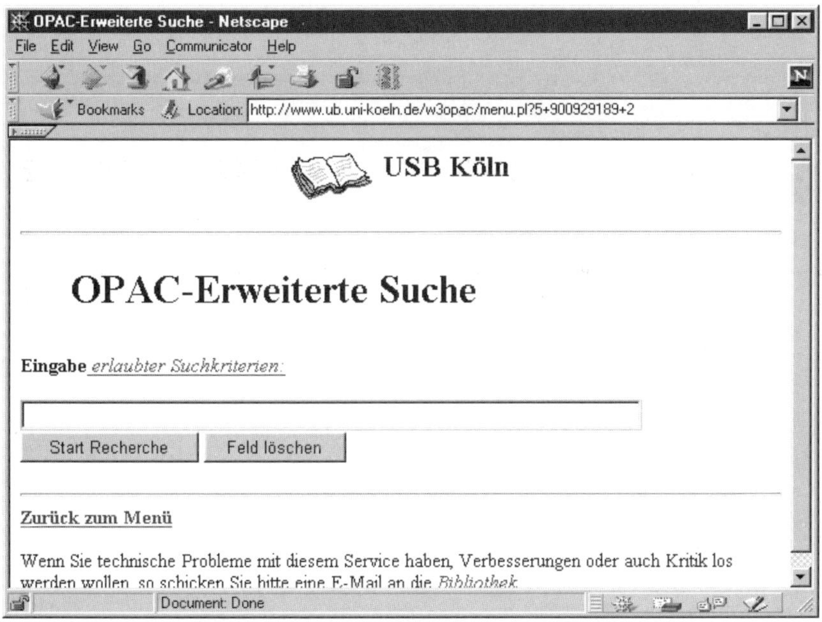

Das Formular für die erweiterte Suche

Erweiterte Suche

Die Standardsuche dürfte in den meisten Fällen ausreichen. Falls Sie mehr als drei verschiedene Suchbegriffe benötigen, können Sie das Formular für die erweiterte Suche benutzen.

Hier geben Sie ein zulässiges OPAC-Suchkriterium in die einzige Eingabezeile ein. Ein Beispiel:

(na=rawls / na=nozik / na=buchanan) & (ti=kritik / ti=theorie)

Gegenüber der Standardsuche haben Sie bei der erweiterten Suche wesentlich mehr Möglichkeiten, da Sie auch ein kompliziertes Suchkriterium eingeben können.

Bedenken Sie aber bitte, daß die meisten Bibliothekskataloge, im Unterschied zu Literaturdaten-Datenbanken, die vorhandenen Bücher mit nur sehr wenigen Schlagwörtern ausstatten, so daß OPAC nicht immer fündig wird.

Außerdem finden Sie in den Bibliothekskatalogen in der Regel keine Zeitschriftenaufsätze. Lediglich einige wenige Bibliotheken bieten Datenbanken ihrer Zeitschriftenbestände zur Recherche nach einzelnen Artikeln an.

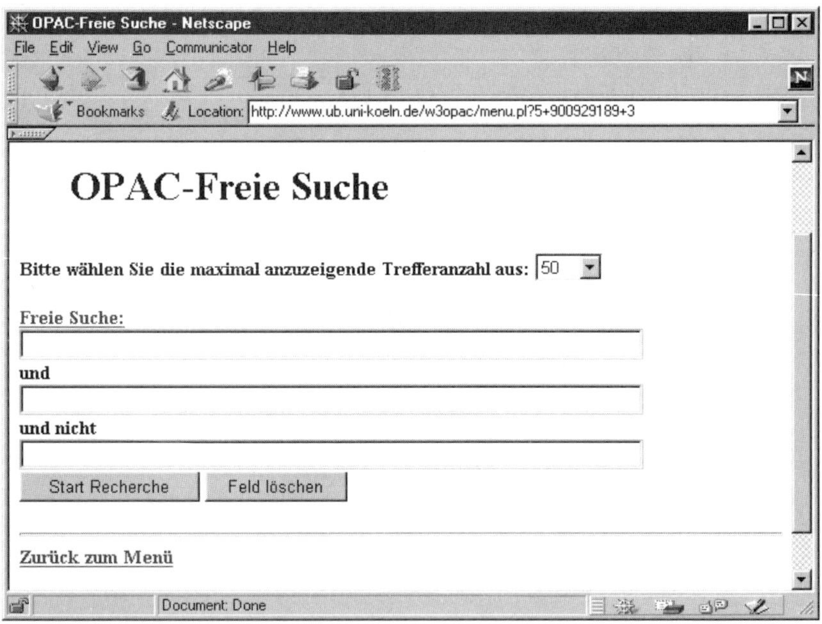

Das Formular für die freie Suche

Freie Suche

Bei der freien Suche im OPAC der Unibibliothek Köln brauchen Sie keine Suchfelder anzugeben. Statt dessen werden die eingegebenen Suchbegriffe in allen Feldern einer Literaturangabe gesucht.

Anzeige der Datensätze

Wenn die Suche erfolgreich war, blendet OPAC eine Liste mit allen gefundenen Werken in den Browser ein. Sie können nun auf das Kürzel vor jeder Fundstelle klicken, um alle Angaben des Datensatzes auf dem Bildschirm zu sehen.

Wer einen gültigen Benutzerausweise der Universitätsbibliothek besitzt, kann das entsprechende Buch auch bestellen: Klicken Sie auf die Signatur, um festzustellen, ob das Buch zur Zeit ausgeliehen ist. Wenn ja, dann können Sie es vormerken lassen, andernfalls können Sie es sofort bestellen.

Das Bestellsystem ist allerdings vom OPAC getrennt, Sie müssen also die Signatur(en) aufschreiben, da Sie sie gesondert ins Bestellsystem eingeben müssen.

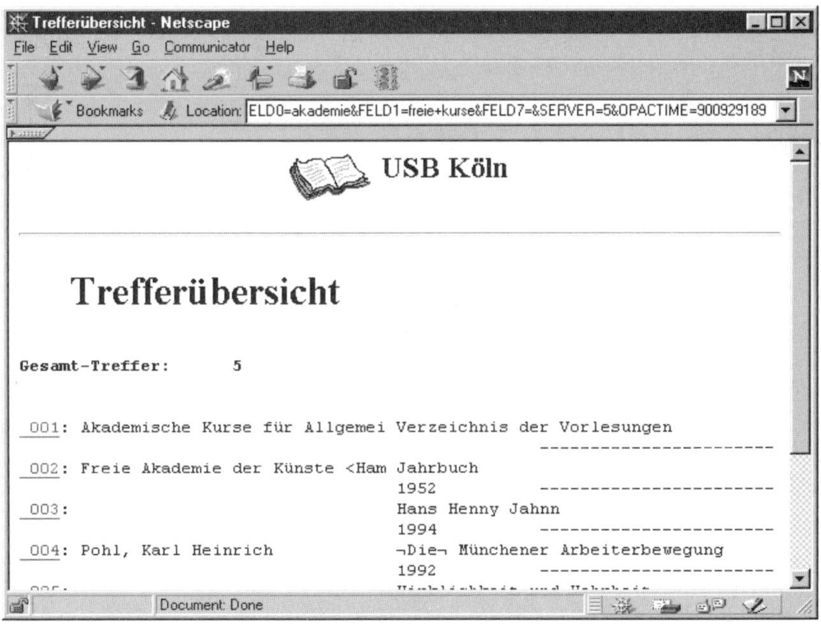

Die Ergebnisliste

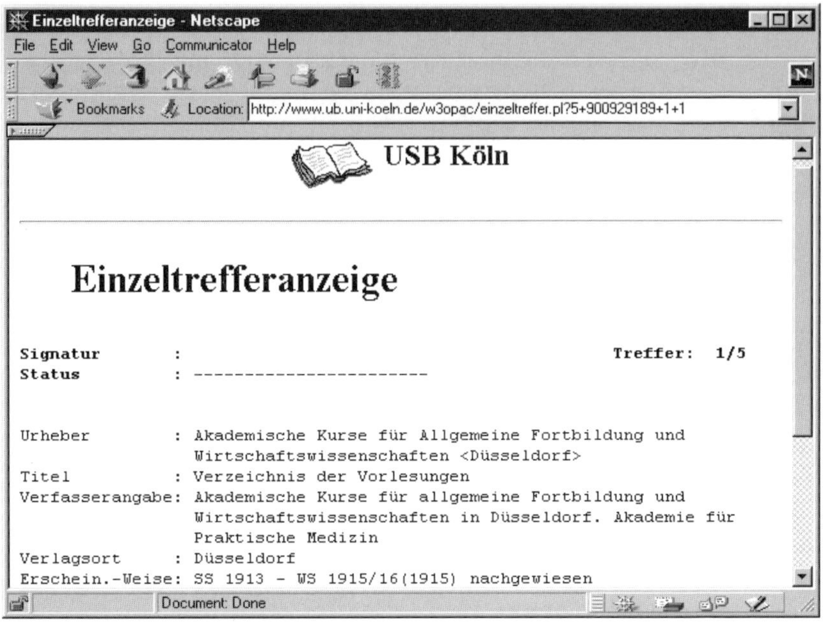

Die Anzeige eines gefundenen Buches

Datenbanken im Internet

Die zahlreichen Online-Bibliothekskataloge haben einen großen Nachteil: In den meisten Fällen sind die Literaturangaben nicht mit Inhaltsangaben (»Abstracts«) ausgestattet, die Ihnen die Beurteilung der Relevanz der Publikation erleichtern. Diesen Luxus bieten nur Online-Datenbanken.

Der Zugriff auf Online-Datenbanken ist jedoch recht teuer. Die hohen Preise für einen Datenbankzugang sind dadurch gerechtfertigt, daß der Personalaufwand für die Auswertung, Eingabe und Verschlagwortung einer Publikation sehr hoch ist; unter Umständen muß sogar noch ein Abstract dazu verfaßt werden.

Viele deutsche und internationale Datenbankanbieter bieten ihren Service auch über das Internet an. Grob geschätzt haben Sie im Internet auf 3 000 »wichtige« Datenbanken Zugriff. Berechnet werden Kosten pro Suche, pro gefundenem Dokument und zum Teil für die Online-Zeit.

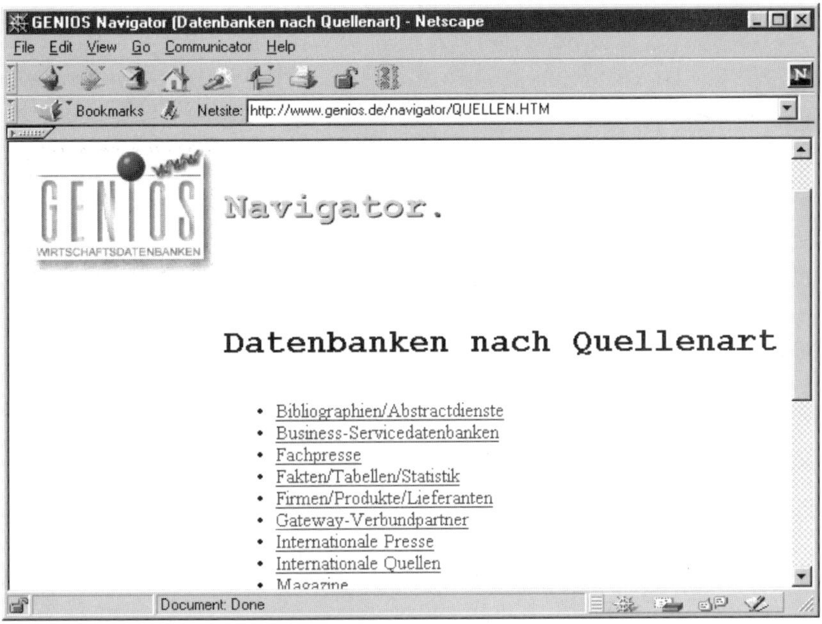

Die Datenbankauswahl von Genios

Leider verlangen einige Anbieter recht hohe Verbindungsgebühren für einen Zugang über Telnet – 200 DM pro Stunde sind nicht ungewöhnlich viel. Die reinen WWW-Zugänge zu Datenbanken sind relativ kostengünstig, bieten aber nicht immer das vollständige Datenbankangebot. Der Zugang erfolgt über eine geschützte Seite, in der Sie einen Benutzernamen und ein Kennwort angeben müssen. Dies erhalten Sie nach Anmeldung über eine Formularseite. Bei GBI wird dafür eine Gebühr von 25 DM fällig. Für Gelegenheitsrechercheure ist diese Datenbank aufgrund dieser relativ hohen Kosten also weniger geeignet.

Datenbankanbieter

Hier eine Liste der WWW-Adressen der wichtigsten Datenbankanbieter:

- *http://www.gbi.de.* Der Schwerpunkt der über 120 GBI-Datenbanken liegt auf Pressearchiven und bibliographischen Datenbanken. Die Preise für ein einzelnes Dokument (Anzeige einer Fundstelle) sind sehr unterschiedlich. Bei Literaturdatenbanken und Zeitungsarchiven liegen sie im Mittel bei 3 DM; für Firmeninformationen werden teilweise über 20 DM fällig.
- *http://www.genios.de.* Das Spezialgebiet der über 300 Genios-Datenbanken sind Wirtschaftsinformationen und Pressearchive. Die Preisstruktur ist ähnlich wie bei GBI: Bei den Pressearchiven kostet ein Dokument zwischen 3,60 DM und 5,40 DM, Firmenadressen kosten zwischen

3 DM und 6,60 DM, Bilanzen und andere Wirtschaftsinformationen kosten zwischen 30 und 78 DM.

- *http://www.fiz-karlsruhe.de.* Das Fachinformationszentrum Karlsruhe ist der deutsche Anbieter der über 200 Datenbanken von »STN International«. Mit Hilfe von STN-Easy (*http://stneasy.fiz-karlsruhe.de/*) können Sie kostengünstig in einigen STN-Datenbanken recherchieren. Die Preise liegen hier für Referenzdatenbanken zwischen 4 und 7 DM pro angezeigtem Dokument. Die Wirtschaftsinformationen sind auch beim FIZ deutlich teurer.
- *http://www.telebase.com.* Ein Teil der über 800 Datenbanken des US-Anbieters »Telebase« ist ebenfalls in »DataStar« und »Dialog« vertreten.
- *http://www.carl.org.* Die »Carl Corporation« gibt Ihnen den Zugriff auf die Inhaltsverzeichnisse von mehr als 70 000 Fachzeitschriften.

Kostenlose Online-Datenbanken im World Wide Web

Die Zahl der kostenlosen bibliographischen Datenbanken im World Wide Web ist begrenzt, da die Produzenten natürlich an ihrer Arbeit verdienen möchten. Zu den kostenlos zugänglichen Datenbanken zählen:

ECONIS – Wirtschaftswissenschaften:
http://www.uni-kiel.de:8080/ifw/zbw/econis.htm

POLDOK – Politikwissenschaft:
http://ibil3.ib.hu-berlin.de/~usawal/

ECHO – Europäische Kommission:
http://www2.echo.lu/echo/en/home.html

MEDLINE – Medizin (engl.):
http://www.healthgate.com/

Statistisches Bundesamt:
http://www.statistik-bund.de/

Eine aktuelle Liste mit kostenlosen Datenbanken finden Sie unter der URL *http://www.bibliothek.uni-regensburg.de/internet/hehl/r4.htm.*

Die Genios-Suchmaske

Suchen bei Genios

Die Suchmasken der verschiedenen Genios-Datenbanken unterscheiden sich in Details; der grundlegende Aufbau ist jedoch immer gleich: Sie können innerhalb des Textes suchen (Feld »Freitext«) und in speziellen Feldern, die jeweils an die Datenbank angepaßt sind – zum Beispiel »Autor« und »Schlagwort« bei Literaturdatenbanken oder »Rubrik« und »Titel« bei Pressearchiven.

In einem Suchfeld können Sie die logischen Operatoren AND, OR oder NOT benutzen. Oberhalb der Suchmaske können Sie auswählen, ob die einzelnen Suchfelder mit dem UND- oder dem ODER-Operator verknüpft werden sollen. Im Unterschied zu Suchsystemen kennt die Suchroutine der Genios-Datenbanken mehrere Joker-Zeichen:

Ein Dollarzeichen ($) findet am Anfang oder am Ende eines Wortes beliebig viele Zeichen. Im Wort verwendet, ersetzt es genau ein Zeichen. Drei Dollarzeichen ($$$) finden beliebig viele Zeichen innerhalb eines Wortes. Ein Punkt ersetzt genau ein oder kein Wort (Beispiel: *Der . Wald* ergibt »Der deutsche Wald«, »Der romantische Wald«). Drei Punkte ersetzen beliebig viele Wörter in einem Satz.

Einige Beispiele für gültige Suchkriterien im Feld »Freitext«:
marktwirtschaft OR marktökonomie OR markttheorie

usa AND deutschland AND aussenamt
$botschaft$ AND papst

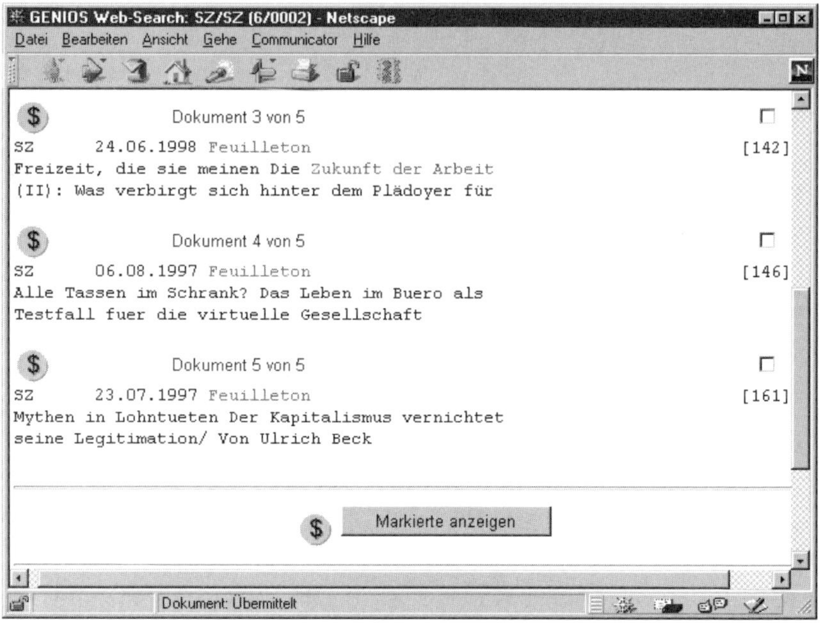

Eine Genios-Ergebnisliste

Klicken Sie auf »Suche starten«, um die Suche auszuführen. Nach kurzer Wartezeit sehen Sie eine Web-Seite mit einer Liste der gefundenen Dokumente. Hinter jedem Dokumenttitel sehen Sie ein Ankreuzkästchen. Aktivieren Sie es durch einen Mausklick, um das jeweilige Dokument für die Anzeige auszuwählen.

Sobald Sie alle Dokumente markiert haben, können Sie auf »Markierte anzeigen« klicken, um eine Web-Seite mit allen gewünschten Dokumenten zu sehen. Diese Liste können Sie nun durch einen Klick auf das Druckersymbol ausdrucken oder mit »Speichern unter« (bzw. »Save As«) im Menü »Datei« (bzw. »File«) Ihres Browsers auf der Festplatte speichern.

Bitte beachten Sie, daß es sich hier vielfach um urheberrechtlich geschützte Texte handelt – Sie dürfen sie nur für eigene Zwecke archivieren. Beim Anzeigen der Dokumente wird der jeweilige Dokumentpreis angegeben und über Ihre Kreditkarte oder Ihre Kontoverbindung abgerechnet.

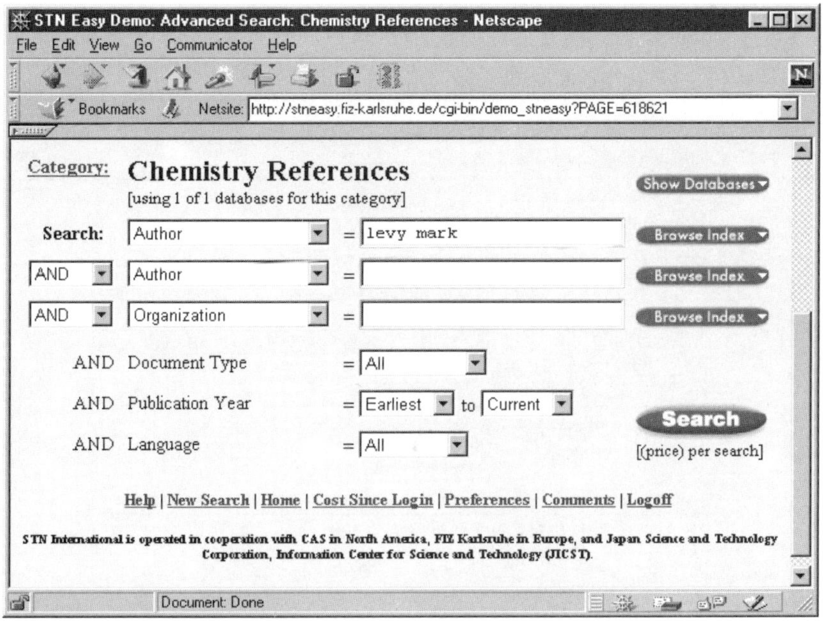

Die Suchmaske von STN-Easy

Suchen bei STN-Easy

STN-Easy bietet zwei verschiedene Suchmasken an, je eine für die einfache und die erweiterte Suche. Bei der einfachen Suche können Sie eine Datenbankkategorie aus einer Liste auswählen und darunter ein Suchkriterium eintragen. Bei der erweiterten Suche haben Sie wesentlich mehr Möglichkeiten: Sie können hier kombiniert nach dem Autor, nach Freitext (»Word(s)«), Dokumenttyp, Erscheinungsjahr und Sprache suchen.

Bei beiden Suchtypen können Sie das Sternchen als Joker-Zeichen verwenden. Die erweiterte Suche unterstützt außerdem noch das Fragezeichen als Joker-Zeichen für einen einzelnen Buchstaben. Logische Operatoren erkennt die einfache Suche nicht. Bei der erweiterten Suche haben Sie jedoch die Möglichkeit, die einzelnen Suchkriterien durch Auswahl der logischen Operatoren AND, OR, NOT und NEAR aus einer Liste zu verknüpfen.

Ein Hinweis: STN-Easy unterstützt bei beiden Suchtypen nicht die Eingabe von logischen Operatoren und Klammern. Wenn Sie eine erweiterte Suche mit diesen Operatoren durchführen möchten, sind Sie auf den recht teuren Vollzugang zu STN über Telnet angewiesen.

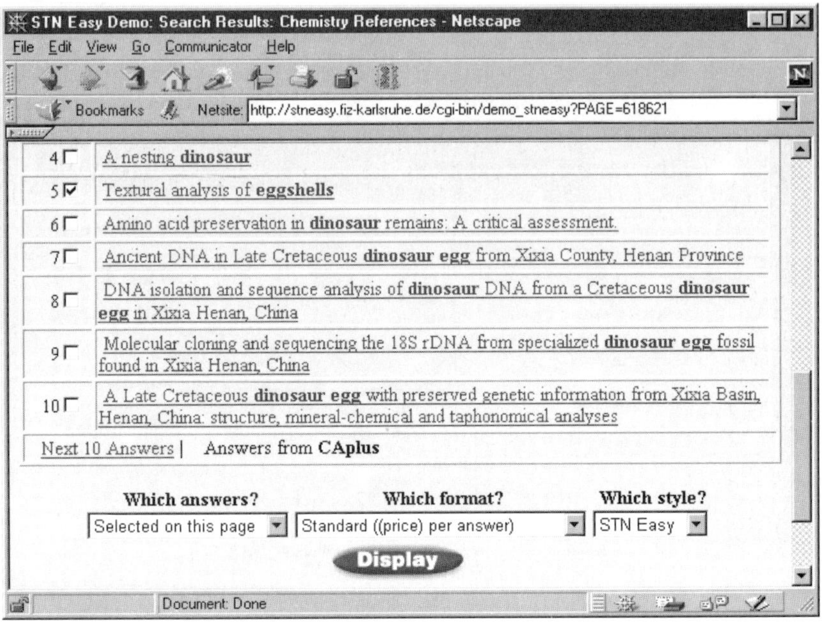

Eine Ergebnisliste von STN-Easy

Eine Suche beginnen Sie durch Anklicken des roten Schaltfeldes »Search«. Nach kurzer Wartezeit erscheint eine Ergebnisliste. Durch Anklicken der Ankreuzkästchen vor den einzelnen Titeln können Sie nun alle gewünschten Dokumente markieren und sich durch einen Klick auf »Display« anzeigen lassen.

Beispielsuche bei GBI

Die Abfragemöglichkeiten von GBI entsprechen etwa denen von Genios. Sie haben hier die Operatoren AND, OR, NOT sowie drei eher seltene Operatoren zur Verfügung, die im folgenden kurz vorgestellt werden:

1. Der Operator ADJ gibt vor, daß die mit ihm verbundenen Suchbegriffe direkt nebeneinander stehen müssen (von englisch »adjacent« = angrenzend, benachbart). Im Ergebnis erhalten Sie eine Phrasensuche. Beispiel: *zukunft ADJ der ADJ arbeit*.
2. Der Operator WITH gibt vor, daß die mit ihm verbundenen Suchbegriffe im selben Satz stehen müssen. »WITH« hat damit eine ähnliche, aber nicht die gleiche Funktion wie der Operator »NEAR«, mit dessen Hilfe Sie auch nahe beieinander stehende Suchbegriffe finden, die nicht in demselben Satz vorkommen.
3. Der Operator SAME gibt vor, daß die mit ihm verbundenen Wörter im selben Datenfeld stehen müssen – zum Beispiel »Autor«.

Die Datenbankauswahl von GBI

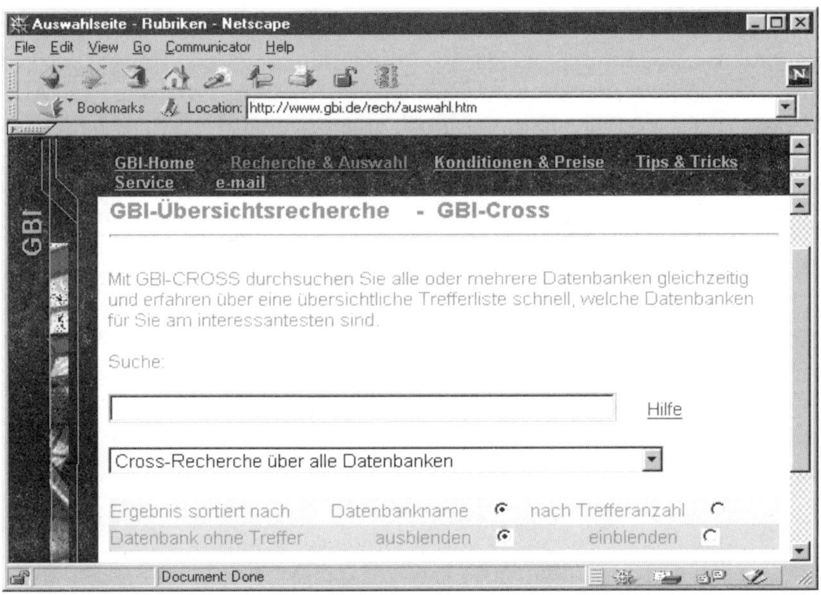

Die Suchmaske für die GBI-Cross-Recherche

Als Joker-Zeichen verwendet die GBI-Suchroutine das Dollarzeichen ($), das die gleiche Funktion wie das bekannte Sternchen hat.

Fischen im Datenmeer

Das Datenmeer im Internet besteht aus 320 Millionen Web-Seiten auf 30 Millionen Rechnern und den Daten auf ungezählten FTP- und Telnet-Servern. Die Suche nach Informationen im Internet kommt manchmal dem Versuch gleich, mit einer Kinderangel einen Fisch, von dem man hofft, daß es ihn gebe, aus der Mitte eines Riesenschwarms zu erhaschen.

Lösungen für die Gegenwart

Eine Reihe komfortabler Hilfsprogramme für das Suchen im Web gibt es bereits heute. Gleichzeitig erlauben sie die Archivierung: Sie können Suchergebnisse und Web-Seiten lokal speichern und jederzeit öffnen.

Metasucher

Die Metasucher für den lokalen Rechner erfüllen dieselbe Aufgabe wie ein Meta-Suchsystem im Netz: Sie fragen eine frei wählbare Zahl von Suchsystemen ab. Im Unterschied zu den Meta-Suchsystemen können Sie die Suchergebnisse speichern und jederzeit ergänzen. Gute Programme sind:

- Copernic 98 (*http://www.copernic.com*) kennt umfangreiche Funktionen zum Indizieren der Suchergebnisse, die Sie jederzeit wieder benutzen können.
- WebFerret (*http://www.ferretsoft.com*) fragt die Suchmaschinen simultan ab. Das Programm ist Freeware.
- WebSeeker *(http://www.ffg.com/seeker/)* ist das beste Suchprogramm, das auch eine Möglichkeit zum Einfügen von eigenen Links besitzt. Damit können Sie Lesezeichenlisten verwalten und jederzeit ergänzen.
- Retrieve It (*http://www.mvpsolutions.com*) ist ein gutes Suchprogramm für den Macintosh.

Suchagenten

Suchagenten können auch als »Offline-Browser« bezeichnet werden. Die Programme erfüllen meistens drei verschiedene Funktionen:

1. Laden einzelner Web-Seiten.
2. Vollständiges Herunterladen einer Web-Site oder eines Ordners mit allen Unterordnern von einem Server.
3. Laden von Web-Seiten anhand eines Suchkriteriums.

Zwei Programme sind für PC-Nutzer interessant:

- WebWhacker (*http://www.ffg.com/whacker/*) lädt automatisch einzelne oder mehrere Seiten oder eine gesamte Web-Site. Das Programm gibt es in einer Windows- und in einer Macintosh-Version.
- NetAttaché (*http://www.tympani.com*) ist ein Suchagent, der sehr viele Möglichkeiten bietet, darunter auch die der Abfrage von Suchsystemen.

Cache-Explorer

Sowohl der Netscape Navigator als auch der Microsoft Internet Explorer verwalten einen eigenen, lokalen Cache (Zwischenspeicher) auf der Festplatte. Er enthält die besuchten Web-Seiten, so daß Sie ihn benutzen können, um Web-Seiten in aller Ruhe offline zu lesen. Leider sind die Dateien im Cache unter recht kryptischen Dateinamen gespeichert. Ein »Cache Explorer« für das jeweilige Browser-Programm ermöglicht eine einigermaßen kostensparende Arbeit im Web: Gehen Sie online, rufen Sie das Web-Angebot auf, klicken Sie sich zügig durch alle Verzweigungen, beenden Sie die Verbindung zum Internet wieder, und lesen Sie dann die Web-Seiten in aller Ruhe mit dem Hilfsprogramm, ohne Telefongebühren zu zahlen.

Unter der URL *http://www.mwso.com/* finden Sie den Cache Explorer für beide Browser. Die beiden Programme stellen den Cache in der von Windows bekannten »Explorer-Ansicht« dar. Sie können sogar den ganzen Pfad eines Web-Angebots einfach darstellen lassen.

Die Zukunft der Suche im Internet

Wie kann man im unstrukturierten Konglomerat der Daten im Internet die gesuchte Information finden? Einige der zur Zeit diskutierten und vorgeschlagenen zukünftigen Suchtechniken im Internet sollen im folgenden angerissen werden.

Die kommerzielle Antwort: Push-Technik und Kanäle

Die übliche Art, im Internet an Informationen zu kommen, wird oft als »Pull« bezeichnet (dt.: ziehen) – jeder Benutzer erkundet selbst das Netz und sucht sich seine eigenen Pfade durch die verknüpften Web-Seiten und -Server. Das Fernsehen dagegen ist eine »Push«-Technik (dt.: schieben, drücken, stoßen) – man braucht es nur einzuschalten, und die Informationen kommen von selbst auf den Bildschirm.

Kurzgefaßt geht es bei der Push-Technik darum, daß jeder Internet-Nutzer bestimmte Web-Angebote abonnieren kann, die automatisch an seinen Rechner geschickt werden. Das können beispielsweise regelmäßig aktualisierte Nachrichten oder Börsenkurse oder auch der Wetterbericht sein. Mit Hilfe seines Browser kann er sie nun bei Bedarf anschauen oder permanent über den Bildschirm flimmern lassen.

Nutzer der Push-Technik können aus einer Zahl an »Kanälen« auswählen, die jeweils unterschiedliche Informationen bringen. Niemand muß mehr mühsam nach Informationen suchen, sie kommen jetzt automatisch ins Browser-Fenster – wie beim Fernsehen. Allerdings ist das Fernsehen (von der Rundfunkgebühr abgesehen) kostenlos, während für Push-Angebote aus dem Internet Provider- und Telefongebühren anfallen.

Zumindest in Deutschland wird sich die Push-Technik voraussichtlich nicht durchsetzen, weil es keine Pauschaltarife für Internet-Zugänge gibt und die Deutsche Telekom durch ihr Monopol bei Ortsgesprächen die Gebühren hoch halten kann.

Doch auch in den Ländern, in denen kostenlos telefoniert werden kann, ist die Push-Euphorie schon wieder ein wenig verpufft: Das Verfahren erinnert zu sehr an das Fernsehen. Vermutlich nutzen die meisten Menschen das Internet als Alternative oder Ergänzung zum Fernsehen. TV-ähnliche Dienste konsumieren sie lieber am Fernsehgerät als am Computer. Mit dem Fernsehen jedoch kann das Internet mangels der erforderlichen Übertragungsgeschwindigkeit noch nicht konkurrieren. Jedes TV-Gerät bringt problemlos Bewegtbilder in Farbe und hoher Auflösung ins Haus und dazu Stereoton, bei einfachster Bedienung.

Die technische Antwort: »Intelligente Agenten«

Unter einem »Intelligenten Agenten« wird eine Software verstanden, die der Anwender mit allen Angaben zu den ihn interessierenden Informationen versieht. Dies können Themengebiete sein, aber auch bestimmte Lieblingsprodukte oder die Namen der Lieblingskünstler, -musiker und -schriftsteller. Der Intelligente Agent durchstreift nun das Netz nach Informationen, die zu diesen Vorgaben passen. Vorläufer solcher Programme gibt es bereits:

- Meta-Suchsysteme sind rudimentäre Agenten: Ihre Anwender müssen nicht mehr mühsam ein halbes Dutzend verschiedener Suchsysteme abfragen, sondern können dies komfortabel von einem einzigen aus erledigen. Dabei muß das Meta-Suchsystem nicht unbedingt ein Internet-Dienst sein, es gibt bereits heute Software, die auf dem heimischen PC läuft und die Suchergebnisse lokal speichert.
- Einen Schritt weiter gehen »News-Agenten« (z. B. »My Yahoo«), die anhand von Suchkriterien die aktuellen Nachrichten filtern. Das Ergebnis ähnelt einer persönlichen Tageszeitung – wer auf den Sportteil verzichten möchte, bekommt ihn gar nicht erst geliefert und erhält statt dessen zum Beispiel ausführliche Kulturnachrichten. Mit einer herkömmlichen Tageszeitung können die News-Agenten allerdings noch nicht konkurrieren.
- Bei Offline-Browsern mit Suchfunktion geben Sie die URLs an, die Sie regelmäßig besuchen möchten. Das Programm lädt nun während einer kurzen Internet-Sitzung alle Seiten der betreffenden Web-Angebote, die Sie dann in Ruhe offline anschauen. Bei Bedarf können Sie auch Suchkriterien angeben, um nur bestimmte Informationen auszuwählen. Bei einem Offline-Browser mit Suchfunktion handelt es sich um eine Art Meta-Sucher, der die gefundenen Seiten archiviert. Auch solche Programme gibt es bereits.

Die systematische Antwort: Universal Decimal Classification

Eine seit über 90 Jahren bewährte und auch in der elektronischen Datenverarbeitung problemlos einsetzbare Systematik allen verfügbaren Wissens gibt es bereits: Die »Universal Decimal Classification« (UDC) der britischen Normierungsbehörde. Sie ist in den Bibliothekswissenschaften ein weithin akzeptierter Standard, da sie ein recht einfaches (und auch in Datenbanken anwendbares) hierarchisch aufgebautes Klassifikationssystem ist.

Einen kurzen Überblick über die UDC findet man unter:
http://www.chem.ualberta.ca/~plambeck/udc/index.htm

Jede Veröffentlichung erhält eine Schlüsselzahl zugewiesen, die sie in einen Bereich der Klassifikation einordnet. Geht es beispielsweise um Anatomie, erhält sie die UDC-Nummer 611. Ist das Thema dagegen Wissenschaftstheorie, lautet die UDC-Nummer 165.

Jede Ziffer in einer UDC-Nummer kennzeichnet ein bestimmtes Wissensgebiet. Die erste Ziffer ist ein Hauptgebiet, z. B. »Angewandte Wissenschaften, Medizin, Technik« mit der Ziffer 6. Die zweite Ziffer kennzeichnet das Fachgebiet. Medizin zum Beispiel trägt die UDC-Nummer 61. Die dritte Ziffer betrifft einen Unterbereich wie beispielsweise Anatomie mit der UDC-Nummer 611.

Die UDC-Nummer eines sehr spezialisierten Fachgebietes kann recht lang werden – der Differenzierung zum Zwecke der genauen Klassifikation des Wissensgebiets ist kaum eine Grenze gesetzt. Die erste Version der UDC von 1905 hatte etwa 33 000 verschiedene Nummern. Inzwischen gibt es mehr als 220 000 verschiedene UDC-Nummern für alle Bereiche des menschlichen Wissens.

Die Zuordnung einer UDC-Nummer zu einem Web-Dokument hat einige Vorteile:

1. Ein Web-Dokument ist mit Hilfe einer UDC-Nummer einem Wissensgebiet bzw. Thema genau zuzuordnen. UDC definiert auch Verfahren für eine »interdisziplinäre« Klassifikation. Damit passen Dokumente, die sich mehreren Themen widmen, ebenfalls in die UDC-Begriffshierarchie.
2. Zu jeder UDC-Nummer gibt es ein klar definiertes Schlagwort, nach dem gesucht werden kann. In Suchsystemen ist somit entweder über das Schlagwort oder über die UDC-Nummer eine exakte Suche möglich. Wer beispielsweise nach Dokumenten zur Nummer 611 sucht, bekommt ausschließlich für die Anatomie relevante Web-Dokumente angezeigt.
3. Mit Hilfe der Hierarchie von UDC lassen sich einheitliche, hierarchisch strukturierte, menübasierte Suchsysteme ähnlich *Yahoo!* aufbauen. Ebenso wären Suchsysteme möglich, die sich auf einen Ausschnitt der UDC-Klassifikation beschränken.
4. Denkbar wäre sogar eine UDC-Hierarchie zum Anklicken und Suchen, die den größten Teil des World Wide Web erschließt. Da in der UDC-Hierarchie die Ziffer 4 nicht definiert ist, wäre sogar eine Erweiterung auf die im World Wide Web immer zahlreicher werdenden Unterhaltungsangebote denkbar.

Die pragmatische Antwort: Metadaten und Dublin Core

Metadaten sind Daten *über* Daten, Informationen *über* eine Information. Auch außerhalb des Internet gibt es Metadaten. So liefert zum Beispiel der Autorenname eine zusätzliche Information über einen Text und erleichtert so dessen Einordnung. Andere Arten von Metadaten sind der Titel des Textes und eine kurze inhaltliche Zusammenfassung (engl.: abstract). Bücher werden oft anhand dieser Informationen ausgewählt: Viele Leser suchen Bücher nach den Namen bekannter Autoren, interessanten Titeln oder Klappentexten aus. Metadaten erleichtern die Suche nach Informationen, die Auswahl relevanter Dokumente und das Finden wichtiger Texte zu einem bestimmten Thema.

Ein Beispiel: Mit Hilfe des HTML-Meta-Tags »Author« wird der Autor eines Dokuments angegeben. Zwar enthalten viele Web-Seiten ihren Autor auch im eigentlichen Text, doch wenn dort viele Namen vorkommen, ist der Autor nicht von anderen erwähnten Personen zu unterscheiden. Systeme, die das Meta-Tag »Author« auswerten, erlauben ihren Benutzern damit die Autorensuche wie in einem Bibliothekskatalog.

Eine wichtige Funktion der Metadaten ist die inhaltliche Erschließung eines Web-Dokuments. Mit Hilfe der Angaben in den Meta-Tags »Keywords« und »Description« ist es beispielsweise möglich, ein Dokument inhaltlich einzuordnen.

Doch leider werden Metadaten bisher eher formal verwendet. Sie gewährleisten nicht, daß ein Dokument auch wirklich zum angegebenen Thema paßt. Abhilfe soll eine Standardisierung auch in inhaltlicher Hinsicht bringen: Im sogenannten »Dublin Core« (*http://purl.oclc.org/metadata/dublin_core/*) ist ein Kernstandard für Metadaten beschrieben. Dabei gibt es auch Regeln für die einheitliche *und* eindeutige Klassifikation eines Dokuments (siehe auch: *http://www.ub.lu.se/tk/metadata/DC-SubElements.html*).

Ein Vorteil des Dublin Core ist seine Flexibilität und Erweiterbarkeit. Er besteht aus 15 grundlegenden »Deskriptoren« wie »Author«, »Title«, »Subject«, »Language« oder »Publisher«. Einzelne Deskriptoren können durch »Subdeskriptoren« erweitert werden. Bei »Author« beispielsweise gibt es unter anderem die Subdeskriptoren »Name«, »Email«, »Phone« und »Fax«.

In diese Form von Metadaten können bestehende und bewährte Klassifikations-Standards leicht integriert werden – sei es nun die UDC, die DDC (Dewey Decimal Classification) oder die LCC (Library of Congress Classification). Der Dublin Core bietet gleichzeitig leichte Lesbarkeit durch Menschen (anhand der im Klartext in einem Dokument zu findenden Meta-Tags), unkomplizierte Auswertung durch Software und Integration von Standards.

Mit Hilfe des Dublin Core können heterogene Dokumente klassifiziert und recherchierbar gemacht werden. Zum Beispiel können sowohl im Web publizierte Texte und Dateien anderer Art (Bilder, Video- und Audio-Clips) erfaßt werden als auch reine Referenzdokumente mit Beschreibungen »physikalischer« Dokumente wie Büchern oder Zeitschriftenartikeln. Der Dublin Core ist noch in der Entwicklung, besitzt jedoch das Potential, zum Klassifikations-Standard des nächsten Jahrtausends zu werden.

Glossar

Absturz
Ein Absturz ist ein ungewollter Programmabbruch, der gewöhnlich durch Fehler in Hard- oder Software auftritt. Abhängig vom Betriebssystem ist es notwendig, entweder das Programm oder das ganze System neu zu starten.

Abfragekriterien
Unter Abfragekriterien versteht man die Verknüpfung verschiedener Suchbegriffe. So kann man die Flut von Treffern eindämmen und genauere Ergebnisse erzielen.

Abfragesyntax
Gliederung der Abfrage mit Hilfe von logischen Operatoren und Klammern.

Account
Account ist der englische Begriff für »Konto«. Bezeichnet die »Zugangsberechtigung« für die Benutzung eines Internet-Zugangs und besteht aus einer Benutzerkennung und einem Kennwort.

Administrator
Der Administrator ist der Systemverwalter eines Computernetzes. Er hat uneingeschränkte Zugriffsrechte.

Adresse
Entweder der eindeutige Name einer Seite im World Wide Web (auch: URL) oder eine E-Mail-Adresse.

ANSI-Zeichensatz
Der ANSI-Zeichensatz ist eine Erweiterung des ASCII-Zeichensatzes durch das »American National Standards Institute« (die Standardisierungsbehörde der USA). Er wird von Windows benutzt und ist nicht deckungsgleich mit dem IBM-Zeichensatz.

API
API steht für »Application Programming Interface«, Schnittstelle für Anwendungsprogrammierung. Eine API ist eine Gruppe von Routinen, die von einem Programm aufgerufen werden können, um bestimmte Aufgaben zu erledigen. Betriebssysteme und Gerätetreiber besitzen eine API, über die sie mit einer Anwendung Daten austauschen können.

Archie
Archie ist ein Suchsystem im Internet, das alle laufend erreichbaren FTP-Server anwählt und die Namen der darauf gespeicherten Dateien in einer Datenbank verwaltet. Der Zugriff auf Archie ist eine gute Möglichkeit, eine Datei im Internet zu finden, wenn man die genaue Bezeichnung der Datei kennt.

Artikel
Ein Artikel ist ein Textbeitrag im Usenet, der einer Newsgroup zugeordnet wird, zu der er thematisch paßt.

ASCII
»American Standard Code for Information Interchange.« Klassische Codierung von Zeichen (Buchstaben, Zahlen, Satzzeichen) in einem Code, der 7 Bit eines Bytes benutzt. Umlaute sind nicht vorgesehen. In amerikanischen Mailboxen und im Internet werden Texte normalerweise im ASCII-Code dargestellt. Aufbauend auf ASCII existieren verschiedene erweiterte Zeichensätze mit nationalen Sonderzeichen, z. B. der ANSI-Zeichensatz.

ATM
ATM steht für »Asynchronous Transfer Mode«, zu deutsch asynchroner Übertragungsmodus. ATM ist eine Übertragungstechnik, mit der sich Daten wie Sprache und Video in Echtzeit übertragen lassen. Die Daten werden dabei in Pakete aufgeteilt, die jeweils 53 Byte umfassen und zwischen allen Knoten eines Netzwerks mit einer Geschwindigkeit im Bereich von 1,5 bis 622 Megabits pro Sekunde (Mbps) übertragen werden. ATM wird derzeit noch vor allem in lokalen Netzwerken verwendet. Auch ISDN basiert auf dem ATM. Durch eine Vereinbarung von fünf europäischen Netzbetreibern wurde ATM praktisch zum Standard.

Attachment
»Anlage«. Bezeichnung für eine Datei, die an eine E-Mail angehängt wird. Sie muß nicht dem SMTP entsprechen, sondern kann in beliebigen Dateiformaten gespeichert sein, wie beispielsweise Word-Dokumente und Excel-Tabellen.

AVI
AVI steht für »Audio Video Interleave«. Ein Multimedia-Dateiformat, ähnlich wie QuickTime und MPEG, mit dem z. B. Video für Windows abgespielt werden kann.

Backbone
Backbone (dt.: Rückgrat) ist der Begriff für ein fest installiertes Leitungsnetz mit hoher Kapazität, an das kleinere Netze angeschlossen sind.

Bandbreite
Eigentlich die Differenz zwischen der niedrigsten und der höchsten Frequenz in Hertz, die auf einem Übertragungskanal möglich ist. Beispiel: Das Telefonnetz hat eine Bandbreite von 3 100 Hertz, da es Frequenzen von 300 bis 3400 Hertz übertragen kann. Im Bereich der Telekommunikation mit dem Computer wird unter Bandbreite die Menge an Daten verstanden, die innerhalb eines bestimmten Zeitraums einen Übertragungskanal passieren kann. Die Bandbreite wird meist in »bits per second« (bps) ausgedrückt und auch als maximale Datenübertragungsrate verstanden.

Baud
Maßeinheit für die Anzahl der Zustandsänderungen (Signale) auf einem Übertragungskanal pro Sekunde. Baud wird oft fälschlicherweise synonym mit bps (Bits pro Sekunde) benutzt. Die beiden Maßeinheiten sind nicht deckungsgleich, da moderne Modems pro Signal vier Bit oder mehr über einen Kanal schicken können. Die Einheit wurde nach einem französischen Ingenieur, Jean-Maurice-Emile Baudot, benannt.

Benutzerkennung
Die Benutzerkennung ist der Name, mit dem sich der Benutzer einem Host gegenüber identifiziert. Dies ist je nach Host der tatsächliche Name, ein selbstgewähltes Pseudonym, eine Abkürzung oder eine automatisch vergebene Kombination aus Buchstaben oder Ziffern.

Benutzeroberfläche
Benutzeroberfläche, auch GUI (engl.: Graphical User Interface), bezeichnet die Bedien- und Anzeigeelemente eines Programms oder Betriebssystems, die dem Anwender die Benutzung ermöglichen.

Betriebssystem
Als Betriebssystem bezeichnet man das Programm, das die Steuerung und Verwaltung aller internen Komponenten und Funktionen eines Computer übernimmt. Auf PCs sind drei Betriebssysteme verbreitet: Unix, Windows/DOS, MacOS. Sogenannte Netzwerk-Betriebssysteme realisieren zusätzlich die Kommunikation zwischen Arbeitsstation und Server. Diese Funktionen sind in aktuellen Betriebssystemen in der Regel integriert.

Bit
Grundeinheit der Informationsverarbeitung mit dem Computer. Ein Bit kann entweder gesetzt oder gelöscht sein. Ein gesetztes Bit besitzt die Information »Ja« oder »Wahr« und wird durch den Zahlenwert 1 symbolisiert. Ein gelöschtes Bit dagegen wird als 0 dargestellt und entspricht »Nein« oder »Falsch«. Bits werden jedoch selten als Informationsträger eingesetzt, sondern in Form eines Bytes aus acht Bits zusammengefaßt. Siehe auch »Byte«.

Bit/s
»bits per second« (bps). Bezeichnet eine Übertragungsgeschwindigkeit. Siehe auch »Baud«, »bps« und »Bandbreite«.

Bookmark
Siehe »Lesezeichen«.

Booten
Bezeichnet den Start des Computers nach dem Einschalten. Dabei führt der Rechner Programme aus, die das eigentliche Betriebssystem laden und starten.

Bounce
Eine wegen fehlerhafter Adressierung an den Absender zurückgesendete (»abgeprallte«) E-Mail.

bps
»bits per second« (bps) ist eine Maßeinheit für die Übertragungsgeschwindigkeit. Dieser Wert ist durch bestimmte technische Verfahren festgelegt. Da das Telefonnetz eine geringe Bandbreite hat und nur wenig mehr als 2 400 Baud verarbeiten kann, müssen mehrere Bits auf einmal übertragen werden, damit die hohen Geschwindigkeiten moderner Modems erreicht werden.

Breitbandnetz
Ein Kommunikationsmedium mit einer sehr großen Bandbreite. Es kann mehrere Signale auf einmal transportieren, indem es die Gesamtbandbreite auf mehrere Kanäle mit geringerer Bandbreite aufteilt. Jeder Kanal eines Breitbandnetzes arbeitet in einem bestimmten Frequenzbereich. Ein Schmalbandnetz dagegen kann nur ein Signal auf einmal verarbeiten.

Browser
»to browse« = schmökern, blättern, umherstreifen. Allgemeine Bezeichnung für ein Programm zum grafischen Zugriff auf das World Wide Web. Die bekanntesten Browser sind Netscape Navigator und Microsoft Internet Explorer.

Byte
Bezeichnung für eine Gruppe aus acht Bit. Ein Byte ist (mit Ausnahmen) die kleinste Einheit der Datenverarbeitung, die eine Information trägt. Da ein Byte aus acht Bits besteht, gibt es also 28 oder 256 mögliche Zahlenwerte, die dieses Byte darstellen kann. Jedem Zahlenwert ist nun ein Zeichen zugeordnet. Wenn das Byte beispielsweise den Wert 67 hat, so entspricht dies dem Zeichen »C«. Mit den acht Bit eines Bytes sind Zahlenwerte zwischen 0 und 255 darstellbar. Je nach Art der Daten kann ein und dasselbe Byte aufgrund seines Zahlenwerts als Textzeichen, als Bildpunkt einer Grafik oder als Computerbefehl interpretiert werden.

Cache
Schneller Zwischenspeicher, der Daten aus dem Arbeitsspeicher oder von der Festplatte aufnimmt und bei Bedarf wieder zur Verfügung stellt. Die Arbeitsgeschwindigkeit wird dabei erhöht, da die im Cache festgehaltenen Daten nicht erneut angefragt werden müssen und der Cache eine wesentlich höhere Zugriffsgeschwindigkeit bietet als der normale Arbeitsspeicher.

Cascading Style Sheets
Eine Sprache zur Definition von Formateigenschaften einzelner HTML-Befehle. Mit ihnen braucht der Web-Designer Formatierungseingaben nur einmal zentral anzugeben, Text und Layoutanweisungen werden wieder voneinander getrennt Sie haben somit eine ähnliche Funktion wie die Druckformatvorlagen vieler Textverarbeitungsprogramme. Cascading Style Sheets gibt es inzwischen in zwei Versionen: Die Version 1.0 entstand 1996, die Version 2.0 wurde im März 1998 bekanntgegeben. Der Microsoft Internet Explorer konnte als erster Cascading Style Sheets interpretieren. In der Version 4.0 interpretiert er einen Teil der CSS-Version 2.0 und einige spezielle, von Microsoft eingeführte Style-Sheet-Angaben. Erst der Netscape Navigator 4.x kann fast den vollen Sprachumfang der CSS-Version 1.0 interpretieren, jedoch nur einen Teil der Befehle der CSS-Version 2.0.

CD-ROM
CD-ROM steht für »Compact Disc Read-Only Memory«. Optische Speicherplatte für maximal 682 MB, auf der gespeicherte Informationen, Daten und Programme abgerufen werden können. Siehe auch »DVD«.

CERN
CERN steht für »Centre Européen de Recherches Nucléaires« (Europäisches Kernforschungszentrum) in Genf, an dem Dr. Tim Berners-Lee 1991 die Grundlage für das World Wide Web, das HTTP, entwickelte.

CGI
CGI steht für »Common Gateway Interface«, zu deutsch »allgemeine Datenaustausch-Schnittstelle«. Bezeichnet eine Schnittstelle, über die WWW-Server Daten mit externen Programmen austauschen können, beispielsweise zum Bearbeiten von Datenbankabfragen.

Charta
Charta ist Usenet-Jargon für die Kurzbeschreibung des Oberthemas einer Newsgroup.

Chat
Mehrere Internet-Teilnehmer können über das sogenannte Internet Relay Chat (IRC) online diskutieren. Dabei wird nicht das gesprochene sondern das »getippte Wort« übertragen. Ein Diskussionsleiter kann Teilnehmer zulassen oder aussperren. Einige Chats finden regelmäßig statt, andere nur zu bestimmten Themen bzw. Ereignissen.

Client
(1) Ein Client ist ein »Dienstenutzer«. Bezeichnung für einen Rechner, der auf einen Server zugreifen muß, um Anwendungen oder Dokumente zu nutzen.
(2) Bezeichnung für ein Spezialprogramm, das auf eine bestimmte Server-Anwendung zugreift, um die angebotenen Dienste zu nutzen. Beispiel: Ein »Front-End« für eine Datenbank-Server-Anwendung. Der Client bietet eine Benutzeroberfläche für die Eingabe, Bearbeitung und Abfrage von Daten an; die eigentliche Arbeit mit den Daten erledigt die Server-Anwendung.
(3) Im Internet wird unter einem Client ein Programm verstanden, das alle Regeln und Verfahren kennt, um auf bestimmte Internet-Dienste zugreifen zu können.

Client-Server
Client-Server ist die Bezeichnung für eine Methode, in einem Netzwerk den Abruf von Daten aller Art auf zwei Programme zu verteilen. Ein Server nimmt Anfragen eines Client entgegen und sendet die Daten über das Netz.

Content-Provider
Content-Provider (wörtlich: Inhaltsanbieter) stellen qualifizierte Inhalte im WWW zur Verfügung. Beispiel hierfür sind Verlage (Zeitschriften, Tageszeitungen). In der derzeitigen Aufbauphase werden Inhalte meist noch unentgeltlich angeboten.

Cookie
Ein Cookie (dt.: Krümel, Keks) ist eine kleine Datei, mit der verfolgt werden kann, welche Web-Seiten ein Nutzer in welchem Ausmaß besucht.

CPS
»Characters per Second«. Maßeinheit für die Nettodatenübertragungsrate in Zeichen (Byte) pro Sekunde.

CPU
»Central Processing Unit«, der Prozessor des Computers.

Cracker
Ein Cracker ist eine unberechtigt in einen Rechner eindringende Person. Wird häufig mit »Hacker« verwechselt.

Crawler
Indizierungsprogramm einer Suchmaschine (siehe auch »Indizierung«).

Crossposting
Crossposting ist Usenet-Jargon für das Verschicken eines Artikels in mehrere Newsgroups. Im Usenet nicht besonders beliebt.

Cyberspace
Cyberspace ist ein Kunstwort aus dem Roman »Neuromancer« des amerikanischen SF-Autors William Gibson, das von »Cybernetics« (Kybernetik) abgeleitet ist. Bezeichnet »die Welt der Computer und die in dieser Welt herrschende Kultur«; mittlerweile wird der Begriff auch synonym für das Internet gebraucht.

Datendurchsatz
Datendurchsatz bezeichnet die Nettodatenübertragungsrate. Bedingt durch die Technik ist der Datendurchsatz bei 14 400 bps nur 1440 cps.

Datenkompression
Eine Technik, um in Datenpaketen redundante Informationen auf ein Minimum zu kürzen und dadurch ihre Größe zu verringern.

Datenübertragungsrate
Die Anzahl der Informationseinheiten pro Zeitabschnitt, die zwischen einem Sender und einem Empfänger übertragen werden. Bei der Arbeit mit einem Modem werden Datenübertragungsraten in Bits pro Sekunde (bps) angegeben. Verbreitet ist auch die Angabe von Zeichen pro Sekunde (cps). Ein »Zeichen« entspricht dabei einem Byte.

Datenverschlüsselung
Die Verschlüsselung von Informationen dient dem Ausschluß Dritter aus einem Kommunikationsprozeß. Das Prinzip der Datenverschlüsselung ist sehr einfach: Zwei Kommunikationspartner vereinbaren eine Regel, Informationen so zu verändern, daß kein Unbefugter den Sinn dieser Informationen erschließen kann.

DE-NIC
DE-NIC steht für »Deutsches Network Information Center«. Es ist am Rechenzentrum der Universität Karlsruhe angesiedelt und hat folgende Aufgaben: Verwaltung der Vergabe von Domains in der Top Level Domain *.de*, Koordination der Vergabe von IP-Adressen und Betrieb des primären Name-Server für die Domain *.de.*

DFÜ
DFÜ steht für »Datenfernübertragung«. Allgemeine deutschsprachige Bezeichnung für Datenübertragung mit einem Modem oder anderen geeigneten Geräten.

DNS
DNS ist die Abkürzung für »Domain Name System«.

Domain Name System
Das Domain-Name-System ist das Benennungsschema für Rechner im Internet. Ein Rechnername ist nach folgendem Prinzip aufgebaut: *hostname.subdomain.domain.top_level_domain* Das gesamte Internet ist in eine Reihe von Bereichen aufgeteilt, die den Namen »Domain« bzw. »Top-Level-Domain« tragen. Beispiele für Top-Level-Domains sind *.com* für kommerzielle Organisationen und Firmen, *.net* für Netzwerkbetreiber und Online-Dienste und standort- bzw. länderorientierte Top-Level-Domains wie *.uk* für Großbritannien oder *.de* für Deutschland.

DOS
DOS steht für »Disk Operating System«, englische Bezeichnung für das Betriebssystem, auf dem Windows 3.x/95 aufbaut.

Download
Download (dt.: Herunterladen) ist der Begriff für die Übertragung von Daten von einem anderen Rechner auf den eigenen Rechner.

Dupe
Dupe ist Usenet-Jargon für einen aufgrund eines Fehlers doppelt auf einem News-Server vorhandenen Artikel.

DVD
DVD steht für »Digital Versatile Disc«, ursprünglich »Digital Video Disc«. Neue optische Speichertechnologie, die die CD-ROM als Speichermedium ablöst. Die Speicherkapazität beträgt 4,7 bzw. bis zu 17 Gigabyte (zweiseitig). Zum Vergleich: Die maximale Kapazität einer CD-ROM beträgt 682 Megabyte.

EFF
EFF steht für »Electronic Frontier Foundation«. Eine US-amerikanische Organisation, die sich den sozialen und rechtlichen Auswirkungen der Telekommunikation mit Computern auf die Gesellschaft widmet.

E-Journal
Auch »E-zine«. Internet-Jargon für eine Zeitschrift, die nur innerhalb des Internet (oder anderer Netze) erscheint.

Electronic Banking
Unter Electronic Banking versteht man die Erledigung von Bankgeschäften per PC und Datenleitung.

Electronic Cash
Electronic Cash ist der Begriff für Zahlungssysteme für Geschäfte in Online-Diensten und dem Internet.

E-Mail
»Electronic Mail«. Elektronische Post direkt an einen bestimmten Benutzer. Über E-Mail können nicht nur Texte, sondern auch Dateien aller Art verschickt werden. Siehe auch »Attachments«.

Emoticon
Emoticon ist ein Kunstwort aus »Emotion« und »Icon«. Mit Emoticons versuchen E-Mail-Nutzer, die Mimik und Gestik eines persönlichen Gesprächs zu nachzuahmen. Dabei wird der Blickwinkel auf die Schriftzeichen im entgegengesetzten Uhrzeigersinn um 90 Grad gedreht. Beispiele:
:-) User ist glücklich.
:-(User ist traurig.
;-) User ist ironisch.
:-O User ist schockiert.

Erweiterungskarte
Fast alle gängigen Rechnertypen sind modular aufgebaut und erlauben den Ausbau mit Hilfe sogenannter Erweiterungskarten. Beispiele für Erweiterungskarten sind: Netzwerk-, Sound- und Video-Karten.

Ethernet
Ethernet ist die gebräuchlichste Technologie für die Verbindung lokaler Netzwerke. Standard ist eine Übertragungsrate von 10 Mbps. »Fast Ethernet« wird üblicherweise in Backbone-Systemen benutzt und gewährleistet Übertragungsraten bis zu 100 Mbps.

FAQ
FAQ steht für »Frequently Asked Questions«. Usenet-Jargon für ein Dokument mit allgemeinen und häufig gestellten Fragen zu einem bestimmten Thema.

Feed
Feed ist Usenet-Jargon für den Host, von dem ein Rechner seine News bezieht.

Finger
Finger ist der Name eines Dienstprogramms für das Internet. Es kann überprüfen, ob ein bestimmter Anwender auf einem Rechner als Benutzer eingetragen und zur Zeit eingeloggt ist.

Firewall

Einem lokalen Rechnernetz vorgeschalteter Rechner, über den Zugriffe auf das Internet laufen. Beispiel: Wenn ein Anwender im lokalen Rechnernetz auf ein Angebot im Internet zugreift, läuft dieser Zugriff über den Firewall-Rechner, der als einziger mit dem Internet verbunden ist. Dieser greift dann auf das Internet zu und lädt die Daten. Firewalls können von Firmen oder Organisationen benutzt werden, um den angeschlossenen Rechnern den Zugang auf das Internet zu erlauben, das Netz aber komplett vor Zugriffen aus dem Internet abzuschirmen.

Flame

Flame ist eine Mitteilung, in der ein/e User/in angemeckert wird, weil er/sie sich wirklich oder vermeintlich danebenbenommen hat. Im Usenet gibt es für Schimpfwütige spezielle **.flame*-Newsgroups.

Followup

Followup ist ein an alle gerichteter Artikel in einer Newsgroup, der auf einen vorhergehenden Artikel antwortet.

Footer

Usenet-Jargon für eine Zeile, die von einem Programm automatisch an das Ende eines Artikels eingefügt wird. Eine Reihe von Newsreadern fügen an jeden Artikel eine Zeile mit dem Programmnamen und der Versionsnummer ein. Ist in den RFC-Dokumenten, die den News-Verkehr regeln, nicht vorgesehen und im Usenet sehr unbeliebt.

Frame

Frame ist ein rechteckiger Teil eines Browser-Fensters, das auch sichtbar bleibt, wenn andere Seiten aufgerufen werden.

Freeware

Freeware ist die Bezeichnung für kostenlose, frei verfügbare Programme, die aber trotzdem urheberrechtlich geschützt sind. Jeder darf sie kopieren und weitergeben, sie dürfen aber üblicherweise nicht verändert werden. Bei einzelnen Freeware-Programmen ist auch der Weiterverkauf verboten.

FTP

FTP steht für »File Transfer Protocol«. Dateien-Übertragungsprotokoll innerhalb des Internet. Dabei müssen Sie FTP starten, sich mit dem Zielrechner verbinden und einloggen. Das geht aber nur, wenn Sie als Benutzer registriert sind. Auf FTP basiert der Internet-Dienst »Anonymous-FTP«. Überall auf der Welt gibt es Rechner (»FTP-Server«) mit frei zugänglichen Bereichen auf der Festplatte, von denen Sie Informationen aller Art, Public-Domain- und Shareware-Programme für verschiedene Betriebssysteme kostenlos laden können, wenn Sie sich als User »Anonymous« einloggen.

Fuzzy

Suchfunktion, die nach ähnlich klingenden Begriffen sucht (Beispiel: Baum – Dateibaum, Baumkuchen, Baumstruktur).

Gateway

Ein Gateway ist die Schnittstelle bzw. der Übergangsrechner zwischen zwei Netzen, die mit unterschiedlicher Software arbeiten.

GIF
GIF steht für »Graphics Interchange Format«, Standardformat neben PNG und JPEG für Pixeldateien.

Gigabyte
Ein Gigabyte entspricht 1024 Megabyte oder 1 073 741 824 Byte.

Gopher
Weltweit verteiltes, hierarchisches, menüorientiertes Informationssystem im Internet, das den Zugang auf textbasierte Informationen aller Art bietet.

Gopherspace
Internet-Jargon für alle mit Gopher erreichbaren Daten.

Hacker
Ein Hacker ist eigentlich ein Software-Entwickler, häufig auch fälschlich benutzt für Personen, die sich unerlaubt Zugang zu Computersystemen verschaffen.

Header
»Briefkopf«. Verwaltungsinformationen, die einem Datenpaket vorausgehen. Sie enthalten in der Regel unter anderem die Quell-, die Zieladresse und Informationen zur Fehlerprüfung. Mail und News besitzen ebenfalls Header, die unter anderem die E-Mail-Adresse des Senders und des Empfängers sowie eine Themenzeile enthalten.

Homepage
Die Homepage ist die Startseite einer Web-Site im WWW. Sie enthält meistens eine Art Inhaltsverzeichnis und verzweigt zu weiteren Seiten.

Host
Host (dt.: Gastgeber), Bezeichnung für Großrechner und Server, an denen Arbeitsstationen (Workstations) angeschlossen sind. Der Host wird im Internet auch »Node« (Knoten) genannt und ist ein mit einem Netz verbundener Rechner, auf den man mit bestimmten Programmen zugreifen und/oder mit dem man (z. B. über Telnet) per Fernsteuerung (Remote Access) arbeiten kann.

HTML
HTML steht für »Hypertext Markup Language«. Seitenbeschreibungssprache für die Darstellung von Seiten im World Wide Web.

HTTP
HTTP steht für »Hypertext Transfer Protocol«. Protokoll für die Übertragung von Informationen im World Wide Web.

HTTP-Server
Siehe »Web-Server«.

Hyperlink
Ein Hyperlink ist ein Querverweis auf einen anderen Text oder einen anderen Textteil, der »aufgelöst« werden kann. Das bedeutet: Ein Mausklick auf einen besonders hervorgehobenen Begriff zeigt Informationen zu diesem Begriff an. Ein Hyperlink kann die Funktionen von »Querverweis« und »Fußnote« übernehmen und außerdem als strukturierendes Element eingesetzt werden.

Hypertext
Nicht-lineare Strukturierung von Text. Im Hypertext sind bestimmte Kernbegriffe markiert und verweisen auf andere Stellen im Hypertext. Diese Verweise können durch einen Mausklick auf den markierten Kernbegriff angezeigt werden.

IAB
IAB steht für »Internet Architecture Board«. Ein technisches Gremium, das sich der Weiterentwicklung der Internet-Protokolle widmet. Es besteht aus zwei Vereinigungen: IETF und IRTF

Icon
Piktogramm, grafisches Symbol.

IETF
»Internet Engineering Task Force«. Die IETF ist eine große, lockere Vereinigung aus Netzwerkexperten, Herstellern, Programmierern und Wissenschaftlern, die das Internet technisch weiterentwickeln.

IMAP
IMAP steht für »Internet Message Access Protocol«. Internet-Protokoll zum Zugriff auf zentrale Mail-Server, die E-Mail für andere Rechner bereithalten – zum Beispiel für solche mit SLIP-Verbindung.

IMHO
»In My Humble Opinion«. Netzjargon. Bedeutet: Meiner bescheidenen Meinung nach.

Indizierung
Indizierung nennt man den Vorgang der Erstellung eines Index einer Suchmaschine. Die Suchmaschine »schickt« Indexer genannte Programme (Spiders, Robots oder Crawler) durch das Internet auf die Suche nach neuen Dokumenten. Diese Dokumente werden auf Stichwörter untersucht und je nach Häufigkeit und Position dieser Wörter gewichtet. Wird nach den Stichwörtern gefragt, durchforstet die Suchmaschine ihren Index.

Intelligenter Agent
Intelligente Agenten sind Suchprogramme, die auf eigene Faust im Auftrag ihres Nutzers das Web durchstreifen. Der Nutzer erstellt ein Profil, an dem sich der Agent orientiert und beispielsweise nach der Lieblingsmusik oder nach Sonderangeboten (BargainFinder) sucht. Der Agent ist lernfähig, das heißt, er erweitert an Hand der Angaben, die er bekommt, das Profil selbständig.

Internet
(1) Allgemein ein Netzwerk, das nicht aus einzelnen Rechnern, sondern aus Netzwerken besteht. In englischen Texten wird »Internet« im allgemeinen Sinne in Kleinbuchstaben geschrieben, um es vom Internet zu unterscheiden.
(2) Ein Rechnernetz, das aus einer Reihe großer internationaler und nationaler Netze sowie einer großen Zahl regionaler und lokaler Netze in aller Welt besteht. Alle Unternetze des Internet benutzen ein einheitliches Adressierungsschema sowie die TCP/IP-Protokolle. Das Internet ist ein weltweites Rechnernetz mit einer Unzahl an Möglichkeiten wie E-Mail, Diskussionsgruppen, Plauderecken, Datenbanken, Online-Publikationen, Online-Spielen, Kommerzangeboten und so weiter.

Intranet
Ein Intranet ist ein internes Netzwerk in Organisationen und Unternehmen auf Basis der Internet-Protokolle, das oft auch zusätzlich mit dem Internet verbunden ist.

IP
Siehe »TCP/IP«.

IP-Adresse
»Internet-Protokoll-Adresse«. Eine 32-Bit-Adresse, die in dezimaler Notation mit Punkten zwischen den Bytes im Klartext angegeben wird.

IRC
»Internet Relay Chat«. Spezieller Dienst im Internet, bei dem sich Personen per Tastatur in Echtzeit unterhalten können. Siehe auch »Chat«.

IRTF
IRTF steht für »Internet Research Task Force«. Vereinigung von Programmierern und Wissenschaftlern, die über Netzwerkprotokolle für das Internet forschen. Siehe auch »IAB«.

ISDN
»Integrated Services Digital Network«. Dienstintegrierendes Digitalnetz. Soll auf lange Sicht das analoge Telefonnetz ersetzen. Bei ISDN gelten die gleichen Takte und Einheitengebühren wie im Telefonnetz. Ein ISDN-Basisanschluß besteht aus zwei Datenkanälen (B-Kanäle) und einem Steuerkanal (D-Kanal). Die Datenübertragungsrate pro B-Kanal ist dauerhaft 64 Kbps. Bei Bündelung der B-Kanäle sind 128 Kbps möglich, beim Primärmultiplexanschluß mit 30 B-Kanälen sogar 2 Megabit/s. Der Aufbau einer ISDN-Verbindung ist wesentlich schneller als im Telefonnetz und dauert nur noch etwa eine Sekunde. Die Klangqualität einer Telefonverbindung ist höher als im analogen Netz. Neben der höheren Geschwindigkeit für Datenkommunikation bietet ISDN außerdem Anwenderdienste wie Rufnummernvorschau, Anklopfen, Anrufweiterleitung, Konferenzschaltungen und die Übertragung von Gebühreninformationen.

ISOC
ISOC steht für »Internet Society«. Eine Non-Profit-Organisation, die sich den Aspekten Technische Entwicklung, Internet-PR und Anwendungsentwicklung widmet. Sie hält eine jährliche Konferenz ab und gibt einen vierteljährlich erscheinenden Newsletter heraus.

ISO-Zeichensatz
Die ISO ist die Genfer »International Standards Organisation« und hat für jedes Land eine eigene Variante des ASCII-Zeichensatzes mit nationalen Sonderzeichen formuliert: den ISO-Zeichensatz.

ISP
ISP steht für Internet-Service-Provider und heißt übersetzt Internet-Dienste-Anbieter. Unter einem ISP, oder auch einfach Provider, wird meist eine Firma verstanden, die Endkunden den Zugang zum Internet anbietet. Präziser heißt ein solcher Dienstleister eigentlich Internet-Access-Provider (Internet-Zugangs-Anbieter).

Java
Java ist eine von Sun Microsystems Inc. ausdrücklich für die Internet-Umgebung entwickelte objektorientierte Programmiersprache.

Joker-Zeichen
Ein Joker-Zeichen (engl.: wildcard) steht für eine beliebig lange Folge von Zeichen. Der bekannteste Joker, das Sternchen »*«, wird bei der Suche nach Dateien oft eingesetzt.

JPEG
JPEG steht für »Joint Photographic Experts Group«, vereinigte Gruppe von Fotoexperten. Standard zur Komprimierung von Standbildern.

Kanal
Kanal (engl.: channel), andere Bezeichnung für Internet-Abos. Per Channel können etwa Nachrichten oder Programm-Updates übertragen werden. Im Usenet bezeichnet »Channel« einen Chatroom.

KB/Kbyte
Abkürzung für »Kilobyte«. 1 Kilobyte = 1024 Bytes.

Kennwort
Zwischen dem Betreiber eines Rechners und dem Benutzer vereinbarter Code, der nur dem Benutzer Zugriff auf den Rechner gewährt. Bei vielen Netzen können Sie kein eigenes Kennwort festlegen, sondern müssen ein vom Systemverwalter erzeugtes benutzen. Falls Sie ein eigenes verwenden: Achten Sie darauf, daß das Kennwort nicht allzu leicht zu erraten ist – die Ziffern Ihres Geburtstages oder der Name des (Ehe-)Partners bieten keinen echten Schutz vor Zugriffen Unbefugter.

Klammeraffe
Klammeraffe oder Affenschaukel ist der deutsche Name für das At-Zeichen »@«. Es bedeutet »bei« oder »am Ort«. Das @ ist Bestandteil jeder E-Mail-Adresse. Vor @ steht jeweils die Kennung des Adressaten (z. B.: »mueller«, »schmidt« oder »hostmaster«), die man als Postfachname ansehen kann. Nach @ steht der »Ort« (Computer, Host), auf dem dieses Postfach verwaltet wird.

Komplexe Suche:
Suche nach mehreren Begriffen, die durch eine Abfragsyntax verknüpft sind.

LAN
LAN steht für »Local Area Network«. Lokale Netzwerke innerhalb eines relativ kleinen geographischen Gebiets.

Lesezeichen
Mit Hilfe eines Browsers läßt sich ein Lesezeichen (engl.: bookmark) anlegen, das die Adresse einer Web-Site speichert. Lesezeichen legt man für häufig besuchte Web-Sites an.

Link
Ein Link (Kurzform von Hyperlink) ist eine Verknüpfung von HTML-Dokumenten. Klicken auf eine solche Hypertext-Verknüpfung führt zu anderen Web-Seiten. Über solchen Stellen ändert sich der Mauszeiger des Browsers in ein Handsymbol. Die Technik ähnelt den Verweisen in Windows-Hilfen. Dadurch wird Surfen im Internet erst möglich.

Login
Anmelden auf einem Host. Üblicherweise bestehend aus einer Benutzerkennung und einem Paßwort.

Logischer Operator
Logische Operatoren, auch oft Boolesche Operatoren genannt, sind Funktionen, mit denen sich Begriffe miteinander verknüpfen lassen (siehe auch: Abfragesyntax). Die wichtigsten sind AND (und), OR (oder), XOR (entweder – oder), NOT (nicht). Außerdem sind relationale Operatoren wie gleich (=) oder ungleich (≠) oder NEAR (nahe, d. h. die Begriff stehen nicht weiter als eine bestimmte Anzahl Wörter voneinander entfernt) gebräuchlich.

Lurker
Bezeichnung für einen Teilnehmer an einem Forum, der nur liest und nicht selber schreibt.

Mailbombing
Mailbombing heißt das Versenden von großen Mengen kontextfreier Daten per E-Mail an eine Person, die im Usenet Verärgerung ausgelöst hat. Verstopft so die Inbox des Betroffenen mit Datenmüll. Selten angewandte, aber härteste Strafe im Usenet.

Mailbox
Mailbox heißt der »Briefkasten«, das Verzeichnis, in dem ankommende Mail landet.

MB/Mbyte
Abkürzung für »Megabyte«. 1 Megabyte = 1024 Kbyte = 1048576 Bytes.

Meta-Suche
Suche mit einer Meta-Suchmaschine. Der Nachteil an einer Meta-Suche ist, daß die Ergebnisse nicht, wie bei einer konventionellen Suche, nach Relevanz geordnet sind. Dafür produziert sie erheblich mehr Treffer, da auf mehrere Indizes zugegriffen wird.

Meta-Suchmaschine
Suchmaschine, die auf die Indizes mehrerer Suchmaschinen zugreift.

MIME
MIME steht für »Multipurpose Internet Mail Extensions«. Erweiterung der textbasierten Internet-E-Mail um Verfahren für den Versand von Binärdateien, Grafik, Video- und Audiodaten oder Faxgrafiken.

Mirror
Mirror ist der Begriff für einen Server, der regelmäßig komplette Datenbestände anderer meist weit entfernter Server kopiert, um Langstreckenverbindungen zu vermeiden und das Internet zu entlasten.

Modem
Modem ist ein Kunstwort aus »Modulator/Demodulator«. Bezeichnung für ein Gerät zum Datenaustausch über eine Telefonleitung. Dabei werden die Daten in Wellenfunktionen »moduliert«, die als Pfeifgeräusche hörbar sind und durch Umwandlung digitaler Daten in analoge Daten und umgekehrt über das Telefon verschickt werden können.

MPEG
MPEG steht für »Moving Pictures Experts Group«, Expertengruppe für bewegte Bilder. Standard zur Komprimierung von Bild- und Toninformationen für Videosequenzen.

MUD
MUD steht für »Multi-User Dungeon«. Textbasierte Rollenspiele im Internet, in denen mit Hilfe von Chats gespielt wird.

Multimedia
Multimedia meint die Integration von Informationen aus verschiedenen Medien wie Standbildern, Video und Audio.

Name-Server
Rechner im Internet, der Adressen nach dem Domain-Name-System in IP-Adressen umwandeln kann. Alle Clients für Internet-Dienste benutzen den nächstgelegenen Name-Server, um die IP-Adresse eines Zielrechners zu ermitteln. Ein Name-Server kann nur Adressen aus seiner näheren Netzumgebung ermitteln. Üblicherweise gibt es pro (geographischer) Domain einen Name-Server, der einen Name-Server der nächsthöheren oder der benachbarten Domain kennt. Für weiter entfernte Rechner wird die Anfrage so lange weitergereicht, bis entweder irgendein Name-Server die Adresse auflösen konnte oder bis ein Name-Server erreicht wird, der einen Teil der Adresse als fehlerhaft oder nicht existierend erkennt. Auf dem Rechner, der auf den ersten Name-Server zugegriffen hat, erscheint im Fehlerfall die Meldung »Could not resolve hostname«. Dies ist ein Zeichen dafür, daß 1. die Adresse falsch geschrieben war oder 2. die Adresse nicht existiert oder 3. Probleme im Netz aufgetaucht sind.

NCSA
NCSA steht für »National Center for Supercomputing Applications«. Institut an der University of Illinois, das den Browser Mosaic entwickelt hat.

Netiquette
Netiquette steht für »Network Etiquette«. Bezeichnung für die geschriebenen und ungeschriebenen Verhaltensregeln im Internet.

Netzwerk-Provider
Network-Provider, auch Netzwerk-Betreiber genannt, stellen Netzwerke zur Verfügung. Dies gilt nicht nur für das Internet, sondern z. B. auch für Firmennetzwerke. Die für ein internationales Netzwerk benötigten Standleitungen werden teilweise bei anderen großen Netzwerk-Betreibern angemietet. Kunden der Netzwerk-Provider sind oft die Internet-Zugangs-Provider. Den Zugangs-Providern wird Netzbandbreite und Datenvolumen verkauft, die diese dann an Endkunden weiterverkaufen.

Newbie
Newbie ist Usenet-Jargon für einen neuen und unerfahrenen Benutzer.

Newsgroup
Newsgroups sind fachliche, wissenschaftliche oder auch unterhaltsame Diskussionsforen nach Themen geordnet. Auch Brett oder Area genannt.

Newsreader
Programm zum Lesen von News. Usenet-Jargon für ein Programm (Client), das die Artikel auf einem Server für Netnews darstellen kann. Beispiele: tin, Trumpet Newsreader, Free Agent.

NFS
NFS steht für »Network File System«. Ein Protokoll, das von Sun Microsystems entwickelt wurde. Es erlaubt den Zugriff auf Dateien im Netz, als ob sie auf einer lokalen Festplatte gespeichert wären.

NNTP
»Network News Transport Protocol«. Protokoll für den Austausch von News-Artikeln zwischen Rechnern im Internet.

Offline
Siehe »Online«.

Offline-Reader
Offline-Reader ist die Bezeichnung für ein Programm, mit dem bestimmte Aufgaben (Schreiben von E-Mail oder Artikeln) ohne Verbindung zu einer Mailbox oder einem Online-Dienst erledigt werden können. Der Offline-Reader überträgt Mail/Artikel automatisch und lädt neu eingegangene Post und Artikel.

Online
Nach dem Login ist ein Computer in Echtzeit in ein Netz eingebunden, der Computer ist »erreichbar«. Wird die Verbindung getrennt, ist der Rechner »offline«.

Online-Archiv
Archiv, auf das über das Internet zugegriffen werden kann.

Online-Datenbank
Datenbank, auf die über das Internet zugegriffen werden kann.

Online-Dienst
Online-Dienste sind kommerzielle Dienstleister, die auf einem geschlossenen Rechnerverbund mit zentraler Leitung verschiedene Dienstleistungen wie E-Mail anbieten.

Operator
Siehe »Logischer Operator«.

Paßwort
Kennwort oder Identifikation. Geheimes Wort um sich bei einem Computer, einem Netz, einem Dienst (z. B. E-Mail) oder im Internet anzumelden. Es verhindert den Zugang von unberechtigten Personen.

Packprogramm
Ein Packprogramm ist ein Programm zur Kompression von Daten. Mit verschiedenen Kompressionsverfahren läßt sich das Datenvolumen bei gleichem Informationsgehalt reduzieren: Bekannt ist das ZIP-Format, mit dem häufig im Internet Shareware-Programme angeboten werden; Modems arbeiten mit Protokollen, die Daten komprimiert übertragen; für Grafiken werden oft die Formate GIF oder TIFF verwendet; für Videodaten z. B. das MPEG-Format.

Performance
»Leistung« eines Rechners. Je mehr Operationen (Anwendungen) innerhalb einer bestimmten Zeit durchgeführt werden können, desto besser ist die Performance. Zwischen der objektiv meßbaren Performance und der empfundenen Leistung eines Rechners muß kein direkter Zusammenhang bestehen.

PIN
»Persönliche Identifikationsnummer«, die bei Geldautomaten und beim Home-Banking den Benutzer legitimiert.

Ping
Ping ist der Name eines Dienstprogramms für das Internet. Es kann überprüfen, ob ein Rechner mit dem Netz verbunden ist. Der Befehl wird üblicherweise eingesetzt, um die Verbindung zu einem Server zu überprüfen.

Plug&Play
Plug&Play (dt.: einbauen und loslegen) ist eine Marketingslogan der Firma Microsoft. Damit ist gemeint, daß sich einige Erweiterungskarten für den PC problemlos installieren und in Betrieb nehmen lassen.

Plugin
Ein Plugin ist eine Erweiterung für einen WWW-Browser, die bestimmte, nicht im HTML-Standard vorgesehene Daten darstellen kann, wie beispielsweise RealAudio.

POP
(1) »Point of Presence«, Einwahlknoten zum Internet. Internet-Provider bieten Anschlüsse an mehrere über eine Region verteilte POPs an.
(2) »Post Office Protocol«. Protokoll zum Zugriff auf zentrale Mail-Server, die E-Mail für andere Rechner bereithalten – zum Beispiel für Rechner mit SLIP-Verbindung. Es existieren die Versionen POP, POP2 und POP3, die nicht untereinander kompatibel sind.

Poster
Poster ist Usenet-Jargon für den Absender eines Artikels in eine Newsgroup.

Posting
Usenet-Jargon für das Versenden eines Artikels in eine Newsgroup.

Postmaster
Der Postmaster ist der Verwalter eines Rechners im Internet, der für den Mail- und oft auch den News-Verkehr zuständig ist. Bei Problemen mit E-Mail oder News wirkt ein Brief an *postmaster@Host.Domain.xx* oft Wunder. Dies gilt zum Beispiel für Beschwerden über Ketten- oder Werbebriefe von bestimmten Benutzern eines Rechners.

PPP
PPP steht für »Point to Point Protocol«, ein Übertragungsprotokoll im Internet, das für Modem-Verbindungen benutzt wird. Microsoft benutzt dieses Protokoll auch für Modem-Verbindungen zwischen zwei Rechnern mit Windows 95.

Protokoll
Ein Protokoll ist ein Verfahren zur kontrollierten Übermittlung von Daten. Die Daten werden meist in Blöcke zerlegt und um Prüfsummen ergänzt. Fehlerhafte Blöcke werden automatisch neu übertragen, ohne daß der Benutzer etwas davon merkt. Bei hoher Fehlerhäufigkeit wird meist die Blockgröße verkleinert. Beispiele für derart fehlergesicherte Protokolle sind XModem, ZModem oder V.42. Ungesicherte Protokolle dürfen nur bei Verbindungen verwendet werden, die auf andere Weise fehlergesichert sind.

Provider
Provider ist die Bezeichnung für einen Dienstleister, der einen Zugang zum Internet anbietet.

Proxy-Server
Ein Proxy-Server ist ein spezieller Rechner in einem lokalen TCP/IP-Netzwerk, der Daten zwischenspeichert, die bereits aus dem Internet abgerufen wurden. Beispiel: Ein Abruf von Seiten aus dem World Wide Web geht zunächst über den Proxy-Server. Findet die Proxy-Software die angeforderte Seite in ihrem eigenen Datenbestand, wird die Seite vom Proxy-Server an den WWW-Client geschickt. Findet die Proxy-Software die Seite nicht, fordert sie sie beim WWW-Server an, speichert sie im eigenen Datenbestand und schickt sie an den WWW-Client. Proxy-Server sind ein praktikables Mittel, einerseits die Netzbelastung und andererseits die Kosten für Datenkontingente zu minimieren.

Prozessor
Anderer Begriff für »Central Processing Unit« (CPU).

Public-Domain
Public-Domain ist kostenlos verteilte Software, die ohne Entgelt genutzt werden kann. Wird auch als »Freeware« bezeichnet.

Quote
Ein Quote ist ein Zitat oder das Zitieren aus einem Artikel. Jede zitierte Zeile wird üblicherweise mit einem »>« eingeleitet. Überflüssige und umfangreiche Zitate sollten vermieden werden.

RAM
RAM steht für »Random Access Memory«, der Arbeitsspeicher eines Rechners.

Readme-Datei
Readme-Datei heißt wörtlich: »Lies-mich-Datei«. Textdatei, die wichtige Informationen zu einem Programm enthält.

RealAudio
RealAudio ist ein Verfahren zur Echtzeit-Übertragung von Audiodaten über das Internet. Wird unter anderem von »Radiosendern« im Internet benutzt.

RealVideo
RealVideo ist ein Verfahren zur Echtzeit-Übertragung von Videodaten über das Internet. Wird unter anderem von »Fernsehsendern« im Internet benutzt.

Reply
Antwort auf eine Mail oder einen Artikel per E-Mail. In vielen Fällen wünschen die Poster von Artikeln eine Antwort per Mail.

RFC
RFC steht für »Request For Comment«, zu deutsch »Bitte um Stellungnahme«. Serie aus mittlerweile über 2 000 Dokumenten, deren erstes 1969 erschienen ist. Die RFCs beschreiben sämtliche Internet-Protokolle sowie Standards, Verfahren, Algorithmen, Regeln und Strategien der Kommunikations- und Netzwerktechnik. Ein RFC ist nur eine Empfehlung und wird nicht von einem förmlichen Gremium beschlossen. Er ist durch die Veröffentlichung im Internet zur Umsetzung in Hardware und Software freigegeben. Standards, die in RFCs formuliert wurden, haben sich üblicherweise in kürzester Zeit durchgesetzt.

Robot
Indizierungsprogramm einer Suchmaschine (siehe auch »Indizierung«).

ROT13
ROT13 ist ein nicht datensicheres Verfahren, um ASCII-Texte zu kodieren. Die 26 Buchstaben des lateinischen Alphabets werden in einem Kreis angeordnet und um jeweils einen Halbkreis, also 13 Stellen, versetzt, so daß das A auf das N, das B auf das O, das N auf das A abgebildet wird usw. ROT13 wird oft bei Artikeln mit zweifelhaftem Inhalt verwendet, damit ein Leser den Artikel erst dekodieren muß und ihn nicht »aus Versehen« lesen kann.

Router
Ein Router ist ein Internet-Rechner, der am Aufbau einer Verbindung im Internet beteiligt ist. Er hat Verbindung zu den sogenannten Gateways und hat über diese Zugang zu mehreren Subnetzen und anderen Routern. Der Router ermittelt anhand der IP-Adresse, in welches Subnetz oder an welchen anderen Router er die Daten senden muß. Er entscheidet, welcher Weg für die Daten der günstigste ist.

Schmalbandnetz
Siehe »Breitbandnetz«.

Schrittgeschwindigkeit
Anzahl der Signalwechsel pro Sekunde, die eine Kabelstrecke ohne elektrische Störungen ermöglicht. Die Schrittgeschwindigkeit wird in Baud gemessen. Beim Telefonnetz liegt sie bei maximal 3000 Baud. Teilnetze mit älteren Kabelstrecken erlauben teilweise weniger als 1200 Baud.

Server
(1) »Diensteanbieter«. Bezeichnung für einen Rechner, der Anwendungen und Dokumente bereithält, auf die angeschlossene Rechner (Client) zugreifen können.
(2) Bezeichnung für ein Programm, das bestimmte Dienste anbietet, auf die mit Hilfe von speziell auf den Server angepaßten Anwendungen zugegriffen werden kann (Client). Beispiel: Eine Datenbank-Anwendung, die die Daten speichert und Möglichkeiten zur Abfrage der Daten anbietet.
(3) Im Internet wird unter einem Server ein Programm verstanden, das alle Regeln und Verfahren kennt, um bestimmte Internet-Dienste anbieten zu können.

SGML
SGML steht für »Standard Generalized Markup Language«, ein Regelwerk zur Definition von Auszeichnungssprachen für Dokumente. Eine Auszeichnungssprache besteht aus »Tags« (Marken), mit denen bestimmte Strukturelemente eines Dokuments eindeutig und Rechner- sowie Software-unabhängig gekennzeichnet werden. Ein Beispiel für ein mit SGML-definiertes »Tag« wäre *<ÜBERSCHRIFT> Dies ist eine Überschrift. </ÜBERSCHRIFT>*. Ein derart ausgezeichnetes Dokument kann mit Hilfe von SGML-Interpretern auf beliebigen Geräten dargestellt werden. SGML-Auszeichnungssprachen sind ein Versuch, eine geräteunabhängige Darstellung von Dokumenten zu schaffen. Die Dateiformate von Textprogrammen dagegen sind proprietäre Lösungen, die bestimmte Rechner und eine bestimmte Software unbedingt zur Darstellung des Dokuments erfordern. SGML selbst ist keine Auszeichnungssprache, sondern eine generelle »Grammatik«, aus der eine Auszeichnungssprache (eine konkrete Grammatik) mit Hilfe einer »Document Type Definition« (DTD) abgeleitet wird. Die bekannteste DTD ist HTML.

Shareware
Shareware ist Software, die gegen geringe Nutzungsgebühr vertrieben wird. Siehe auch »Freeware«.

Shell-Account
Ein Shell-Account ist eine Zugangsberechtigung auf einen Rechner, die die Arbeit auf Betriebssystemebene erlaubt.

Signatur
Ein paar Zeilen Text, die unter einen Artikel im Usenet oder eine E-Mail gesetzt werden. Üblicherweise stehen dort Name, Beruf, Adresse(n), Telefon, Fax, E-Mail des Autors sowie ein lockerer Spruch. Eine Signatur sollte nicht länger als 4 Zeilen sein.

SLIP
SLIP steht für »Serial Line Internet Protocol«. Ein Übertragungsprotokoll im Internet, das für Modem-Verbindungen benutzt wird.

Smiley
Siehe »Emoticons«.

SMTP
SMTP steht für »Simple Mail Transport Protocol«. Internet-Protokoll für den Austausch von E-Mail zwischen Rechnern.

SNMP
SNMP steht für »Simple Network Management Protocol«. Protokoll zum Warten von Rechnern über ein Netzwerk.

Spam
Usenet-Jargon für einen Artikel, der einzeln oder per Crossposting in mehrere hundert oder tausend News-Gruppen abgeschickt wird.

Spider
Indizierungsprogramm einer Suchmaschine (siehe auch »Indizierung«).

Suchsysteme
Suchsysteme ist die Bezeichnung für einen Dienst in einem Netzwerk, der die Orientierung in einem großen Datenbestand erleichtert. Grob werden menübasierte und abfragebasierte Suchsysteme unterschieden. Ein menübasiertes Suchsystem, auch »Katalog« genannt, strukturiert Informationen in einem hierarchischen »Baum« aus Begriffen und Unterbegriffen. Eine bestimmte Information wird durch Wahl eines »Pfades« in der Begriffshierarchie gefunden. Beispiel: *Kunst > Musik > Soul > Motown > Stevie Wonder > Biographie.* Die Tiefe der Begriffshierarchie hängt dabei von der Menge der zu stukturierenden Daten ab. Ein abfragebasiertes Suchsystem (»Suchmaschine«) strukturiert Informationen durch Einsortierung bestimmter Schlüsselbegriffe in eine Verweisdatenbank (Index). Eine bestimmte Information wird durch die Angabe eines Suchbegriffes gefunden. Das Suchsystem stellt Informationen zur Verfügung, auf die der Suchbegriff im Index verweist.

Surfen
Surfen ist das gezielte, mitunter auch planlose Folgen von Links im WWW.

Systemdatei
Eine Systemdatei ist eine bei einigen Betriebssystemen benutzte Datei, in der zum Start nötige Informationen und Einstellungen enthalten sind und die niemals gelöscht werden darf. Beispiel: die autoexec.bat-Datei von Windows.

TCP/IP
TCP/IP steht für »Transmission Control Protocol/Internet Protocol«. Oberbegriff für eine Reihe von Protokollen, mit deren Hilfe Rechnerverbindungen im Internet organisiert sind.

Telnet
Telnet ist der Name für ein Protokoll und das Programm, das dieses Protokoll nutzt. Sie können damit die Ressourcen von anderen Rechnern online nutzen. Üblicherweise benötigen Sie dafür eine Benutzerkennung auf dem Zielrechner. Doch auch ohne diese können Sie mit Telnet eine Reihe von Aufgaben erfüllen. Viele Rechner bieten per Telnet den Zugriff auf Online-Datenbanken wie beispielsweise Bibliothekskataloge an.

Terminal
Bedieneinheit eines Rechners. Ein Terminal ist eine Kombination aus Monitor und Tastatur ohne eigene Rechenkapazitäten, ohne Massenspeicher und lediglich soviel Hauptspeicher, um den Bildschirminhalt darzustellen.

Thread
Thread (dt.: Faden) ist die Bezeichnung für eine Gruppe von Artikeln, die die gleiche Themenzeile besitzen. Zu einem Thread gehören der erste Artikel und der gesamte Followup.

Tools
»Werkzeuge«, meist kleinere Programme die für ganz bestimmte Aufgaben erstellt wurden. Z. B. Programme, um im Textdateien ein bestimmtes Wort durch ein anderes zu ersetzen, um Systeminformationen abzurufen oder um größere Dateien auf Diskettengröße zu zerstückeln.

Traffic
Traffic (dt.: Verkehr) ist die Bezeichnung für die Auslastung eines Netzwerkes durch gleichzeitig aktive Anwender.

Transitnetz
Ein Transitnetz ist ein Netz, das Datenpakete nicht nur an die eigenen Rechner, sondern auch an andere Netze weiterleiten kann.

UDP
Das User Datagram Protocol (UDP) transferiert Daten zwischen zwei Internet-Rechnern, allerdings ohne die Integrität der Daten während der Übertagung zu gewährleisten. UDP basiert auf dem Internet Protokoll (IP). UDP zerteilt die Daten in Pakete. Es garantiert weder, daß diese Pakete ankommen, noch daß sie in der richtigen Reihenfolge ankommen. UDP garantiert aber die Integrität der Daten, indem es jedem Datenpaket eine Prüfsumme hinzufügt, wodurch der Zielrechner in der Lage ist, einen Übertragungsfehler zu erkennen. UDP ist für einige Anwendungen, beispielsweise mit der RealAudio-Technik, von Vorteil, da es bei einer guten Internet-Verbindung einen kontinuierlichen Datenstrom gewährleistet, der nicht durch die Fehlerkorrektur unterbrochen wird. Internet-Radioprogramme nutzen z. B. UDP.

Übertragungsprotokoll
Ein Übertragungsprotokoll ist ein Verfahren für den Datenaustausch zwischen zwei Computern. Beide Computer müssen Daten entsprechend dem Protokoll behandeln, um eine erfolgreiche Verbindung zu erzeugen.

Übertragungsgeschwindigkeit
Die Übertragungsgeschwindigkeit bemißt sich nach der Anzahl der übertragenen Informationen innerhalb eines bestimmten Zeitraums. Siehe auch »Baud« und »bps«.

Unix
Ein Betriebssystem. Es ist in der Standardausstattung multiuser- und multitaskingfähig und enthält die Software für den Zugriff auf das Internet. Unix existiert in vielen, zum Teil kostenlosen Varianten. Bekannt sind System V Release 4.2 (SVR4.2) und das 4.3BSD der Berkeley Systems Distribution. Für PC existieren die Freeware-Versionen 386BSD und Linux. Zu allen Unix-Varianten ist die Grafikerweiterung X-Window (Neueste Version: X11R7.1) als Public Domain erhältlich.

Upload
Upload ist eine Datenübertragung vom eigenen Rechner auf einen anderen.

URL
»Uniform Resource Locator«. Eine Web-Adresse im Internet. Ein URL ist im Prinzip so aufgebaut: <Dienst/Protokoll>://<Domain-Adresse>/<Pfad zur Ressource>.

Usenet
»Users Network«. Es besteht aus allen Rechnern, die am Austausch von Artikeln in einem weltumspannenden, nach Themen gegliederten öffentlichen Mitteilungssystem teilnehmen. Da viele Usenet-Rechner auch dem Internet angehören, wird Usenet oft fälschlicherweise als Synonym für das Internet benutzt.

UUCP
UUCP steht für »Unix To Unix Copy Protocol« und ist ein Übertragungsprotokoll zwischen Unix-Rechnern.

UUE-Kodierung
UUE-Kodierung ist ein Verfahren zur Kodierung von Binärdateien als reiner ASCII-Text.

VRML
»Virtual Reality Modeling Language«. Standard zur Darstellung von räumlichen 3D-Daten im World Wide Web. Erfordert ein Plugin.

Web-Site
Web-Site ist der Begriff für eine zusammenhängende Sammlung von Web-Seiten, die üblicherweise mit der Homepage beginnt. Wird auch Web-Präsenz oder Internet-Präsenz genannt.

Web-Server
Als Web-Server wird die Software bezeichnet, mit deren Hilfe auf einem Internet-Rechner Web-Dokumente bereitgestellt werden. Der Web-Server beantwortet die Anfragen eines Web-Browsers, d. h. er übermittelt HTML-Seiten oder andere Dateien. Umgangssprachlich wird fälschlich auch der Internet-Rechner als Web-Server bezeichnet.

Webspace-Provider
Webspace-Provider stellen auf Computern Speicherplatz, E-Mail-Adressen und Dienstleistungen für eine Web-Präsenz (Homepages, virtuelle Server und eigene Internet-Domain) zur Verfügung.

Whois
Whois ist der Name eines Dienstprogramms für das Internet. Es erlaubt die Abfrage von Datenbanken mit Informationen über Personen, Organisationen, Netzwerke, Domänen und Rechner. Die Informationen enthalten unter anderem E-Mail-Adresse, Firmenadresse, Privatadresse, Telefon und so weiter.

Winsock
Winsock ist die Abkürzung für »Windows Sockets«, einem Standard zum Internet-Zugriff unter Windows 3.1, Windows 95 und Windows NT.

Workstation
Workstation ist die englische Bezeichnung für Arbeitsstation. Bezeichnet den Rechner, der an einen Großrechner oder Server angeschlossen ist.

WWW
WWW steht für »World Wide Web«. Weltweites Netz, entwickelt 1991 am CERN. Informationen werden im World Wide Web grafisch aufbereitet präsentiert und können neben Grafiken auch Audio- oder Videodaten umfassen. Siehe auch »HTTP«.

WWW-Server
WWW-Server ist einfach ein anderes Wort für Web-Server.

Link-Sammlung

Themenkataloge

WWW

Virtual Library
Ein Katalog mit Schwerpunkt auf Wissenschaft, Forschung und Ingenieurwesen.
http://vlib.stanford.edu/Overview.html

Yahoo! International
Umfangreicher Themenkatalog mit einer ausgefeilten Kategorienhierarchie, auf englisch.
http://www.yahoo.com

Yahoo! Deutschland
Yahoo! für das deutsche Web. Die Kategorienhierarchie ist analog zu Yahoo! International aufgebaut.
http://www.yahoo.de

GERHARD
Das »GERman Harvest Automated Retrieval and Directory« ist spezialisiert auf Wissenschaft und Forschung und benutzt die bibliothekarische UDC-Klassifikation.
http://www.gerhard.de

WEB.DE
Ein deutscher Katalog mit Yahoo-ähnlicher Kategorienhierarchie.
http://web.de

DINO Online
Ein sehr umfangreicher deutscher Katalog mit Yahoo-ähnlicher Kategorienhierarchie.
http://www.dino-online.de

Weitere internationale Themenkataloge

Clearinghouse
Englischsprachiger Katalog mit den Kategorien: Arts & Humanities, Business & Employment, Communication, Computers & Information Technology, Education, Engineering, Environment, Government & Law, Health & Medicine, Places & Peoples, Recreation, Science & Mathematics, Social Sciences & Social Issues.
http://www.clearinghouse.net/

Global Online Directory
Englischsprachiger Katalog mit den Kategorien: Arts and Crafts, Business, Community and Education, Entertainment, Financial Services, Games, Hot and Sexy, Internet Resources, Leisure and Pleasure, Paranormal, Personal Home Pages, Sports, Technology and Computers, Travel.
http://www.god.co.uk/

Einet Galaxy
Sehr umfangreicher englischsprachiger Katalog mit den Kategorien Business And Commerce, Community, Engineering And Technology, Government, Humanities, Law, Leisure And Recreation, Medicine, Reference, Science, Social Sciences, die jeweils noch in zahlreiche Unterkategorien aufgeteilt sind.
http://www.einet.net/

Magellan
Englischsprachiger Web-Katalog mit den Kategorien Arts, Business, Computing, Education, Entertainment, Health, Hobbies, Investing, Life & Style, News & Reference, People Pages, Regional, Science, Shopping und Sports, die ihrerseits in mehrere Unterkategorien unterteilt sind.
http://www.mckinley.com/

Weitere deutsche Themenkataloge

Alles Klar
Deutscher Katalog mit den Kategorien: Medien & Information, Computer & Internet, Freizeit & Hobbys, Sport, Reisen & Verkehr, Gesundheit, Markt & Wirtschaft, Firmen & Organisationen, Bildung & Wissenschaft, Kunst & Kultur, Gesellschaft & Politik, Städte & Regionen, Persönliche Homepages.
http://www.allesklar.de/

BellNet
Deutscher Katalog mit den Kategorien: Medien, Religion, Wirtschaft, Reisen/Tourismus, Private Homepages, Natur und Umweltschutz, Internet nach Städten sortiert, Computer, Internet und Elektronik, Stadtinformationen, Hobby, Freizeit, Sport, Wissenschaft, Studium & Schulen, Kultur und Musik, Organisationen, Gesundheit & Medizin, Essen & Trinken, Informationen & Verzeichnisse, Veranstaltungen und Sonstiges.
http://www.bellnet.com/suchen.htm

Die Quelle
Deutscher Katalog mit den Kategoreien: Nachrichten, Sport, Wetter, Computer & Internet, Freizeit, Geschäftskontakte / Business, Autos & Motoren, Medien, Zeitungen und Fernsehen, Finanzen & Immobilien, Stellenmarkt / Arbeitsmarkt, Recht, Reiseangebote im Internet, Kuriositäten, Kleinanzeigen, Medizin, Was gibts neues im Netz?, Regionales, Vermischtes.
http://quelle.sik.de/

ShareLook
Deutscher Katalog mit den Kategorien: Bildung, Computer & Internet, Freizeit & Sport, Gesellschaft & Kultur, Gesundheit, Kunst, Medien & Nachrichten, Regierung & Politik, Stadt & Land, Unterhaltung, Wirtschaft, Wissenschaft.
http://www.sharelook.de/

WebIndex
Deutscher Katalog mit den Kategorien: Bildung und Ausbildung, Computer und Internet, Geistes- und Sozialwissenschaft, Gesellschaft und Soziales, Gesundheit, Handel und Wirtschaft, Kunst und Kultur, Nachrichten und Medien, Nachschlagewerke, Naturwissenschaft und Technik, Sport und Freizeit, Staat und Politik, Städte und Länder, Unterhaltung.
http://www.webindex.de/

Besprechungdienste

Magellan Internet Directory
Umfangreicher Besprechungsdienst mit zahlreichen Verweisen auf Web-Angebote hoher Qualität.
http://www.mckinley.com

Lycos Top 5%
Sammlung von rezensierten Web-Angeboten, die unter den besten fünf Prozent aller Internet-Angebote sein sollen.
http://www.pointcom.com/

WebTip
Rezensionen zu WWW-Seiten aus der Computer-Zeitschrift DOS.
http://www.webtip.de

The Argus Clearinghouse
Eine Sammlung vieler Listen und Verzeichnisse von WWW-Angeboten in aller Welt.
http://www.clearinghouse.net

Suchmaschinen

AltaVista
Eine der größten Suchmaschinen mit Volltextindizierung der gefundenen Web-Seiten.
http://altavista.digital.com

Excite
Bietet umfangreiche Suchoptionen und Konzeptsuche zur Verbesserung der Ergebnisse.
http://www.excite.com

HotBot
Viele Suchmöglichkeiten und größter Datenbestand aller Konkurrenten.
http://www.hotbot.com

Infoseek
Schnell und einfach zu bedienen, mit Ergebnisgruppierung und brauchbarer Bewertung der Ergebnisse.
http://www.infoseek.com

Lycos
Die kleinste der großen fünf internationalen Suchmaschinen. Besitzt eine deutschsprachige Oberfläche.
http://www.lycos.de

Fireball
Auf der AltaVista-Datenbasis beruhende Suchmaschine für das deutschsprachige Web.
http://www.fireball.de

Kolibri
Komfortable Suchmaschine für das deutschsprachige Web mit großer Datenbasis.
http://www.kolibri.de

Weitere internationale Suchmaschinen

AccuFind
Englischsprachiger Katalog mit den Kategorien: Hot, Books, Business, Government, Law, Life, Medical, News, Reference, Shopping, Technical.
http://www.nln.com/

DejaNews
Englischsprachiger Katalog (mit Suchmaschine) von archivierten Usenet-Artikeln; geordnet nach den Kategorien: Channels, Arts, Entertainment, Health & Medicine, Business & Investing, Global & Local, Person to Person, Computers & Science, Government & Politics, Sports & Recreation, Education. Außerdem Nachrichten, Diskussionsforen. Sie können selbst Artikel ins Usenet stellen und lesen.
http://www.dejanews.com/

Liszt
Englischsprachiges Mailinglisten-Verzeichnis, nach folgenden Kategorien geordnet: Business, Culture, Health, Music, News, Recreation, Science, Arts, Computers, Education, Humanities, Nature, Politics, Religion, Social.
http://www.liszt.com/

Northern Light
Englischsprachige Suchmaschine.
http://www.northernlight.com/

Open Text Livelink Pinstripe
Englischsprachiger Katalog vor allem für Geschäftsleute, mit den Kategorien: Administrative and Support Services; Agriculture, Forestry, Fishing and Hunting; Arts, Entertainment and Recreation; Construction; Educational Services; Finance and Insurance; Health Care and Social Assistance; Information; Management of Companies and Enterprises; Manufacturing; Mining; Professional, Scientific and Technical Services; Public Administration; Real Estate and Rental and Leasing; Retail Trade; Transportation; Utilities; Waste Management and Remediation Services; Wholesale Trade; Other Services.
http://pinstripe.opentext.com/

WebCrawler
Englischsprachiger Katalog mit folgenden Kategorien: Arts & Books, Auto, Careers & Education, Computers & Internet, Entertainment, Games, Health & Fitness, Home & Family, Money & Investing, My Page, News, People & Chat, Reference, Relationships, Shopping, Small Business, Sports & Recreation, Travel.
http://www.webcrawler.com/

Weitere deutsche Suchmaschinen

Aladin
http://www.aladin.de

Crawler DE
http://www.crawler.de

Eule
http://www.eule.de

HotList
http://www.hotlist.de

Nathan
http://www.nathan.de

Meta-Suchmaschinen

MetaCrawler
Englischsprachige Meta-Suchmaschine, die in allen wichtigen Suchsystemen sucht.
http://www.metacrawler.com

Inference Find
Englischsprachige Meta-Suchmaschine, die in WebCrawler, Yahoo!, Lycos, AltaVista, InfoSeek und Excite sucht.
http://www.inference.com/infind/

Deutsche Version von Inference Find
http://www.infind.com/infind_de/

MetaGer
Meta-Suchsystem für deutsche Suchsysteme: Dino, Web.de, Yahoo.de, Fireball, Crawler, HotList, Netguide, Eule, *.de-Newsgroups
http://meta.rrzn.uni-hannover.de

MESA
Der »Meta E-Mail Search Agent« sucht in acht E-Mail-Verzeichnissen.
http://mesa.rrzn.uni-hannover.de

Weitere Meta-Suchsysteme

Cyber 411
Englischsprachige Meta-Suchmaschine mit den Schwerpunkten Business und Entertainment. Sucht in AltaVista, DejaNews, Excite, Galaxy, Goto, HotBot, LookSmart, Lycos, Magellan, Northern Light, PlanetSearch, search.com, Thunderstone, WebCrawler, What-U-Seek und Yahoo!.
http://www.cyber411.com/

Klug suchen
Deutsche Meta-Suchmaschine.
http://www.klug-suchen.de/

Savy Search
Englische Meta-Suchmaschine.
http://guaraldi.cs.colostate.edu:2000/form

Deutsche Version von Savy Search
http://guaraldi.cs.colostate.edu:2000/form?lang=german

search.com
Die englischsprachige Suchmaschine von c|net. Suche in den Kategorien: Automotive, Living, Classifieds, Local, Computing, Money, Employment, News, Entertainment, Shopping, Health, Sports, Learning, Travel. Außerdem Suchmöglichkeiten in den Gelben Seiten, nach Telefon-Nummern und nach E-Mail-Adressen.
http://www.search.com

Internet Sleuth
Englischsprachig; mit den folgenden Kategorien, die jeweils noch in mehrere Unterkategorien eingeteilt sind: Arts & Humanities, Business, Computers, Education, Employment, Entertainment, Environment, Government, Health, Internet, News, Recreation, Reference, Regional, Sciences, Shopping, Social Sciences, Society, Sports, Travel, Veterinary/Zoology.
http://www.isleuth.com

Bibliotheken

Die Deutsche Bibliothek (DDB)
Deutsche Nationalbibliothek mit Sitz in Frankfurt am Main und Leipzig, bei der Verlage für jede ihrer Publikationen ein Pflichtexemplar abliefern müssen.
http://www.ddb.de

Die Deutsche Bibliothek (DDB) an der Universitätsbibliothek Karlsruhe
http://www.ubka.uni-karlsruhe.de/hylib/z3950/DDB.html

Direkt in Frankfurt (Die Deutsche Bibliothek – Z39.50 Gateway)
http://z3950gw.dbf.ddb.de/

Deutsches Bibliotheksinstitut (DBI), Berlin
http://www.dbi-berlin.de/homepage.htm

Hochschulbibliothekszentrum NRW
http://www.hbz-nrw.de

Bibliotheksverbund Nord
http://www.brzn.de

Bibliotheksverbund Südwest
http://www.swbv.uni-konstanz.de

Bibliotheksverbund Bayern
http://www.bib-bvb.de

Karlsruher Virtueller Katalog der Bibliotheken
http://www.ubka.uni-karlsruhe.de/

Südwestdeutscher Bibliotheksverbund
http://www.swbv.uni-konstanz.de/CGI/cgi-bin/opacform.cgi

Bibliotheks-Verbund Bayern
http://www-opac.bib-bvb.de/
bvb-bin/isuche.cgi?lang=deutsch&Aktion=Start&opacdb=BVB+Verbundkatalog

Verbunddatenbank Nordrhein-Westfalen
http://www.hbz-nrw.de/hbz/Komma.html

Gemeinsamer Bibliotheksverbund (GBV)
http://www.brzn.de/

Hessisches Bibliotheks-Informationssystem (HEBIS)
http://webopac.server.uni-frankfurt.de/apache/cgi-bin/wwwlibmenu.pl

The British Library
http://opac97.bl.uk/

Library of Congress
http://lcweb.loc.gov/z3950/gateway.html

Library of Congress (LOC) an der Universitätsbibliothek Karlsruhe
http://www.ubka.uni-karlsruhe.de/hylib/z3950/LOC.html

Direkt in den USA
http://lcweb.loc.gov/

Britischer Verbundkatalog (COPAC)
http://copac.ac.uk/copac/author.html

Stuttgarter Online-Katalog (StOPAC)
http://www.uni-stuttgart.de/ub/OpacStOPAC/suchmaske.html

Bibliotheksservice-Zentrum Baden-Württemberg
http://www.swbv.uni-konstanz.de/

Österreichischer Bibliothekenverbund
http://bibopac.univie.ac.at/Suche3.html

Buchverzeichnisse

Bibliographien im internationalen Yahoo!
http://www.yahoo.com/Reference/Bibliographies/

DBI-LINK – Zeitschriftendatenbank (ZDB) vom Deutschen Bibliotheksinstitut Berlin
http://www.dbilink.de/

Verzeichnis lieferbarer Bücher (VLB)
http://www.buchhandel.de/

ABC Bücherdienst (Telebuch)
http://www.telebuch.de/

Pergamon Buchversand
http://www.pergamon.de

Antiquarische Bücher
Sucht nach antiquarischen Büchern, Autographen, Graphiken, Noten & Schallplatten.
http://www.zvab.com

KNO-K&V Buchkatalog
http://kod.inovis.de/

NISS (National Information Services and Systems)
http://www.niss.ac.uk/reference/index.html#lib

Datenbanken

Datenbankanbieter

GBI
Wirtschaftsinfos, Tagenszeitungsarchive und einige Wissenschaftsdatenbanken wie BLISS, ECONIS, SOLIS, PSYN u. a. (mehr als 120 Datenbanken).
http://www.gbi.de/

Genios
Wirtschafts- und Firmeninfos sowie Tageszeitungsarchive. (mehr als 300 Datenbanken).
http://www.genios.de/

Juris
Juristisches Informationssystem der Bundesrepublik Deutschland: Gesetzestexte, Urteile, Zeitschriftenartikel.
http://www.juris-sb.de/

DBI-Link
Suche nach Zeitschriftenartikeln in deutschen Bibliotheken.
http://www.dbilink.de/

Telebase USA
Großer Datenbankanbieter mit den wichtigsten englischsprachigen Datenbanken (mehr als 800 Datenbanken).
http://www.telebase.com/

Carl Corporation
Zugriff auf die wichtigsten wissenschaftlichen Publikationen (über 70 000 wissenschaftliche Zeitschriften).
http://www.carl.org/

SilverPlatter Information
Großer Datenbankanbieter mit den wichtigsten englischsprachigen Datenbanken (mehr als 800 Datenbanken).
http://www.silverplatter.com/

Elsevier Science
Suche in den über 1200 Zeitschriften des Elsevier-Verlags.
http://www.elsevier.nl/

Fachinformationszentren

FIZ Karlsruhe
Mehr als 200 Datenbanken.
http://www.fiz-karlsruhe.de/

GESIS
Gesellschaft Sozialwissenschaftlicher Infrastruktureinrichtungen / ZUMA Zentrum für Umfragen, Methoden und Analysen / ZA Zentralarchiv für Empirsche Sozialforschung an der Universität zu Köln.
http://www.social-science-gesis.de/

Sondersammlungen der deutschen Forschungsgemeinschaft
http://webis.sub.uni-hamburg.de/

Fachinformationszentrum Technik e.V.
http://www.fiz-technik.de/

DIMDI, Deutsches Institut für Medizinische Dokumentation und Information
http://www.dimdi.de/

Kostenlose Datenbanken

Liste kostenloser Datenbanken
http://www.bibliothek.uni-regensburg.de/internet/hehl/r4.htm

ECONIS – Wirtschaftswissenschaften
http://www.uni-kiel.de:8080/IfW/zbw/econis.htm

POLDOK – Politikwissenschaft
Knapp 40 000 Dokumente mit bibliographischen Angaben, Schlagwörtern und Kurzreferaten zum Themenbereich »Politik der 80er Jahre«.
http://ibil3.ib.hu-berlin.de/~usawal/

ECHO – Europäische Kommission
Mehr als zehn Online-Datenbanken.
http://www2.echo.lu/echo/en/home.html

Statistisches Bundesamt
http://www.statistik-bund.de/d_home.htm

Indizes, Listen, FAQs

Frequently Asked Questions

List of Periodic Informational Postings
http://www.ii.com/internet/faqs/launchers/periodic-postings/

List of the USENET FAQs
http://www.cis.ohio-state.edu/hypertext/faq/usenet/FAQ-List.html

Index of Usenet FAQs
http://www.faq.org/

Diskussionslisten

Liszt
Mailing-Listen-Verzeichnis.
http://www.liszt.com/

Publicly Accessible Mailing Lists
Verzeichnis öffentlich zugänglicher Mailing-Listen.
http://www.neosoft.com/internet/paml/

The List of Lists
Listserver-Verzeichnis.
http://catalog.com/vivian/interest-group-search.html

Directory of E-Conferences
Das Verzeichnis akademischer und professioneller E-Konferenzen überprüft, evaluiert und organisiert Diskussionlisten, Newsgroups, Multi-User-Dungeons (Online-Rollenspiele, MUDs), MOOs (Multi-User Dungeon object-orientated), Mucks (Multi User Chat Kingdom), Mushes (Multi User Shared Hallucination), interaktive Web-Chat-Foren usw. (E-Konferenzen) über Themen, die für Akademiker und Fachkräfte interessant sind und die sie bei ihren akademischen, pädagogischen und beruflichen Tätigkeiten unterstützen.
http://n2h2.com/KOVACS/

Reference of Lists
Auffinden, Durchsuchen und Teilnehmen an mehr als 150 000 Newsgroups, Maling-Listen und Web-Foren.
http://www.reference.com/

Lisde
Verzeichnis deutschsprachiger Mailinglisten.
http://www.lisde.de/

E-Journale

Index of E-Journals
http://www.edoc.com/ejournal/

Serials in Cyberspace
http://www.uvm.edu/~bmaclenn/

Voice of the Shuttle
http://humanitas.ucsb.edu/shuttle/journals.html

Magazines, Journals, Periodicals Online
http://www.wam.umd.edu/~mlhall/magazines.html

Journalismus

Online-Publishing in Deutschland
http://www.geocities.com/SoHo/Lofts/8850/

AgenturCafé
Recherche-Links.
http://www.agenturcafe.de/recherche/index.htm

Wissenschaft

Bibliographischer Werkzeugkasten
http://www.hbz-nrw.de/hbz/toolbox/

COOL (Catalog of Object Links)
Fachinformation der Universitätsbibliothek Braunschweig, nach Wissensgebieten bzw. Fachbereichen.
http://www.biblio.tu-bs.de/CoOL/

Deutsche Bibliotheken Online
Eine Zusammenstellung aller deutschen Bibliotheken, die Dienste im Internet anbieten, durch das Hochschulbibliothekszentrum des Landes Nordrhein-Westfalen (HBZ) in Köln.
http://www.hbz-nrw.de/hbz/germlst/

Düsseldorfer virtuelle Bibliothek
Allgemeine und fachliche Informationsquellen im Internet, zusammengestellt von der Universitäts- und Landesbibliothek Düsseldorf.
http://www.uni-duesseldorf.de/WWW/ulb/virtbibl.html

Fachinformationsführer

Niedersächsische Staats- und Universitätsbibliothek Göttingen
http://www.sub.uni-goettingen.de/f_fachin.htm

FINT (Fachinformationen im Internet)
Ein Service der Fachhochschulbibliotheken in Nordrhein-Westfalen.
http://www.fh-duesseldorf.de/WWW/DOCS/FB/FHBIB/FINT_index.html

IBIS (Internet-basiertes Informationssystem)
Nach Wissengebieten bzw. Fachbereichen; vom Hochschulbibliothekszentrum des Landes Nordrhein-Westfalen.
http://www.hbz-nrw.de/ibis/ibis-tree.html

Wissenschaft plus Politik
Der »W plus P«-Katalog ermöglicht eine kontextbezogene Informationsrecherche und informiert über Netz-, Wissenschafts-, Forschungs- und Hochschulpolitik.
http://staff-www.uni-marburg.de/~rillingr/home.html

World Lecture Hall
Suchmaschine mit umfangreichem Katalog zu wissenschaftlichen Themen von der Universität Texas.
http://www.utexas.edu/world/lecture/index.html

Spezielle Suchsysteme

E-Mail-Adressen

Suchen.de / Finden.de
Deutsche Suchmaschine für E-Mail-Adressen.
http://www.suchen.de/

Four 11
http://www.Four11.com/

Internet Adress Finder
http://www.iaf.net/

MESA
Meta-Suchsystem für E-Mail-Adressen. Der »Meta E-Mail Search Agent« sucht in acht E-Mail-Verzeichnissen.
http://mesa.rrzn.uni-hannover.de/

Who Where
http://www.whowhere.com/

Unternehmen und Händler

Flix-Branchenindex
Deutsches Branchenverzeichnis.
http://www.flix.de

Die Gelben Seiten
Deutsches Branchenverzeichnis von der DeutschenTelekom Medien.
http://www.Gelbe-Seiten.de

New Rider International Yellow Pages
World Wide Web Yellow Pages – Internationale Gelbe Seiten für das Internet.
http://www.mcp.com/nrp/wwwyp/

Yellow Map (Dienstleistungen)
Deutsches Branchenverzeichnis.
http://www.yellowmap.de

Jobs und Karriere

Arbeit online
http://www.arbeit-online.de/

Arbeitsamt
http://www.arbeitsamt.de/

JobWorld
JobWorld durchsucht zehn Listen mit Job-Angeboten.
http://www.jobworld.de/

Online Stellenmarkt
http://www.stellenanzeigen.de/

Deutscher Stellenmarkt
http://www.deutscher-stellenmarkt.de/

ZEIT Jobrobot
Stellenanzeigen der ZEIT.
http://www.jobs.zeit.de/Stellenbörsehttp://www.stellenboerse.de

WDR Job-Datenbank
Die Job- und Lehrstellenbörse des Westdeutschen Rundfunks (WDR).
http://www.wdr.de/jobs/bin/index.cgi

Software und Dateien

Archie
Archie sucht auf FTP-Servern.
http://archie.th-darmstadt.de/

c|net download.com
Umfangreiches Download-Verzeichnis, nach Rubriken geordnet.
http://www.download.com/c|net gamecenter.com

Spiele
http://www.gamecenter.com/

Shareware
http://www.shareware.com/FileZ

FTP-Search
Suche auf FTP-Servern.
http://ftpsearch.ntnu.no/ftpsearch

TuCows
Internet-Software.
http://www.tucows.de/

Software für Windows 95/98/NT
http://www.winfiles.com/

Software für Linux
ftp://ftp.sunsite.com

ZDnet Dateien
http://www.hotfiles.com/

Usenet News

DejaNews Usenet-Archiv
http://www.dejanews.com

HotBot Usenet-Suche
http://www.hotbot.com/usenet.html

Reference.com Usenet-Archiv
http://www.reference.com/

Suche nach Domains

Réseaux IP Européens
Europäische Domains.
http://www.ripe.net/

DeNic – Deutsches Network Information Center
Domains in Deutschland.
http://www.nic.de/

InterNic (Network Solutions)
Registrierungsdienst internationaler Domains.
http://rs.internic.net/

Who is ...
Anfrage nach Domain-Namen bei DeNic.
http://www.nic.de/whois.html

Anfragen nach Domain-Namen bei RIPE
http://www.ripe.net/db/whois.html

News-Agenten

News-Scan
Suche in der Online-Presse.
http://www.newscan-online.de/

Paperboy
News-Agent, der in deutschen und englischen Online-Medien sucht.
http://www.paperboy.de/

Paperball
News-Agent, der in deutschen Online-Medien sucht.
http://www.paperball.de/

Weitere spezielle Suchsysteme

Ariadne
Sucht nach Angeboten zum Thema Philosophie.
http://homehobel.phl.univie.ac.at/cgi-win/ariadne.exe

Buchhandel
Suche nach lieferbaren Büchern.
http://www.buchhandel.de/

c|net builder.com
Informationen speziell für WWW-Entwickler.
http://builder.cnet.com/

c|net search.com
Suche nach Suchsystemen.
http://www.search.com/

c|net shopper.com
Suche nach Produkten.
http://www.shopper.com/

developer.com
Informationen speziell für Programmierer.
http://www.developer.com/

Gemm.com
Suche nach Tonträgern.
http://www.gemm.com

Movie Database
Suche nach Filmen und Kino-Informationen.
http://us.imdb.com/search/

MediVista
Suche nach Angeboten zum Thema Medizin.
http://www.medivista.de

Soundz
Soundz sucht nach Angeboten zum Thema Musik.
http://www.soundz.com

Wer Weiß Was
Sucht Fachleute für alle Wissensgebiete.
http://wer-weiss-was.de

Register

